アウグスティヌス『告白録』講義

アウグスティヌス『告白録』講義

加藤信朗著

知泉書館

はじめに

本書は、少年の頃からの六十年を越える「哲学の学び」の歳月、わたしがどのようにアウグスティヌスの『告白録』に学び、どのように『告白録』に息吹かれて、生かされてきたかの率直な「告白」です。直接には、それは一九九七年四月から一九九八年七月にかけて所属の教会（カトリック松原教会）で信者のかたがたにお話しした講義にもとづき、このたびこれをあらためて書き下ろしたものです。

できるだけ多くの方に『告白録』の魅力に触れ、その力を味わっていただきたいというのがわたしの願いです。本書をはじめて手にとられる方は、ラテン語の引用の多いのに驚かれるかもしれませんが、ラテン語の部分をすべて飛ばして読んでいただいても、分かっていただけるように書きました。また、ラテン語をすこし学んだ方やまた、学びたいと願われている方には、『告白録』のラテン語原文の味わい、その霊的な深さをご一緒に味わっていただきたいと願いました。そのため、ラテン語原文を頻繁に引いた上で、くどいと思われるまでにラテン語用語の説明をいたしました。そして『告白録』に長く親しんでこられた方からは、わたしの読解の不足を補い、ただしていただければ有難いと願っています。

邦訳としては、山田晶先生の『告白』の翻訳（中央公論社『世界の名著14・アウグスティヌス』一九六八年、中公バックス『世界の名著16・アウグスティヌス』一九七八年として再刊）を全面的に用いさせていただきました。山田訳は《　》として示し、山田訳とは違うわたしの言葉で訳している場合には「　」として表記しました。

『告白録』の巻と章と節は、ラテン数字大文字、ラテン数字小文字、アラビア数字で示し、『告白録』の名称を省きました。たとえば、III, iii, 5-6 とあるのは『告白録』第三巻第三章五節から六節の意味です。なお、『告白録』の章と節はアウグスティヌス自身のものではなく、後の人がつけたものであり、しかも、章と節の番号はそれぞれ独立につけられています。たとえば、上記のように III, iii, 5-6 とありますが、第三章のはじめに一節から四節が先立つわけではありません。第三巻の場合で例示しますと、III, i, 1; ii, 2-4; iii, 5-6; iv, 7-8; v, 9 のようになります。ラテン語原文は Bibilothèque Augustinienne, Œuvres de Saint Augustin 13, Les Confessions Livres I-VII; 14, Les Confessions Livres VIII-XIII (Paris, 1962) を用いました。本書に引用する際には、各巻の冒頭だけ大文字で記しました。ギリシャ文字はラテン文字にしてイタリックで表記します。

関連文献は最初の引用の場合には書名、論文名、掲載雑誌名ほかを詳記し、同一文献を再度引用する場合には、最初の箇所を明記しました。わたしの著書、論文の引用は、巻末の著者関連文献一覧の番号と年代を表記しました。

目次

ラテン語ー日本語対応表

amor	愛，愛欲・恋
anima	魂
animus	精神，感情・感覚の座
auersio	(神からの) 離向
caritas	愛・いつくしみ
cognoscere	知る
confessio	告白
confiteor	告白する
conscientia	意識
continentia	つつしみ
conuersio	回心
cor	心の奥底・心，心臓
corpus	身体・物体
cupiditas	欲望・情欲
dilectio，diligere	いつくしみ，いつくしむ
domine	主よ
exterius	外側
homo	人間
humilitas	へりくだり・謙遜
intellegere	分かる・理解する
interioritas	内面性
interius	内側
inuocare	呼び求める
laudare	讃めたたえる
libido	情欲・欲情
memoria	意識・記憶・メモリア
mens	人間の精神 (性)・理性のはたらき
praecordia	胸もと
reditio	(神への) 帰向
rhetorica	弁論術
scire	知る
superbia	高ぶり・傲慢
ueritas	真理
uiscera	はらわた

アウグスティヌス『告白録』講義

第一講　『告白録（*Confessiones*）』という書物

――アウグスティヌスに学ぶことの現代的意義――

これから十五回にわたってアウグスティヌスの『告白録』という書物をみなさまと一緒に読み、アウグスティヌスを、今日、読むことの意義を考えていきたいと思います。

はじめに『告白録』という書物について一般的なことをお話しします。

『告白録』はアウグスティヌスが司教に叙階されて後、西暦四〇〇年ごろ、その十数年前（三八六年）にあった自己の回心の過程を思い起こし、自己を回心にまで導いた神の憐れみの業の偉大さをたたえるために書かれた書物です。自己が自己に顧み、過去の自己のあるがままを包まずに表明しようとするものであるので、ヨーロッパ文芸史上、内省文学、自伝文学（autobiography）の嚆矢と見なされています。

しかし、それは自己の過去のあるがままを思い出し、他人に自己の秘密を語り明かそうとする主観的な暴露文学とは違います。それはアウグスティヌスという個において神の憐れみの業がどのように実現されたかの記録です。したがって、それはしばしば、アウグスティヌス自身にも当時は分からなかった出来事のうちに、神の隠れた憐れみの業がすでにどのように働いていたか、それがアウグスティヌスをどのように導いて回心へともたらしたかを述べるものであり、そのための探求であり、記録でもあるのです。アウグスティヌスはここで自己自身に顧み、自己自身に問いかけて自己の過去のあるがままを明らかにしてゆこうとします。その意味ではこれは自己自身との対話です。しかし、この自己の過去のあるがままはしばしば自己自身にも覆われたものですから、自己のあるがままが何であったかを、真理そのものである神に呼びかけて、その照らしを乞わなければなりません。したがって、この自己との対話は真理そのものである神との対話を通じて導かれることになります。それゆえ、ここには、自己自身の真実は自己自身にしか知られないという意味での真理の内面性と、自己自身の真実は神にしか知られていないという意味での真理の超越性という二つのことが同時に成立しています。ここで明らかにされることはただアウグスティヌス個人の歴史ではなく、アウグスティヌスという個を例として示された、神と人間との内的な本性的関係の解明であり、人間一般に対する神の憐れみの業の大きさの証明です。

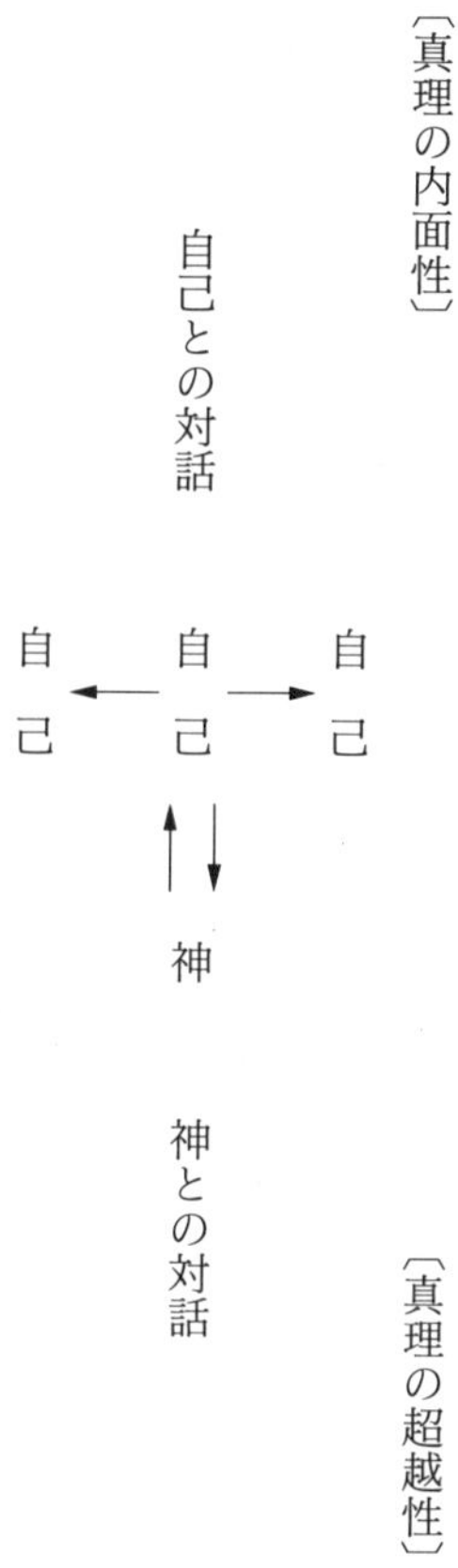

真理の内面性――この点に、『告白録』をヨーロッパ文芸史上、あるいは世界文芸史上、他に類の

ないたった一つの文芸としている特徴があります。キリスト教文芸のすべてを見ても、アウグスティヌスの『告白録』に比べうる書物はないのではないかと思われます。似たような書物がいくらでもあるような種類の書物もありますが、それ一冊しかない書物というものもあります。それが「古典」というものです。アウグスティヌスの『告白録』は「キリスト教文芸」としてのそうした古典の一つです。それは「キリスト教」を自己の生命として生き抜いた人が自己において示された神の憐れみの業の大きさを人々に開き示すために書いた書物だからです。「キリスト教文芸」と呼ぶに相応しいものは、おそらく、それぞれの時代、それぞれの文化のなかでいくつかの例を挙げることができるでしょう。パスカルの『パンセ』、ドストエフスキーの小説、あるいはトマス・アクィナスの『神学大全』などもそうした例のひとつでしょう。そうしたものと比べて、アウグスティヌスの『告白録』は独特な特徴をもっています。これを学ぶことが『告白録』を読むことの魅力であり、またどの時代の人にとっても、どんな人にとっても意味あることです。

さらに『告白録』は西ヨーロッパの精神世界を形成する点で大きな意味をもちました。それは『告白録』が美しく彫琢された古典ラテン語で書かれており、古代地中海世界のうち西方ラテン語圏の古典文化を直接に継承するものとして成立していった西ヨーロッパ中世および近代世界で広く愛読され、その精神性、霊性を形成するのに大きな力を持ったからです。古代地中海世界が東方ギリシャ語圏と西方ラテン語圏にまたがっていたこと、ついで中世ヨーロッパ世界が形成されてゆくときに、この二つの文化圏が東と西に分裂するものとなり、現代にまで至っていることは、宗教史的にも文化史的にも今日に大きな問題を作り出すもとになっています。これは中世のローマを中心とするカトリック教会の宗教文化圏を直接に継承して成立した近・現代の欧米文化圏とコンスタンティノポリスを中心とするギリシャ正教会およびイスラーム諸国を継承した東方文化圏の分裂をもたらしたものであり、それがこの二十一世紀にとりわけ大きな問題を作り出しています。

アウグスティヌス自身が生きた世界はまだ古代地中海世界が一つの統一性を保っていた時代でした。アウグスティヌスはギリシャ語よりもラテン語を愛し、模範的なラテン語で著作し、生涯の行動圏も西方世界に限られていました。その点にアウグスティヌスの思索世界の固有性が作られ、これが西方ヨーロッパ世界の精神性を形成するのに力を持ったのは確かです。しかし、アウグスティヌスはこの古代地中海世界のうちに養われ、そのうちに生きていた人でもあるので、アウグスティヌス自身のうちには東方的な要素も当然保たれており、東方的な要素が生きているのです。それゆえ、アウグスティヌスにはその後の西方世界に向かう面とそれ以前の東方世界を含む地中海世界の全体性を保つ面との二面があります。アウグスティヌスがこの両面を備えている人であることを認識することが今日とりわけ大切であると考えます。西欧世界から顧みるときには取り落とされがちなアウグスティヌスのこのもう一つの面を取り出すことはわたしたちアジアの伝統文化に養われてきたものにできやすいことであり、これを成し遂げることが今日の地球化時代の人類の共同了解を作り上げるためにとても大切であると考えます。今日、わたしたちがアウグスティヌスを学ぶことの意義がそこにあります。

『告白録』(Confessiones)という書名について

『告白録』という書名の原語confessionesはconfessioという名詞の複数形です。confessioという名詞はconfiteorという動詞に由来しますが、confiteorはcon-という強意の接頭辞と「言う」を意味するfateorから成る合成語です。faというのが印欧語で「言う」を意味する語根です[1]。ですからconfiteorは「確かにそうだと言う」という意味です。さらに、fateorの語尾の-orは動詞の受動形に付けられる語尾です。この受動形は動詞の動作が自分自身に帰ってくる場合に用いられる形です。そこで、このconfiteorという動詞は自分自身に関係があることを言い表し、自分自身が確かにそういうものだということをはっきり確言するもので、「自己自身の真実」を表明するという意味をもちます。そこから、それは「告白する」という意味をもつことになります[2]。ところで、この自己自身の真実は『告白録』の場合「神から離れていた自己のあるがまま」であると共に、「神から離れていた自己のあるがままに加えられた神の憐れみの業のあるがまま」でもあるのです。そこに自己の真実があるわけです。そこで、回心したアウグスティヌスにとって、自己の真実をそのままに明らかにすることはそのまま神の憐れみの業の偉大さをあらわすことにもなるのです。それゆえ、この「告白」は主観的な罪の告白ではなく、神の憐れみの業の表明であり、神の偉大さの「讃美」であることになります。『告白録』はそれゆえそのまま同時に『讃美録』でもあります。[3]

アウグスティヌスの生涯と著作

はじめに、アウグスティヌスの生涯のあらましを眺めておきます。

生　涯　アウグスティヌスは三五四年、北アフリカ、ローマ帝国属州の一つであったヌミディア（Numidia）の小都市、タガステ（Thagaste）に生まれました。タガステは今日のアルジェリアのSouk Ahrasであり、後にアウグスティヌスがその司教となった街、当時のHippo Regius（フランス領時代のBône、今日のアルジェリアのAnnaba）の南方一〇〇キロに位置しています。父パトリキウス（Patricius）は非キリスト教徒[4]のローマ人で、裕福とはいえないにしても小土地所有者であり、タガステの街の参事会員（decurio）を勤めていました。[5]母モニカはキリスト教徒[6]で、アウグスティヌスは幼少時、この母の手によってキリスト教的雰囲気の中で育てられました。このようにアウグスティヌスが当時のローマ帝国としては辺境のアフリカの田舎町の出身であり、裕福な家の生まれでもなく、また、家柄のある家門の出身でもなかったことはその後のアウグスティヌスの教養および思想形成上、重要であるように思われます。これは後にミラノで回心する時に大きな影響を受けたアンブロシウスの出自と比べてみると明らかです。アンブロシウスはローマの有数な家門の出であり、父がガリアの長官をしていた時にトリーアで生まれ、貴族の子弟としての教養を幼少時から授けられ、ローマで弁論術を学習した上で、当時のローマ皇帝が居留する都ミラノ地方の州知事に任命されて赴任していました。アンブロシウスがミラノの司教となったのは民衆に求められてのことであったといいます。後にアウグスティヌスがミラノに弁論術の教師として赴任したとき、二人の間には門地という点で格段の隔たりがあったと思われます。また、二人の間には教養と思想形成の上でも大きな違いがあり、これがアウグスティヌスの精神を独特なものに形作っています。(7) 辺境の小都市の出身ではありましたが、アウグスティヌスにアフリカ土着民であるベルベル人の血が混じっていたかどうかは確証しがたいようです。ローマの属州となってから移民してきたローマ人と土着民の間に混血がかなり進んでいたとは考えられていますが、アウグスティヌスの両親のいずれかがそうであったとする確実な証拠はありません。すくなくともアウグスティヌスの家ではラテン語が話されており、ラテン語を母語とし、ラテン文化圏の中で生まれ育ったとみなすべきです。(8)

郷里および近くの小都市マダウラ（Madaura）で初等・中等教育を受けた後、勉学に秀でていたアウグスティヌスは郷里の裕福な有力者の援助を得て、三七〇年、大都市カルタゴ（Carthago）に留学し、当時の最高の教育課程を終了し、弁論術（rhetorica）の教師となりました。この点にもアウグスティヌスの生まれた家柄が立派な裕福な家柄ではなかったことが示されています。(9) カルタゴでの学習はアウグスティヌスを当時のローマ的な生活になじませ、幼少時のキリスト教的雰囲気から遠ざけました。観劇を好み、闘技場に足を運び、愛欲を求めて、一人の女性と同棲し、男子を得ました。

学生として大学で勉強しているあいだに、幼少時のキリスト教的な雰囲気は忘れて、当時のローマ的な風習の生活を送ったということになります。秀才であったことは間違いないでしょうが、これがそののち、堕落の生活として告白されることになります。

十九歳の時、学習の過程で、キケロ（Cicero）の著作『ホルテンシウス（*Hortensius*・『哲学の勧め』・今日は散逸して残らない）に触れ、「不滅な知恵（immortalitas sapientiae）」（III, iv, 7）への愛に燃え立ったといいます。これが『告白録』によれば彼に与えられた神への還帰の最初のきっかけです。しかし、キケロの書物のうちには幼少時になじんだキリストの名前がないのであきたらず、聖書を手に取りました。しかし、聖書の文体はキケロと比べるべくもなかったので、これに親しむことができませんでした（III, iv, 8）。このため、真理を教えると称するマニ教に加わることになります。マニ教は当時あった善悪二つの原理を立てる点で特徴のあるペルシャ起源の宗教ですが、合理的な形で真理を教えてくれるというので、アウグスティヌスはこれに身を寄せたようです[10]。

その後、故郷で弁論術をしばらく教えた後、カルタゴに出て、カルタゴで、弁論術を教えます。その頃、マニ教徒の学者として高名なファウストゥス（Faustus）に会うのですが、特別な印象を受けず、そのことが彼をマニ教から遠ざけるきっかけとなったようです。『告白録』の記述による時、神への還帰の過程がいつ始まるかといえば、それはこの二つのことにあるようです。キケロの書物を読んで不滅の知恵への憧れに燃えたことが一つです。しかし、それはむしろ彼をキリスト教から遠ざけ、マニ教の方に向けてしまう結果になりました。ついで、第二のこととして、マニ教でいちばん偉い人だと彼が思っていた人に出会ってみたら、その人がたいした人ではないと思えたところで、マニ教への熱が冷めた、そこで神から遠ざかろうとする彼の勢いがおのずと薄れ、それが彼をマニ教から離れさせる機縁となったようです。『告白録』で述べられているのはそういうことです。そういうところに神の見えない手がはたらいていたことを明らかにしてゆくのが『告白録』という書物です。

しかし、どこに不滅の知恵を求めてよいかが分からないままに、どうしたらいいか分からず、その頃の哲学として重要な学派の一つであった懐疑派の説にしたがって、すべての同意を差し控えようとするのです。何かをそうだとする断定は一切できない、そういう根拠を人間はもっていないとするのがアカデメイア派の懐疑論です。そういう懐疑論に惹かれて、真理の発見ではなく、真理の探究に知者の道があるとするのですが、しかし、アウグスティヌスにはそれが出来ませんでした。「すべての同意を差し控える」ことは「自分を中吊りにする」ことで、息が詰まるようになるのです[11] (VI, iv, 6; cf. V, xiv, 24-25)。そこで非常に煩悶します。これが『告白録』の叙述では神への帰向の最初の道程になります。

三八四年にミラノに赴き、その地の司教アンブロシウス (Ambrosius) に出会った。これがアウグスティヌスを最終の回心に導くことになります。そのきっかけも、『告白録』の記述によると、最初、アンブロシウスは弁論の道で非常に優れた人だと言われている、いったいこの人がどの程度までその道ですぐれているかを見届けようという気持ちで教会に出かけていってアンブロシウスの説教を聞いたといわれています（V, xiii, 23）。ところがそれが予期していたものと非常に違うものだったので、とても驚いたようです。アンブロシウスの周囲には知的なキリスト教徒の集団があり、それはキリスト教を一つの哲学的な宗教として大事にしたプラトン主義の集団であったようです[12]。アウグスティヌスはここでその人々と接触するようになった。そこからさらに、アウグスティヌスのうちに大きな転換の始まるきっかけがあったようです。ここには三つの要素を区別することができます。一つは当時のプラトン主義者、つまり、プラトンの学説を新しく考え直して祖述しようとした学派で、哲学史では新プラトン派と言われる学派[13]をはじめたプロティノスの著作にはじめて触れたということです。ラテン語の翻訳[14]を通じてですが、プロティノスというギリシャの哲学者の書物に直接に触れたことが一つです。それがアウグスティヌスにとってどういう意味をもったかといいますと、それは、この哲学がアウグスティヌスに霊的存在（＝精神）の自存性、つまり精神が精神としてそれ自体としてあることを教えてくれたということです。精神の自存性とは、人間は精神と肉体から成るとしても、その精神は肉体に依存して存在するのではなく、精神は精神として、つまり自己として存在するということです。逆に、物体的事物はむしろそのもの自体として存在するのではなく、霊的存在に依存して存在するものなのです。このように存在するものの間にある存在の秩序と根拠づけの構造をプロティノスの哲学から学んだということです。これが当時のアウグスティヌスを悩ませていた悪の存在根拠に関する難問をも解決してくれたのです。それが何であるかというと、それは悪の非自存性ということです。つまり悪はそれ自体として存在するものではないということです。なぜなら、存在するといえるものはかならず或る一つの完全性を備えた、なんらか完全なものでなければならない、この完全性をもったものに関して、そこに一つの欠陥があるとするとき、その欠陥であり、存在を傷つけるものが悪である。だから、善なる存在を前提することなしには悪はないということがプラトン哲学を学ぶことによって分かってきたというのです。それによってアウグスティヌスはマニ教の二元論から解放されました。二元論は善と悪が対等の資格で対立して存在すると説く説であるので、この二元論から解放され、物質主義からも解放され、また同時に、アカデミア派の懐疑論からも解放されたということになります。

もう一つ、トリーアの宮廷の廷臣の間にキリスト教的修道生活の完徳の理想への渇望があり、これがアウグスティヌスを大きく捉えたということがあります。『アントニウスの生涯』という書物[15]がこのころ読まれていて、ローマ的な奢侈の生活を捨てて一切を捨てて砂漠で修道生活に入ることが完徳の道、本当の生命の道であると説かれており、実際に廷臣の中で官職を棄ててそういう生活に入った人のことが語られていました（VIII, vi, 15）。このことが実際の生活上のことで悩んでいたアウグスティヌスを強く捉えたのです。

さらにもう一つのこととして、アンブロシウスの説教により教えられた聖書の霊的読解の方法は聖書の叙述の幼稚さという障害を取り去ったということがあります。これは、アンブロシウスの説教でしばしば繰り返されていた「文字は殺し、霊は生かす」（『コリントの信徒への手紙二』三・六）というパウロの書簡の言葉により表されていることです。聖書の外面的な文字にとらわれてはならない。文字が表している霊的な意味を理解しなければならないという教えがそれです[16]。アウグスティヌスの場合、神を人間のようなものとして擬人的に書いている旧約聖書の神が『聖書』に近づくための障害でした。それがアンブロシウスによってこのように説かれることによってこの困難から解放されることになったのです。

これらに助けられてしたパウロの書簡の繙読はアウグスティヌスを最終の回心に導くものとなりました。そのクライマクスは『庭園の場面』（VIII xii, 28-30; cf. VIII, viii, 19）として劇的に記述されています。「取れ、読め（tolle, lege.）」という子供たちの歌声を聞いて、聖書を開いたところ、パウロの言葉「宴楽酔酒にふけることなく、イエス・キリストを着よ」という言葉を見て、涙が流れた、そのときに彼の回心が劇的に起こったというのが『告白録』の述べているところです。

回心後、教授の職を辞任し、ミラノの近郊カッシキアクム（Cassiciacum）にあった知人の別荘で、母や若い友人と共に翌年（三八七年復活祭）の洗礼を準備する観想の生活を送りました。ここで書かれた著作が今日に残されている最初の諸著作で、「カッシキアクム著作」と呼ばれます。この頃から同時に集中的にはじめられた聖書研究はアウグスティヌスのキリスト信者としての霊的成熟を助け、彼のうちにキリスト教思想を形作って行きました。

受洗後、故郷に帰る船を待つ間のローマの外港オスティアで母は死去します。『告白録』の自伝的記述はここで閉じられています。『告白録』は第十三巻まで続くのですが、この第九巻で自伝の部分は終わっています。

帰郷した後、友人たちと一緒に、キリスト教的な研究生活を試みるのですが、後継者を求めていたヒッポの司教アウレリウス（Aurelius）に見出されて、司祭となり、その後、三九六年にヒッポの司教になります。最初は哲学的な生活を送りたいと思っていたのですが、或るきっかけからこのようにして司祭になり、司教になります。古代の教会で司祭となったり司教になったりするのにはこのようなことがあったようです。今日の教会制度を前提すると、このようなことは考えにくいのですが、キリスト教が原初の生命を保っていた古代ではそういうものがあったことはいま一度考え直してみてもよいでしょう。

この間、聖書研究は続けられ、多忙な教会司牧の生活のなかにあっても精力的な著述活動は続けられました。その著作は当時、またその後、中世から近代・現代に至るまで持続的な影響を与えています。

北方のヴァンダル族がアフリカに侵攻する頃、四三〇年没しました。

以上のアウグスティヌスの生涯について他に注目しておいてよいことを二、三あげておきたいと思います。

（a）　生地タガステ、勉学の地カルタゴ、ローマで教授、ミラノで教授、回心、故郷に帰る、ヒッポの司教というように、アウグスティヌスが生涯を過ごした場所は経度という点ではほとんど一線上であることに気づかされます。これは同時代の人であったヒエロニュムス（Hieronymus・英語ではJerome）と比べると著しい違いがあり、そこにアウグスティヌスの思想形成の素地を認めることが出来ます。つまり、アウグスティヌスは地中海の東西が一つであった時代に生きた人ではありますが、西のラテン世界のうちに生きた人であったのです。

（b）　勉学の地カルタゴは、ポエニ戦役（紀元前二一八―一四六年）においてローマと争い、ついにローマに破れて地中海の覇権を渡すことになった国の都です。もともとはフェニキア系の町であり、アフリカ的な情熱の町でした。アウグスティヌスの生きていた時代にはキリスト教はもうローマの国教になっていて、ローマ皇帝はキリスト教徒でした。カルタゴの町にも迫害時代からキリスト教の著名な思想家や司教はいました。しかし、アウグスティヌスにとってカルタゴに行って弁論術を学ぶことは、古代の教養としての学問を学ぶことであって、キリスト教的な学問を習うことではありませんでした。カルタゴには古代ローマのどの街にもあるような劇場もあったし、闘技場もありました（cf. III, ii, 2-4; VI, vii, 11-12）。アウグスティヌスの親しい友人アリピウスはとりわけ闘技場が好きだったと『告白録』に記されています（VI, vii, 11-12）。それがごく当たり前の生活でした。これは後のキリスト教的ヨーロッパでは「異教的」ということになるのでしょうが、当時としては当たり前のことでした。そういう意味では私たちがいま東京に住んでいるのと似たようなことです。それは、いま日本の人たちが受験戦争を克服してめでたく有名大学に入ってどこかに就職するというような状況にかなり似ています。アウグスティヌスもそうでした。だから、子供の時代に習ったキリスト教のことは忘れてしまったのです。カルタゴにももちろん教会もあり、司教もいたのですが、カルタゴの教会にはあまり行かなかったでしょう。そういう生活をしていたに違いないと思います

（c）勉学の地カルタゴについてのさらなる注記

カルタゴは古代古典期以来、地中海を制覇していたカルタゴの首都でした。アウグスティヌスは幼少時の勉学の折、ウェルギリウスの『アエネーイス』を耽読し、ディードーの死に涙流したと述懐しています（I, xiii, 20）。ディードーはカルタゴの女王で、漂流してきたアエネーアースを篤くもてなし、アエネーアースを愛し、ディードーからすればアエネーアースはこの後も長くこの地にとどまり、みずからの連れ合い、カルタゴの王としてとどまってくれると信じていたに違いありません。ところが、神意はこれとはことなり、アエネーアースにはイタリアに渡り、そこにローマの都市の礎を築くという使命が与えられていました。この神の意志に逆らえず、アエネーアースはディードーを棄てて船出してしまいます。これを追えと命ずるものの、ディードーはアエネーアースのつれない仕打ちと

みずからのはかない運命を嘆き、みずからの生を断つというのがこの段の『アエネーイス』の記述です。このディードーのはかない運命を憐れみ、若きアウグスティヌスはいたく涙したといいます。故郷アフリカの女王の運命への共感、これをつれなく捨て去ったローマの建国の祖アエネーアースへの内心の憤りがその後もアウグスティヌスのうちに忘れがたいものとして保たれ続けたのは想像に難くないことです。ローマはアウグスティヌスにとって所詮その生地アフリカの征服者、支配者に過ぎなかったのではないでしょうか。ローマの閥族への疎外感がアウグスティヌスのうちに長く残ったのは間違いありません。ローマはキリスト教信者の皇帝をいただいていても、なおアウグスティヌスにとってディードーを裏切り棄てたアエネーアースに由来し、兄弟殺しのロムルスの立てた国、「地の国」であり続けたのです。[17]

（d）「弁論術」（rhetorica）について

弁論術の学習は当時では最高の学習の過程でした。[18] この時代の弁論術とは、まず古代ギリシャ・ローマの古典の典籍を学び、それによって教養を積むことでした。それによってどのように論を組み立てるか、論の組み立て方を学ぶことでした。それは語ることによって相手を説得する道を獲得することでした。弁論術とは前五世紀のギリシャで発達した人間の自己教養の道です。弁論術とは「魂の誘導（*psychagoge tis*）[19]」であるという定義はそれをよく示しています。理論的な学問認識ではなく、実際的な論法の学習でした。それによって何が出てくるかというと、政治の場面でどのように議論していくか、政治の論の立て方を覚える、法廷でどのように議論するか。相手に告訴されたときにどのようにして自分の正しさを弁護するか、さらには、或る公《おおや》けの式でどういうように式辞を述べるかというような論じ方のことです。アリストテレスの『弁論術』という書物が冒頭で述べている弁論の三種とはそういうものです。[20] 日本の伝統的な教養で理解すれば、江戸時代の儒学の勉強はほぼそういうものだったと言うことができるでしょう。それは中国でも同じであり、四書五経を学ぶことによって、皇帝の高官となったときに、どのように詩を作ることができるか、どのように議論をすることができるかということを学ぶのと似たようなことがローマの時代にもあったようです。ローマ時代には、これはキケロ、クインティリアヌスというような人によって、さらに新しい形に形作られていました。さらに、末期ローマというアウグスティヌスが生きていた時代はまた新しい時代でした。つまり、共和制期のローマの理想を掲げるキケロの時代、また生まれつきのローマ人が皇帝であった二世紀までのローマ帝政期とことなり、生粋のローマ人ではない辺境の出身の将軍がローマ皇帝となる時代でした。また生粋のローマ人ではない人々にもローマ市民権が広く与えられる時代になっており、政治体制が大きく変化していました。そこでは、弁論術を学び弁論において優れている人がローマ帝国の官吏となり、出世すれば地方高官になる可能性も開けていました。それゆえ、弁論術を学ぶということはそのころの最高の学問を身に付けるということであり、それによって支配者になる道を学ぶことでした。「語るにとりわけ長じた人」(vir eloquentissimus) こそが教養の頂点であり、尊敬の的となるものでした[21]。『告白録』では弁論術の教師であった時代を顧みて、「欺く術」をひさいでいた（IV, ii, 2）と記していますが、当時のアウグスティヌスにとってはこの世間での成功が心を惹きつける目標だったのでしょう。アウグスティヌスの両親、また「あなたの忠実なるもの（fidelis tua）」であり、「貞潔、敬虔、堅実な寡婦（uidua casta, pia et sobria）」（III, xi, 19-20）であったと呼ばれている母モニカでさえ息子のそういう世間的な成功を夢見て、希望を託していたと思えます（II, iii, 8）。カルタゴから母を棄ててローマに向かったアウグスティヌスの胸中には、そこ首都ローマで自分の可能性を試してみたいと思う野心があったに違いありません。あからさまには書いてありませんが、「虚偽をひさぐ術」という言葉にそれはよく表されており、『告白録』が神からの離反の過程としてこの時代を回想する理由の大きなものとしてそういうことがあったと思われます。アウグスティヌスがローマからミラノに移り、この皇帝の都の弁論術の教授という栄職を獲得する機縁となったのはまさにそういうことでした。それは、マニ教徒からの推挙もうけて反キリスト教的なローマの有力者、元老院の有力な議員、ローマ市長のシュンマクスの手によって、ミラノのお抱えの弁論術教師になることでした（V, xiii, 23）。ところが、それがアンブロシウスに接することになってキリスト教に回心するきっかけとなったわけです。これも神の隠れた手が働いたということになるのです。

著作　著作は数多くあり、大切に保存されてきました。主著として『告白録（*Confessiones*）』全十三巻（397-400）、『三位一体論（*De Trinitate*）』全十五巻（399-419）、『神の国（*De Civitate Dei*）』全二十二巻（413-426）があり、この三つの書物がとりわけ重大です。アウグスティヌスのもっとも根本的な考え方がこの三つの中に表明されています。とりわけ『告白録』は、はじめてアウグスティヌスの成熟した世界把握――世界をどのように理解するか、自分自身をどのように理解するか――を形作った著作といえます。それまでのものはその準備でしょう。その後の『三位一体論』とか『神の国』はみな『告白録』を前提にした上で展開されています。ですから『告白録』が何であるかを理解することはアウグスティヌスを理解するうえで非常に重要な意味をもちます。

『告白録』冒頭一行の音読

「主よ、あなたは大いなる方です。いとも讃めたたえられるに値します」。これは『告白録』の冒頭の一行です。山田先生の訳とは少し違いますが、私の試訳です。ラテン語の原文は、Magnus es, domine, et laudabilis ualde.（*Confessiones*, I, i, 1）となっています。みなさまはこれをそのまま発音してみていただきたいと思います。

マーグヌス　エス　ドミネ　エト　ラウダーウィリス　ウァルデ

それはアウグスティヌスの時代にもだいたいそのように発音され、そのように人々の耳に入ってきた音です。とても美しい音でしょう。これは『詩篇』の章句に依拠しているのですが、ここではそれはアウグスティヌスの胸、心の奥底からほとばしり出た音として響いています。この第一行は『告白録』（*Confessiones*）の全体をすでに言い表しています。それはアウグスティヌスの心の奥底からほとばしり出て、アウグスティヌスを回心へと導いた神を讃美する言葉になっているからです。『告白録』の全体はそのために書かれているのです。文字通りに読めば、それは音として響いてきます、その響きによって読むもの聞くものの心は揺り動かされるのです。心が言葉となり、音となって出る、音は聞く人の心のうちにしみ入り、心を動かす、そういうものがアウグスティヌスの言葉です。(22)

第二講　第一巻冒頭の二行について——『告白録』の構成、解釈の問題点

第一講の終わりにみなさまと一緒に読むことを学びました『告白録』冒頭の一文について、もう少し詳しく学ぶことから始めたいと思います。その始めに、前回、発音のおおよそを学んだのですが、これをもう少し精確にラテン語としてラテン語文法の初歩から学びたいと思います。

Magnus es, domine, et laudabilis ualde.

マーグヌス　エス　ドミネ　エト　ラウダーウィリス　ウァルデ

日本語で表記しますと、およそこのようになります。日本の仮名文字も音標文字（音声を文字記号として表したもの）です。この点ではヨーロッパ語のアルファベットと同じです。違うのは、仮名文字は「音節文字」であるのに対して、ヨーロッパ語のアルファベットは音節を構成している要素を母音と子音に分節して表記している点です。「音節」は英語で syllable ですが、これはギリシャ語の *syllabe* に由来する言葉です。ギリシャ語の *syllabe* は *syn-* と *lab* から合成された語で、*syn-* は「一緒に」を意味し、*lab* は「取る」を意味する動詞の語幹です。ですから *syllabe* の語義は「一緒に取られたもの」、つまり「一緒に発音されるもの」を意味します。言葉は「一続きの音の流れ」ですが、この一続きの音の流れが一つの完結した意味を構成して、「そうである」とか「そうでない」とか、それについて「肯定」「否定」を表明することができるものになるとき、これを「文」と呼びます。

上の一文では magnus　es が一文であり、それに domine という呼びかけの語が加わり、つぎに et laudabilis ualde と続けられています。この後半には es が省略されていると考え、これも一文だと考えます。するとこの一文は二つの文（magnus es, domine と et laudabilis [es] ualde）から成る合成文だということになります。一字あけられて表記することによってそれぞれが一つの「語」であることを表しています。「語」とは「文」を構成する単位であり、それぞれ一つの意味をもちますが、それだけではまだ文ではなく、したがって「そうである」（肯定）とも「そうでない」（否定）とも言えないものです。たとえば「光る」も「稲妻」もそれぞれ一定の意味をもつ一語ですが、それだけでは「文」ではなく「稲妻が光る」と合わされるとき「一文」になります。つぎに「語」も一つの音の流れです。この音の流れが一緒に発音される最小の単位（一緒に発音されるもの）が「音節（*syllabe*）」です。そこから音節文字である仮名文字で表記される場合と、音素（音節を構成する音の単位で母音と子音に区別される）文字であるアルファベットで表記される場合で違いが出てきます。「マーグヌス」と仮名文字で表記した場合、これをアルファベットで表記しますと、ma-gu-nu-su となり、四音節から成る語となります。ところがラテン語ではこれは mag-nus と表記され、二音節からなる語です。mag-　のあとに母音がなく、nus のあとに母音がないことに注意しておく必要があります。mag-nus のそれぞれがひとつながりの音の単位であり、それぞれ一つの音節です。

――以上はラテン語文法の最初の一歩です。これにしたがってこの『告白録』の第一文を声を出してただしく読むことを学びたいと思います。

Magnus es, domine, et laudabilis ualde.

つぎにラテン語文法の次の一歩を学びます。

magnusは「大きい」を意味する形容詞です。ラテン語の形容詞は性、数、格の語尾変化をします。magnusは男性、単数、主格の形です。esは「ある」を意味する動詞（英語のbeにあたる）の直説法、現在、二人称、単数形です。「あなたは……である。」を意味します。

また、ラテン語では人称代名詞は意味を強めたり、対比する場合を除けば用いません。それは動詞が人称と数にしたがって変化するからです。esが人称代名詞なしに「あなたは……である」を意味する場合がそれです。ですから、magnus es.はこれだけで「あなたは大きいものである。」を意味する一文となります。laudabilisも形容詞で男性（女性形も同じ）単数、主格の形で「讃めたたえるに値するもの」を意味します。ualdeは副詞で「いとも」「おおいに」を意味し、ここではlaudabilisを限定しています。ですから、laudabilis ualdeは「いとも讃めたたえられるに値するもの」を意味します。そうして、上に述べたように、ここにはmagnus esのesがそのまま響いていますので、「あなたはいとも讃めたたえられるに値するものです。」を意味する一文となります。つぎに、この二つの文の間に挟まれているdomineは「主人」を意味する名詞dominusの単数、呼格の形です。ですから、domineは「主よ」という呼びかけであり、magnus esという文の主語になるものに呼びかけています。

「あなたは大いなるものです、主よ、あなたはいとも讃めたたえられるに値する方です。」が、それゆえ、ラテン語の語序通りの訳文です。

このdomineというところですが、山田晶先生の訳は、「偉大なるかな、主よ。まことにほむべきかな。」となっていますが、私はいちおうこれを、「主よ、あなたは大いなる方です。いとも讃めたたえられるに値します。」と訳しました。それは、ヨーロッパ語では呼びかけの言葉を文の間に挟むのが普通の言い方ですが、これは日本語ではあまりしない言い方なので、「主よ」と初めに呼びかける方が自然だと考えるからです。さらに、一歩進んで、内容的に考えるとき、このdomine（主よ）という呼びかけの言葉はこの最初の一文の全体をいわばその底から支え、突き動かす働きをしていて、「主よ」とアウグスティヌスがいま呼びかけるものがあって、それに向かって「あなたは大いなる方です。」という言葉がアウグスティヌスの心の奥底からほとばしり出て、言葉になっているのです。その意味で「主よ」(domine) という言葉はこの最初の一文を引き起こす起語であり、そういうものとして底層に置かれていると考えます。

さて、先には、domineは「主人」を意味する名詞dominusの単数、呼格の形で「主よ」を意味するといいました。ここでこれをもう少し精確に述べたいと考えます。ラテン語の名詞には「格」(casus) があり、格に応じて語尾変化をします。格には「主格」「呼格」「属格」「与格」「対格」「奪格」という六つの格があります。「格」はその名詞がその名詞の含まれる文の中でどのような働きをしているかを定めるものです。日本語でいえば、ラテン語の六つの格は「主は」「主よ」「主の」「主に」「主を」「主によって（または主から）」というように助詞を付けた形にあたると説明することが出来ます。ただし、このように日本語で表記すると「主」という名詞があり、これに助詞が加えられてこの名詞の文章上の機能が決められているのですが、ラテン語の場合にはこの区別がなく名詞と助詞がくっついていて、それぞれ「しゅは」「しゅよ」「しゅの」「しゅに」「しゅを」「しゅによって」となっていると考えた方がよいのです。(1) つまり、「主」、「主人」を意味する名詞の抽象的な形は存在せず、dominusというときには、それはすでに「主は」を意味し、文の主語となることを前提しているものになるのです。

このような理解に立って、domineという語を取り上げてみると、このdo-mi-ne（ド・ミ・ネ）という三つのシラブルがつなげて発音されるとき、それは「主よ！」という呼びかけとなり、何ものかに何ものかが「主よ」と呼んで呼びかけていることを意味しています。つまり、このdo-mi-neという三つのシラブルが虚空に発せられるとき、この語は虚空を貫いて響き、そこに「主よ」と呼びかけられているものと「主よ」と呼びかけているものとを切り離すと共にこれらを「主よ」という関係で結びつける働きをしています。ここ『告白録』の冒頭で「主よ」という言葉となってアウグスティヌスの心の奥底からほとばしり出る言葉こそ、アウグスティヌスがこの書物でそれについて語りたいと願った、みずからの回心の過程を貫いて導いたものに他なりません。ここではそれはまだ「神」とはいわれていません。「神」というような一般的な言葉で呼ぶにはあまりにも身近なもの、自己に親しいものなのです。ですから、この言葉こそ『告白録』の言葉の全体を引き出す起語であると考えるべきだと思っています。

dominēというこの言葉はラテン語では「主よ」という呼びかけの言葉としてしか機能しません。ですから、このdomine「主よ」という言葉が発語されるときに、上に述べたように、「主よ」と呼びかけられているものと、「主よ」と呼びかけているものと、この二つのものを、分けるとともにつなげる働きをしています。domineという言葉が語られたときには、そこにdomineと語られているものと、domineと語っているものがある、そして、これが分けられると同時に結び付けられるということが起こっている――そういうことは言葉の生命のようなものですが、そういうことがここに起こっているのです。そして、このdomineという言葉は、『告白録』を書こうとしているアウグスティヌスの最も根源的な言葉であり、アウグスティヌスの全身を貫いて、叫びとなって湧き上がってくる言葉であったのです。

たしかに、言葉は、わたしたちが朝起きてから夜寝るまでしょっちゅうべちゃべちゃとしゃべっているものですが、このdomineという言葉が発せられたとき、そういうさまざまな一切のものは吹っ飛んでしまうのです。一切がいわば虚空か、闇になり、その闇の中で、domineと呼びかけられているものとdomineと呼びかけているものが二つの極に裂解すると同時に、結び付けられるのです。そういうdomineという言葉が『告白録』（*Confessiones*）という書物をいざ書こうとしているアウグスティヌスの全身から湧き上がってきているのです。そういう意味で、わたしは日本語に訳すとき、「主よ」という言葉を冒頭に置きました。――これが、わたしの第一行目の読みです。Magnus es, domine, et laudabilis ualde という言葉の中で、domine という呼びかけがこの文を引き出す力になっているということです。

ついで、この domine という呼びかけによって引き出されてきたものが何であるかというと、それはまず magnus es.（「あなたは大きな方である」）という言葉です。es はすでに述べたように「ある（不定法 esse）」の直説法、現在、二人称、単数です。呼びかけられているものが「どういうものであるか」、その「存在」の「どのようなものであるか」を述べています。「直説法」とは「現にある」ことを述べる叙法です。「現在形」はそれがまさに今、現実にあるあり方を述べる時称です。ですから、この文章は主と呼びかけられているものがまさに「大きいものである」ことを述べているのです。この場合の「大きさ」はもちろん空間的な大きさをいうものでないのは明らかです。それは「価値的な大きさ」といってもよいものですが、「偉大」と漢字で表現されるものです。「主は偉大」というのがこの第一文の述べていることであり、これはおよそおおかたの宗教において、神的なものを言いあらわす際に用いられている言葉です。礼拝の対象になるものは「大きいもの」、「偉大なもの」と言いあらわされるのであり、これは宗教を成立させている根源語だと言ってよいでしょう。(2)『告白録』では、アウグスティヌスを回心に導いた神が、ここで「主よ」と呼びかけられ、その主が「大きいもの」、「偉大なもの」であることがまず最初に述べあらわされ、宣言されているのです。それは「主よ」と呼びかけられているものの「存在」に関する立言であり、宣言であるといえるでしょう。

ついで、いま「大いなるものである」と述べあらわされたものについて、それが laudabilis（讃めたたえられるに値するもの）であると述べられているのですが、これはいま「偉大なるものである」とその存在を立言されたものに対する、こちら側からの応答であり、行為であるということができます。「大きなもの」、「偉大なるもの」に向かい合うとき、こちら側におのずと引き起こされる応答は、先ず何よりも「讃美」だということです。「偉大なるもの」に対して捧げられるべき相応《ふさわ》しいものは「讃美」以外にはないのです。「犠牲」も「感謝のこころ」もこの偉大なものに捧げられるに十分に相応しいものではないのです。「讃美」だけが相応しいのです。laudabilis という言葉は laudo（不定法・laudare＝讃美する、讃めたたえる）という動詞から由来します。-bilis というのは「それに値する」を意味する形容詞を作る接尾辞です。ualde は「いとも」という強めの副詞です。ですから、冒頭の一文の後半は「大いなるもの」が「いとも讃めたたえるに相応しいものである」と立言しているのです。なぜ -bilis という接尾辞が付けられているかといえば、それはすべての人が「現に相応しく讃めたたえている」とは言えないからです。相応しく讃めたたえていない人がいるにしても、この「大いなるもの」は真に「讃めたたえられるに価いするものである」ことをこの第一文は述べているのです。それは「大いなるもの」に対するものの側からの「応答」「行為」を言い表しますが、この

「応答・行為」のあるべきこと、「当為（なすべきこと）・基準」を言い表しています。このようにして、この『告白録』の冒頭におかれた一文は、『告白録』でアウグスティヌスがかかわる「主よ」と呼びかけられる神について、そのもの自体の「存在」とそのものに対するあるべき応答を言い表し、アウグスティヌスの内奥の信仰告白になっていると共に、そもそも「宗教」というもののあり方を根源において規定しているということができます。それゆえ、わたしはこの一文をこれに続けられる次の一文と共に「宗教の段落」と呼びます。

et laudant omnes gentes といえば、「すべての国民が讃めたたえている」という意味になります。しかし、アウグスティヌスはここでそうは言っていません。讃めたたえられるに相応しいものであるといっているのです。すべての人が讃めたたえているわけではないのです。そして自分自身も讃めたたえないでいたこともあるのです。『告白録』はアウグスティヌスにとって、自己のもっとも根源的な回心を語っているのですが、過去の自己について語る時、讃めたたえていなかった自分というもののあり方が眼前に浮かんでいるのは間違いないでしょう。それは恥ずかしい自分のあり方でしょう。ですから、そういうことも含めて、すべての人が讃めたたえているわけではない、しかし、讃めたたえられるに相応しいもの（laudabilis）であるといっているのです。こういう意味で第一行を理解したとき、第一行は『告白録』という書物の全体を要約していると言ってよいと思います。

さらにここには二つの面があることに気づきます。一つの意味では、domine と呼びかけられているのはアウグスティヌスの自己を最終の回心へと導いたあの主であり、アウグスティヌスにとって「わたしの主」(dominus meus) と言えるもの、個的な主のことです。しかし、もう一つの意味では、自分という一人の人間を通じて示された神の恵みの大きさが讃めたたえられるに値するということです。ですから、ここで「主よ」と呼びかけられているものは、アウグスティヌスにとって「わたしの主」であると共に、すべての人々の主であり、全被造物の主であることを含んでいます。ですから、その全被造物の主であるものが大いなるものであり、讃めたたえるに相応しいものであることを述べてもいます。自分自身のもっとも根源的な主との関係が述べられているとき、「神」(deus) という言葉が出てきていないのは、驚くべきことだと思います。しかし、それはとても大事なことです。「神」という言葉は一般名詞であって、他の神々をも呼ぶ言葉です。それに対して、アウグスティヌスにとって根源的なものは、domine (主よ) としか呼べないものなのです。ですから「神」という言葉はここでは出て来ないのです。「神は偉大だ」という言い方もあるのですが、そういう言い方で始められていないことが『告白録』の言葉を形作っている根本的なことです。このように見ることによって『告白録』の構成も見えてきます。

さらに付言しておくべきことはこの第一行は『詩篇』四七 (新共同訳では四八) (または九五 (九六) または一四四 (一四五)) に基づいていることです。アウグスティヌスが読んでいた『詩篇』は七十人訳と呼ばれる『ギリシャ語聖書』にもとづくラテン語『聖書』でした。これによると

偉大なるかな主は、いとも讃めたたえられるべき方

Magnus Dominus et laudabilis nimis (*megas kyrios et ainetos sphodra*) Ps. 47, 1

Quoniam magnus Dominus, et laudabilis nimis (*hoti megas kyrios kai ainetos sphodra*) Ps. 95, 4

Magnus Dominus, et laudabilis nimis (*megas kyrios kai ainetos sphodra*) Ps. 144. 3

となっています（イタリックは『七十人訳ギリシャ語聖書』）。ここで「主」は「主は（dominus）」と主格で表明されており、したがって動詞として補われるのは三人称のest（である）です。『詩篇』はイスラエルの民族の賛歌であり、会衆によって唱われていたものです。『告白録』がこれと違うのは「主よ（domine）」と呼格で述べられ、「あなた」と呼びかけられる親しいものとして「主」が語られている点です。『告白録』には『詩篇』の章句がちりばめられており、『告白録』はあたかも『詩篇』の章句からなるゴブラン織りのように見ることが出来るのですが、それはいつもその文脈に適切なものとして語られるのであり、それはもう聖句の引用としてではなく、アウグスティヌスの心の奥底で咀嚼され、心の奥底からほとばしるアウグスティヌス自身の言葉となって出てくるのです。これも『告白録』を独特の文学としている一つの特徴です。

続く第一章冒頭の第二行では

あなたの力は大きく、あなたの智慧をはかる数は存在しない。

magna uirtus tua et sapientiae tuae non est numerus.

と唱われます。そこでは第一行で表明された主の「偉大さ」が「力」(uirtus)と「智慧(sapientia)」という二つに分節化されて言い表されています。ですから、この第二行は第一行の反復であり、リフレインとして響いているということが出来ます。この行も『詩篇』一四六(新共同訳一四七)によることが指摘されており、(3) したがって、ここでも三人称の主が二人称に言い換えられているのは第一行と同じようです。しかし、ここにはさらに驚くべきことがあります。というのは、「主の力、主の智慧」は「イエス・キリスト」であるということが、使徒パウロの信仰告白として表明されているからです。『コリントの信徒への手紙一』一・二四には「神の力、神の智慧であるキリスト」(Christum Dei virtutem, et Dei sapientiam [*Christon theou dynamin kai theou sophian*])とあります(イタリックはギリシャ語聖書原文)。このパウロ書簡の章句がアウグスティヌスにとって根元的な意味をもつパウロの言葉であったことを確認することができます。それは、この章句が回心直後の著作であるカッシキアクム著作から後期の『三位一体論』に至るまで一貫してアウグスティヌスによって引用され続けていることをわたしたちは確認できるからです。(4) アウグスティヌスの回心が直接にはパウロの書簡の繙讀によって導かれたことは「庭園の場」の叙述を典型として言えることですが、この回心の初端からアウグスティヌスを常に導き続けていたものにこのパウロ書簡の章句

「神の力、神の智慧であるキリスト」があったと信じられるのです。それゆえ『告白録』の冒頭で、第一行に続けて、この第二行が述べられるとき、これは『詩篇』一四六（一四七）からの引用として、第二行が第一行のリフレインとして付け加えられているだけではないことを思わせるのです。つまり、この第二行を述べるとき、アウグスティヌスの内奥ではこの『詩篇』の章句と並んで、パウロの『コリントの信徒への手紙二』一・二四の章句が共に響いていたと考えられるのです。それは何を言うのでしょうか。それはこの『告白録』の冒頭箇所で「主よ」と呼びかけられているものが「キリスト論」的に理解されているということです。そして、イエス・キリストが神であることが理解されるのは聖霊の照らしによるのであるとすれば、この『告白録』冒頭箇所はすでに三一論的な神理解によって導かれていることになるのです。(5)

『告白録』の構成

『告白録』がアウグスティヌスを最終の回心へと導いた神の憐れみの業の証明であり、讃美であると同時に、アウグスティヌスという個を通じて示された人類一般に対する神の憐れみの業の証明であり、讃美であることは繰り返しお話ししてきたことです。この理解に立つとき、時として分かりにくいものに見える『告白録』全篇の構成も理解されやすくなります。

『告白録』は

第一部　第一－九巻　　　回心に至るまでの自伝的部分
第二部　第十巻　　　メモリア（意識）論
第三部　第十一－十三巻　　　創世記解釈

の三部分から成っています。

『告白録』を自伝文学として読むと、それは第九巻で終わってしまいます。第十巻はそれとは別のメモリア（意識）論になっています。また、第十一巻から第十三巻もそれらとは直接に関係がないように見える創世記解釈が展開されています。このように見ると、『告白録』は一見するところ、これらまとまりのない三つの部分から成っていて、統一性をもつ一つの著作として読むことが困難になります。しかし、上述したように、この著作はアウグスティヌスという個の歴史において実現した神の憐れみの業の告白であり、これにより人間と神の本質的な関係を解き明かし、神の偉大さを世に公言し、讃美するための著作であると理解してみますと、これら三部の内的関係は透明なものになり、それらが密接な有機的関係をもつ一つの書物として構成されていることが分かってきます。第二部は第一部で明らかにされた仕方で、アウグスティヌスの自己にかかわってきた神が何であるかを、いま、現在の自己に与えられている意識（＝メモリア）の諸層に分け入り、それが何であるのかを探究しようとする部分です。それは意識の内省的な考察の嚆矢として名高いもので、もっとも哲学的な部分といわれますが、それは、本来、回心という出来事を通じて自己を捉えた神の「何であるか」、その神が「何処にあるか」を自己の意識の深層に分け入って探索しようとする部分です。「神の場所論」といってもよい部分です。「主よ、わたしは紛れもない確かな意識（conscientia）であなたを愛しています（non dubia, sed certa conscientia, domine, amo te.)」（X, vi, 8）という言葉でこの考察は始められていますが、それは自己を回心へと導いた神の愛の表白であるのです。第九巻まではこの神の愛の働きを回心までの自己の歩みを振り返ることを通じて忠実に辿ります。この第十巻では、その神がどこにあるか、「神の場所」を自己の意識の中に捜し求めてゆくのです。

神は自己の外にではなく、自己のうちに求められるものであることをアウグスティヌスはプロティノスに学びました。「私は私自身へと帰るようにとかれらに諭され、あなた（神）を導き手として私自身の内奥《うち》に入っていった（et inde admonitus redire ad memet ipsum intraui in intima mea duce te et potui.)」（VVII, x, 16）と『告白録』は記しています。いま第十巻で神の場所が自己のうちに、「自己の意識（＝メモリア）」のうちに求められてゆきます。しかし、神は「神そのもののうちに自己を越えるものとして（in te supra me)」（X, xxvi, 37）あることを示すところにこの探求の終極があります。それが「自己のもっとも内奥《うち》なるものよりも内なるもの、自己のもっとも高きものよりも高きもの（interior intimo meo, superior summo meo)」（III, vi, 11）と『告白録』で特徴づけられる神の場所です。ついで、この「自己を越え、そのもの自体のうちにある神」に近付いてゆく道が「神の言葉」を記している『聖書』に聴き、そこに解き明かされていることを明らかにしてゆく聖書解釈の道です。『創世記』解釈が第十一巻以降そのようにして始められます。これによって、神の業である世界と自己にかかわる、神の愛のかかわりの全貌が端緒から終極に至るまで辿られてゆくのです。第十一巻から第十三巻はこの道を辿っています。

このような構造を持つものとして読むとき、『告白録』は一つの全体として緊密な構造を持つものとして摑まれてきます。

回心はこの『告白録』を書いている時から十五年くらい前の過去の出来事です。『告白録』はこの過去の出来事をいま振り返っています。アウグスティヌスはいま司教です。このあいだには長い聖書研究があり、キリスト教の理解が次第に深まっています。そこで、『告白録』は司教であるアウグスティヌスが信者を教化するために書いた書物であり、そこに書かれているのは過去のアウグスティヌスのあるがままではなく、フィクションであるという説が起こり、『告白録』解釈の大きな問題になりました。(6) たしかに、回心の直後に書かれたカッシキアクム著作を読んでみますと、カッシキアクムの著作のアウグスティヌスは、『告白録』のアウグスティヌスとは違うように見えます。そこで、このカッシキアクムのアウグスティヌスが回心直後のアウグスティヌスの本当の姿であって、『告白録』の回心の過程はフィクションに過ぎないとも考えられます。

この問題は二十世紀の前半に長く議論されました。しかし、先程からお話ししているように考えるとそれとは違うように見ることができます。過去の出来事はそのすべての意味が当時の自己に明らかであったわけではありません。自己自身がその時何であったか、その時起こったことの一つ一つがどういう意味を持つものであったかは、やっといま明らかになってきたのです。聖書読解を通じて神の業が何であるかが理解されるようになってから、はじめて分かってきたことなのです。ああのときにこういうことがあった、このときにこういうことがあったのは、こういうことだったのかと、いま分かってくるのです。『告白録』はそれを書いています。第一巻から第九巻までの自伝的部分はそれを書いています。「あなたはあなたの言葉をもって私の心の奥底を刺し貫いた（percussisti cor meum uerbo tuo.）」（X, vi7, 8）、わたしはそれによって心の奥底であなたを愛してしまった、いや今あなたを愛してしまっているという愛の既存性を認めるところから、第一巻から第九巻までの自伝的部分が書かれています。第十巻は、そういうふうに過去の自己にかかわってきた神が、いまの私にとって何なのかを問題にしています。感覚の世界のどこかに神はあるのか、それとも自己の内に求められるべきなのか、さらに、精神のうちのどこに求めるべきか——こうして、神の場所を次々に尋ねていって、最後に、自己の内をも超えるものとして、「自己のもっとも内奥《うち》なるものよりも内なるもの、自己のもっとも高きものよりも高きもの（interior intimo meo, superior summo meo）」として自己の底を突き破る真理そのものとして神のあることを確認してゆく過程が第十巻です。このように確認されたとき、神は「私のうえなるもの（supra me）」として「神そのもののうちにおいて」あることが確認されます。これが、あなたは「あなたのうちにおいて（in te）」あると表明されます。そこで、神そのものにおいてある神にどのようにすれば近づけるかが第十巻の後半の問題です。そこから「心の清い者は神を見る」というイエスの言葉に導かれ、「清くなる」とはどういうことであるかが第十巻の後半で尋ねられるのです。第十一巻からは、聖書に帰り、聖書の中で神を探求していくことになります。『創世記』の冒頭で、神は世界、そして人間をつくった、その神の業とは何かを明らかにすることによって初めてこの神の業、大いなるものとしての神の業が何であるかが明らかにされてゆきます。第十二巻と第十三巻はそういうように書かれています。このように読むことによって、『告白録』の三つの部分が一つにつながるものになります。

これが『告白録』の構成です。

第三講　「大いなるもの」——『告白録』冒頭箇所（I, i, 1）の解釈

今回は『告白録』の冒頭の一節（I, i, 1）の全体を理解してみたいと思います。次にあげるものは私の試訳です。これを読ませていただきます。

【第一段落】（宗教の段落）
　主よ、
あなたは大いなる方です。
いとも讃めたたえられるに値します。
Magnus es, domine, et laudabilis ualde.
あなたの力は大きく、あなたの知慧を測る数は存在しない。
magna uirtus tua et sapientiae tuae non est numerus.
【第二段落】（神学の段落）
人間はあなたを讃めたたえることを奥底で求めています、
あなたの造られたもののほんの一部分にしかすぎない人間ですが。
　みずからの死すべき性を身にまとっている人間です、
　　それは己れの罪のしるしです、
　　　高ぶるものにはあなたが抗《あらが》われるというしるしです。

それでも、人間はあなたを讃めたたえることを奥底で求めています、
あなたの造られたもののほんの一部分にしかすぎない人間なのですが。
et laudare te uult homo,
aliqua portio creaturae tuae,
et homo circumferens mortalitatem suam,
circumferens testimonium peccati sui
et testimonium, quia superbis resistis:
et tamen laudare te uult homo,
aliqua portio creaturae tuae.
あなたは、あなたを讃めたたえることが喜びとなるように、駆りたてられます、
あなたはわたしたちをあなたに向けて造られたからです。
ですから、わたしたちの心は、あなたの内にあって憩うまで、休らうことがありません。
tu excitas, ut laudare te delectet,
quia fecisti nos ad te
et inquietum est cor nostrum, donec requiescat in te.

【第三段落】（哲学の段落）

どうか、主よ、わたしに知らせ、分からせてください、
あなたに呼び求めることとあなたを讃めたたえることと、どちらが先であるかを、
あなたを知ることとあなたに呼び求めることと、どちらが先であるかを。

けれども、あなたを知らないのに、あなたに呼び求めるものがだれかいるでしょうか。

知らなければ、あなたと思って別のものに呼び求めることもありうるでしょうから。

それとも、あなたは、知られるために、呼び求められるのでしょうか。

それでも、すでに信じているのではないものにひとびとが呼び求めるというようなことが、どうして起こるでしょうか。

また、宣べ伝えるものがないのに、ひとびとが信じるというようなことがどうしてあるのでしょうか。

da mihi, domine, scire et intellegere,
utrum sit prius inuocare te an laudare te
et scire te prius sit an inuocare te.
sed quis te inuocat nesciens te?
aliud enim pro alio potest inuocare nesciens.
an potius inuocaris, ut sciaris?

quomodo autem inuocabunt, in quem non crediderunt?
aut quomodo credunt sine praedicante?

【第四段落】（探求と宣教の段落）

こうして、主を尋ね求めるひとびとは、主を讃めたたえるでしょう。なぜなら、尋ね求めるひとびとは主を見つけだします、そして、見つけだす時、主を讃めたたえるでしょうから。

et laudabunt dominum qui requirunt eum.
quaerentes enim inueniunt eum et inuenientes laudabunt eum.

主よ、あなたに呼び求めながら、あなたを尋ね求めたい、
　あなたに信じながら、あなたに呼び求めたい。
なぜなら、あなたはわたしたちにすでに宣べ伝えられているからです。
主よ、わたしの信仰があなたに呼び求めています。
　この信仰はあなたがわたしに下さったものです、
　あなたがあなたの子の人間であることを通じてわたしに息吹きいれて下さったものです、
　あなたの宣教者の奉仕を通じてわたしに息吹きいれて下さったものです。

quaeram te, domine, inuocans te

et ionuocem te credens in te:
praedicatus enim es nobis.
inuocat te, domine, fides mea,
quam dedisti mihi,
quam inspirasti mihi per humanitatem filii tui,
per ministerium praedicatoris tui.

この冒頭部分はこのように、第一段落、第二段落、第三段落、第四段落と四つの段落に分かれていると了解するのがよいと思っています。第一段落は「宗教の段落」であり、それは宗教の言葉によって述べられています。第二段落は「神学の段落」であり、神学の言葉から構成されています。第三段落は「哲学の段落」であり、哲学の言葉から、第四段落は「探求の方法」、または「宣教の段落」であり、探究の方法の言葉、または宣教の言葉から構成されています。探究の方法の言葉が宣教の言葉であると言うと、おかしいと思われるかもしれませんが、アウグスティヌスの場合にはそうなっているとわたしは思っています。宣教されるべき信仰が何であるかを探究して、その信仰を理解すること、つまり「信仰の理解（intellectus fidei）」[1]が宣教するもののうちに固まることなしには、宣教の言葉は空しいものになるとアウグスティヌスは考えていると思うからです。そこで、第二、第三の神学の段落と哲学の段落の言葉は、結局、この探究と宣教の言葉に吸収され、そこに終極してゆくと考えてよいと思うのです。ひるがえって、第一段落は『告白録』の冒頭の一文であり、これはアウグスティヌスの全身全霊から出てくる最初の言葉であり、根源的な発語です。したがって、これを根源的な「宗教の段落」、根源的な宗教の言葉と呼びたいと思います。神学の言葉、哲学の言葉はその展開として発出してくるものです。それぞれの段落の言葉はそれぞれ固有の言語圏（sphere）を持ち、その中で動いています。そのように言葉が働いている言語圏を等しくする時、それぞれの言葉はひとつながりのものとなり、ひとつながりの固有の特徴をもつ事柄をあらわすものになります。神学の言葉、哲学の言葉はそれぞれそのようなひとまとまりのつながりをもつ言葉です。そして、これらが第四の探求および宣教の言葉に全体として集約されてゆく構造になっていると思えるのです。この箇所全体をこのような構成をもつものとして理解する時、はじめて、この冒頭の第一章はただしい光のうちにおかれると考えられます。

第一段落の冒頭の一文については、すでにお話しました。第二段落をどうして神学の言葉というのかをお話したいと思います。第二段落は、「人間はあなたを讃めたたえることを奥底で求めています」とはじめられています。冒頭に置かれるのは「人間は（homo）」という語です。「人間」という言葉は「一般語（general term）」であり、さまざまな事物を区分し、分類する「分類語」の一つです。「一般語」によって表され、思考されるものは個々のものではなく、その類に属するものを総括するものです。それは「普遍（universal）」と呼ばれています。「人間」という言葉は「アウグスティヌス」や「アンブロシウス」という個人を言いあらわすものではなく、また「ローマ人」とか「ギリシャ人」とかいう人間に属するある特殊な種類をあらわすものでもありません。人間という種に属するすべてを総称するものです。

第一段落では「人間」という言葉はありませんでした。「わたしは」という言葉もありません。「主よ（domine）」と呼びかけているものは確かにアウグスティヌスであり、アウグスティヌスの「わたし」ですが、それはこの一文の基底に置かれているものであって、文の表面には現れてきません。冒頭の一文はその底に置かれているアウグスティヌスの「わたし」の全体から発せられるものであり、それゆえ、これを「叫び」と呼びました。ところが、この第二段落では、「人間は（homo）」と語りだされます。「人間」とは第一段落で「主よ」と呼びかけていた「わたし」が「ひとりの人」としてそのうちに総括されるような「一般者」としての「人間」です。つまり、冒頭の一文の基底に置かれていた「わたし」がここではひとりの「人間」として捉え直され、「人間」というもののあり方として語る語り方になっているのです。これは反省の言語であり、思い描かれること、思考されることを対象化し、それとして客観化する言語です。学問はすべてこの反省の言語として語られるものです。主観の表出ではなく、客観的な世界を語りあらわすものです。科学の言語、哲学の言語はみなそういう性質のものです。第二段落はそういう学問の言語として語りだされているのですが、しかし、それは科学や哲学のような学問とはすこし違います。どこが違うかというと、ここではその「人間」がすぐ「あなたの造られたもののほんの一部分（aliqua portio creaturae tuae）」であると捉え直されているからです。ここには「造るもの」と「造られたもの」の区分、「創造者」と「被造物」の区分が前提されています。つまり、「創造（creatio）」ということがそこに前提されているのであり、「造られてあること（＝被造性）」がいわば「人間であることの条件」として提示されているのです。これはもうすでに「イスラエルの信仰」、またそれにもとづく「キリスト教信仰」を前提にしています。それゆえ、これらの言葉はキリスト教信仰を前提にして語られる言葉であり、そういう意味でこの段落を「神学の段落」と呼ぶのです。それに続く、人間が身にまとうものとしての「死すべき性《さが》（mortalitas）」という言葉についても同じことが言えます。人間一般を語る言葉として古代ギリシャでも「死すべきもの（*brotos*）」という言葉がありました。これは「不死なるもの（*athanatos*）」である神々に対して人間を区別する言葉でした。日本の文化伝統でも、死は人間の定めと考えられています。しかし、この第二段落ではこの「死すべき性《さが》」が「人間」にもともとあるものとして備わる本性なのではなく、ただ或る一定の条件の下で起こったことなのだということが示されています。つまり「死すべき性」とは、人間がおのれに負う「己れの罪のしるし（testimonium peccati sui）」なのです。そして、これはもちろんキリスト教神学を前提にして語られうることです。それが人間の「死すべき性《さが》」のキリスト教神学による了解なのです。さらにここではこの「己の罪のしるし」は「高ぶるものにはあなたが抗《あらが》われるということ（quia superbis resistis）」の「しるし」なのだと説明されます。人間が「造られたものである」という分を忘れ、おのれを造ったものに等しいとする「高ぶり（superbia）」をもつとき、この「高ぶるものに対してあなたが抗うこと（quia superbis resistis）」の「しるし」だと言われているのです。すなわち、そのような「高ぶり」によって、人間は「生命」そのものである神から切断され、「死すべきもの」という性《さが》を身にまとうことになるのです。(2) これは明らかにキリスト教神学の言葉です。したがって、この段落はキリスト教信仰を前提にして語られています。ここでは、自分自身もその一人である人間というものがどういうものとしてあるかを、キリスト教神学を前提し、反省して展開しているのです。

第三段落は

「どうか、主よ、私に知らせ、分からせてください、
あなたに呼び求めることとあなたを讃めたたえることと、どちらが先であるかを、
あなたを知ることとあなたに呼び求めることと、どちらが先であるかを。
けれども、あなたを知らないのに、あなたに呼び求めるものがだれかいるでしょうか。
知らなければ、あなたと思って別のものに呼び求めることもありうるでしょうから。」

とあります。ここに出てきている言葉を眺めてみますと、そこには「知る」、「分かる」、「呼び求める」、「讃めたたえる」という四つの動詞があり、その相互の関係が問題になっています。ラテン語で

は、「知る」はscire、「分かる」はintellegereです。intellegereは「分かる」または「理解する」と訳してよい言葉です。(3) また「呼び求める」はinuocare　それから「讃めたたえる」はlaudareです。この四つの動詞は、人間が誰でも使っている言葉であり、これらの動詞によって意味されている事柄はわたしたち人間には身近に理解される事柄です。その上で、それらの動詞の相互関係が問題にされているのです。ですから、これを「哲学の段落」と呼びます。神学の言葉はここでは中心の役割を果たしていません。

「知る」とはどういうことかといえば、たとえば「私は東京を知っています」とか、「月があるのを知っています」とか、「地球があるのを知っています」とか述べられる時、ごく日常的に熟知されている「知っている」という言葉の意味です。自動車が動いているのは知っているけれども、それがなぜ、どのようにして動いているのかが分からないということもあります。それは自動車が動くことの構造が分からないという意味です。「分かる（＝理解する）」ということは、「知られている事柄」がその事柄を成り立たせている構造から「分かる（＝理解する）」ということです。この段落のはじめに、「どうぞ、わたしに知らせ（scire）、分からせて（intellegere）ください」と言われているとき、「知らせる」「分からせる」という二つの動詞を重ねて用いているのは修辞的な強調語法であると見ることも出来ます。しかし、それは、上にあげた四つの動詞で表されている事柄相互の関係を「知り」、さらに、その構造と内実がどういうものであるかを「分からせてください」と言っているのだと読むこともできます。おそらくそのように読むほうが、この段落の意味をいっそうはっきり分からせてくれます。

では、知らせ、分からせてくださいと言って問題化されているのは何でしょうか。そこでは「讃めたたえること（laudare）」、「呼び求めること（inuocare）」、「知ること（scire）」という三つの動詞が取り上げられ、それらが二つずつ組み合わされて、二組にされ、それぞれの組について、それら二つの動詞相互の「より先」「より後」の関係が問題にされているのです。すなわち、「讃めたたえること（laudare）」と「呼び求めること（inuocare）」ではどちらが先であるか、また「呼び求めること（inuocare）」と「知ること（scire）」とではどちらが先であるかが問題にされています。

「讃めたたえること（laudare）」という動詞は冒頭の一文で「いとも讃めたたえられるに値します（laudabilis ualde）」と形容詞として用いられていました。また、「呼び求める（inuocare）」という動詞も、冒頭の一文で「主よ（domine）」と呼びかける時、その「呼びかけ」の言葉の基底に前提されていました。第二段落でも「讃めたたえること（laudare）」はこの段落の中軸の言葉でした。「讃めたたえること」はそもそも『告白録』の主題です。これに対して「知ること（scire）」はこの段落ではじめて出てくる言葉でこの段落を特徴付けるものです。ですから、この段落は、冒頭の一文と第二段落で問題化されたことが、あらためて「知る」という言葉の機能する場面、すなわち哲学の場面で問題化されているのです。「知る」とか「分かる」とかいうことはまさに哲学の次元であることだからです。ですから、これを哲学の段落と呼ぶのです。ここでは神学の言葉は中心的な働きをしていません。

この第三段落のはじめの一連の問いかけの終わりに述べられる言葉、

「けれども、あなたを知らないのに、あなたに呼び求めるものがだれかいるでしょうか。知らなければ、あなたと思って別のものに呼び求めることもありうるでしょうから。」

に注目してみましょう。これはプラトン哲学と関係のある言葉です。それは「探求のパラドクス」としてプラトン哲学の中で問題化されていることに関係があるのです。「探求のパラドクス」とは「知らないものを探求するというようなことがどうしてできるのか」という問題です。

「探求されるべきものが自分のぜんぜん知らないものであるとすれば、どうしてこれを探求することができるのか。何かが発見されたとしても、それが自分がぜんぜん知らなかった当のものであるとどうして判別できるだろうか。なぜなら、それは知らなかったのだから。また他方に、もしも、すでに知っているものであるとすれば、それをあらためて探究する必要などないではないか。だから、探求などということはそもそもありえない」

というパラドクスがこれです。(4)

もちろん、これは、あなたのことは知っているけれども、あなたの名前を知りたいから、それを尋ねたいとか、住所は知っているけれども、その行きかたを知らないから教えて欲しいというような日常経験している「尋ねること」を否定しているわけではありません。ただ上に述べたような理屈を言葉の上で並べてみると問題が起こるということです。これはギリシャの哲学者のした言葉の上での議論でした。アウグスティヌスのここでの言葉はこの「探求のパラドクス」をなぞるように進められています。探求の対象が「相手の名前」であるとか、「相手の住所への行き方」であるとか、日常経験として熟知していることにかかわるかぎりでは、このパラドクスは言葉の上でのことに過ぎません。しかし、これが日常の経験の対象でも、日常の生活の必要でもなく、日常の経験を超えた「神そのものの探求」——ここで「あなた」とアウグスティヌスが呼ぶもの——となる時には、このパラドクスは実質的な意味を持ちます。「神の何であるか」は人間には隠されたことだからです。とりわけ第二段落で明示された「原罪」の状況に置かれ、神そのものから切り離されている人間の現状においてこれは深刻な問題になります。

「あなたを知らなければ、あなたと思って別のものに呼びかけることもありうるでしょうから」という言葉がいまや実質的な意味をもってきます。そして、このことから、第三段落の終わりに置かれた問いかけを通じて、第三段落は第四段落に導かれていきます。

「どうして、あなたに呼び求めることがありうるでしょうか。知らなければ、あなたではない別のものに呼び求めることもあるでしょうから。」という問いかけは、それゆえ、ここで深刻な問題を形成しえます。この問いかけを契機にして、第三段落は第四段落へと導かれてゆきます。

「それとも、あなたは、知られるために、呼び求められるのでしょうか。

それでも、すでに信じているのではないものにひとびとが呼び求めるというようなことが、どうして起こるでしょうか。

また、宣べ伝えるものがないのに、ひとびとが信じるというようなことがどうしてあるのでしょうか。」

「あなたは、知られるために、呼び求められるのでしょうか」という問いかけのもつ意味は重いものです。これは「呼び求める」ということが「知られる」ことの入り口になりうることを示唆する言葉だからです。すでに述べましたように、「主よ」という冒頭の一文の「呼びかけ」のうちに「呼びかける」ということがアウグスティヌスの全身全霊を貫く言葉としてありました。この「主に呼びかける」叫びこそ、雲に覆われた地の底から天に向かってあげられ、天への道を切り開く響きとなるものなのです。それはまさに宗教の場を切り開く叫びです。「主よ」と呼びかけられているものと、「主よ」と呼びかけているものを分けると共に結び合わせ、そこから堅固な言葉の広がりが開かれる潜勢力となる叫びなのです。「呼び求めること」が「知る」ことを開くのです。こうして、「呼び求める(inuocare)」という言葉と「讃めたたえる(laudare)」という言葉は『告白録』を構成するもっとも根幹的な言葉となります。

第三段落は

それでも、すでに信じているのではないものにひとびとが呼び求めるというようなことが、どうして起こるでしょうか。

また、宣べ伝えるものがないのに、ひとびとが信じるというようなことがどうしてあるのでしょうか。

という問いかけで閉じられ、第四段落へと移ります。

「呼び求めること」と「知ること」との間に作られるきびしい緊張（=知らないのに呼び求めるということのもつ緊張）は、こうして、「信じること」という新たな一事がその間に投げ入れられることによって結ばれ、穏やかな連続を作るものになります。「信じること」は「知ること」と「知らないこと」の間のきびしい裂け目に入ってこれら二つをなんらかつなぎ、同時に、そこから「呼び求めること」を可能にして、ひとを「知らないもの」を「尋ねること」の探究へと導きいれるものだからです。これはふたたび宗教の場の導入であり、こうして第三段落は第四段落へと移ってゆきます。

第四段落ははじめに

こうして、主を尋ね求めるひとびとは、主を讃めたたえるでしょう。
なぜなら、尋ね求めるひとびとは主を見つけだします、そして、見つけだす時、主を讃めたたえるでしょうから。

と述べ、『福音書』に伝えられる主の言葉を思い起こし、これにリフレインのように、みずからの言葉を付け加えて展開しています。

『マタイによる福音書』七・七(5)には言われています。

「求めなさい。そうすれば、与えられる。探しなさい。そうすれば、見つかる。」

主の言葉に信頼して、主を尋ね求めるとき、主を見つけ出すことはひとに約束されているのです。そして、主を見つけだし、主を知るとき、ひとは主の偉大であることを知り、賛美せざるをえないのです。

ここにはすでに「主を信ずること」が前提されています。イエスの神の子としての力の発現、すなわち奇跡が起こるところではいつも「信ずること」が前提されていました。最初の弟子たちの召命の折、漁をしていた彼らにイエスが近づいて、「網を棄ててついて来なさい」と呼びかけたとき、かれらはイエスに神の権威が顕現しているのを認め、すぐ網を棄てて従いました。それが信仰の原点です。キリスト信仰の原点はこのイエスと使徒たちとの出会いにおける使徒たちの信仰にあります。『福音書』とは、その弟子たちがそれでも肉身のイエスと一緒に生活している間、どれほどイエスを誤解しつづけたかの歴史の仔細な物語だといっても過言ではないでしょう(6)。「父がそのひとを引き寄せるのでなければ、自分のところに来るものはいない」とイエスは語りました(『ヨハネによる福音書』六・四四、六・六五)。そして、受難に先立つ最後の「告別の言葉」では自分が弟子たちのところから離れるのは弟子たちにとって有益だと語っています(『ヨハネによる福音書』十六・七－一五)。それは、父が聖霊を遣わし、その聖霊の働きによって、弟子達には、自分たちが一緒に暮らしていたイエスが真実には何であったかがはじめて理解されるものとなるからです。「聖霊降臨」とはそういうことです。このときはじめてペトロも「イエスが何であるか」を公《おお》《や》けに語りはじめたのです（『使徒言行録』二・一四以下）。

第四段落では、ふたたび第一段落と同じ一人称形に帰って、アウグスティヌス自身の全身全霊からほとばしり出る叫びが言葉となって溢れ出てきます。

「主よ、あなたに呼び求めながら、あなたを尋ね求めたい、
　あなたに信じながら、あなたに呼び求めたい。」

これはすでに信仰の言葉です。あの使徒たちが発したのと同じ信仰の言葉です。それゆえ、わたしは quaeram という一人称接続法を願望の接続法と受け取りこのように訳しました。この一章を締めくくる次の最後の数行はこの信仰がどのようにして与えられるに至ったかの次第を克明に述べています。

信仰は宣べ伝えるものがあって、それが伝えられているものであること、そこで述べ伝えられる「信仰」は「主」であるあなたから与えられたものであることをそれは述べています。さらにそれは、あなたがあなたの子の人間であることを通じてわたしに息吹きいれてくださったものであると宣言されています。「あなたの子の人間であること」とはもちろん「受肉（incarnatio）」のことです。(7) しか

し、霊の息吹きがなければ、この受肉の神秘を受け入れ、「信ずる」ことのないことも、この箇所は短い言葉で明確に宣言しています。

「この信仰はあなたが私に下さったものです、
　あなたがあなたの子の人間であることを通じて私に息吹きいれて下さったものです、」

という言葉のもつ意味は、それゆえ、とても重いのです。それは冒頭の言葉

　主よ、あなたは大いなる方です。いとも讃めたたえられるに値します。
　あなたの力は大きく、あなたの智慧を測る数は存在しない。

と呼応し、この『告白録』の冒頭の一章を締めくくっています。

　最後の一文

　あなたの宣教者の奉仕を通じてわたしに息吹きいれて下さったものです。

の「あなたの宣教者（praedicator tuus）」が誰をさすかについては学者の間に意見が分かれています。しかし、これはアウグスティヌスがほかの箇所でも同じ言葉でそう呼んでいる使徒パウロを指すと考えるのが自然でしょう。[8] このように読む時、冒頭箇所で「あなたの力」「あなたの智慧」とイエス・キリストを呼んでいたのがパウロであったことも思い起こされ、アウグスティヌスの回心が何よりもパウロ書簡の繙読を通じて導きいれられたものであることを思い起こさせます。

『告白録』の冒頭に置かれたこの一章（I, i, 1）をこのような構造をもつものとして読む時、この一

章のもつ緊密な構成が摑まれ、これが『告白録』全巻を導入するにふさわしい一章であることがよく理解されます。(9)

第四講　第一巻第二―六章

これまで冒頭の部分をゆっくりお話してまいりました。今日は先に進みます。

第一巻の第二章から第五章までは『告白録』の冒頭箇所の中できわめて哲学的な部分です。この部分は「弁証論的論法（dialectical argument）」によって論じられています。「弁証論的論法」とは、ヘーゲルの弁証法にもつながるものですが、ヨーロッパの学問探求ではプラトン以来今日にいたるまで長く継承されてきた探究方法の基本の一つです。ギリシャ語ではディアレクティケー（*dialektike*）、ラテン語ではディアレクティカ（dialectica）と呼ばれます。(1)

基本的なことをすこしだけ説明します。わたしたちは人間の言葉を使ってものを考えます。こうであろうか、いや、そうではなく、ああではなかろうかというように考えてゆくのです。この場合、一般に通用する言語を用いてするのが原則です。「弁証論的論法」とはこのような仕方で或るひとつの論題について、どのように考えることができるかを可能な限りさまざまに考えてみることからはじめます。このように考えてみると、ある種の主題についてはある仕方で論ずるのがただしく、別の種類の主題については別の仕方で論ずるのが適切だということが分かってきます。このように論題の種別によって論法を区別することをはじめて提示したのが、アリストテレスであり、これは *Topica*（『論題論』とでも訳すべきもの）という著作の中で論じられ、中世に至るまで、ヨーロッパの学問論上の古典として伝承されてきました。また、ある種の論題については、このようにも考えられるが、同時にそれとは別のようにも考えられるということが生じ、同じ主題について相反する帰結が同時に合理的に思考され、互いに黒白の決着をつけがたい場合が生まれてきます。日常の経験を超える主題を問題にする時には、そういうことが起こります。世界の始めとか終わりとか、神とかいう主題がそういう主題です。「弁証論的論法」という時、この第二の種類の論法を言うことが実際は多いようです。

この『告白録』冒頭箇所では、アウグスティヌスは「回心（conuersio）」というみずからの根源体験を通じてみずからの根底を衝き動かし、みずからにかかわってきた「主」と呼ぶものにかかわり、その「主」がみずからにとって「何」であるかを少しでも理解したいと願い、そのものとのかかわりを可能な限り明らかにしようとしました。第一章もそういう試みですが、この第二章に入ると、アウグスティヌスの論じ方はいっそう主体的になり、(2)ひとつの弁証論的な論法を用いて、この「主」と呼んできたものと自己とのかかわりを明らかにしようと試みます。「主」は冒頭の一文では「大いなるもの」であると証しされました。とすれば、そのような「大いなるもの」に呼びかけている自分は必然に「小さいもの」です。「大きいもの」と「小さいもの」の対比、「大小」の別は日常の経験の中でわたしたちが熟知している事柄であり、そういう言語了解のうちでわたしたちは生きています。でも、そのように「大きいもの」に対して、「小さいもの」である自分が「呼びかけ、呼び求める（inuocare）」ということがどうしてできるのだろうかという疑問がこの章の論究を引き出しています。この場合、「……に呼びかけ、……を呼び求める（inuocare）」という言葉に含まれている「……に」「……を」というモメントがここでの弁証論的な論法を成り立たせる鍵です。この鍵はラテン語では

inuocare に含まれる in- という接頭辞に含まれています。また同時に「呼び求める（uocare)」という動詞に含まれる運動性および方向性に含まれています。「何かに呼びかけ、何かを呼び求める」とすれば、そのように「呼びかけているもの」はその何かを「どこかに」来るようにと呼びかけているのではないでしょうか。[3] それでは、それは「どこに」なのでしょうか。このように inuocare（呼びかけ、呼び求める）という動詞を用いれば、「誰に呼び求めるのか」ということと共に、「どこに呼び求め、呼び入れるのか」という方向性が問題になってきます。とすれば、それは「自己のうちに」ではないでしょうか。しかし、自己は「小さいもの」であるのなら、どうして、この「小さい自己」のうちに「大きいものである主」を呼び入れることができるのかということが問題になります。この問題がこの箇所の弁証論的論究を成り立たせています。

ここには「語の意味の分析」と、そこから生ずる常識的な理屈——これを「論理（logic)」と呼びます——が一緒になり、そこに一見解決不可能に見える問題が生じています。「小さいもの」のうちに「大きいもの」を入れることは、あたりまえに言えば、できないからです。このように言葉を並べることによる「問題」の提示が「弁証論的論法」です。「事実」がどうであるかよりも、言葉の上で、論理の上でどうしてそれが可能かということが問題なのです。

——ばかばかしいと思われるかもしれません。しかし、ここには人間の理解しうる言葉のかぎりを尽くして人間を超えるものの「何であるか」に迫ろうとする、いわば「超人的な企て」（＝超越論的思考）とも呼ばれうる「哲学の場」(4)があります。わたしたちが人間の言葉で自己と世界を了解しており、そのなかで生きているとすれば、世界を越えるものがこの世界の内にある自己にかかわってくるときには、それに対応するためには、さしあたり人間の言葉で人間の知慧のかぎりを尽くしてそれにかかわろうとするのが人間としての「誠実（ueracitas）」です。そうする以外にわたしたち人間が「真理」につく道はありません。このようなありかたが「敬虔（pietas）」と呼ばれえます。アウグスティヌスにとって「敬虔」とはそういうことであり、このようにして「真理につく・真理を行う（ueritatem facere）(5)」ということがアウグスティヌスの一生の課題でした。

このような弁証論的論法を通じて、はじめて、人間はこの論法を通じてかかわっていたものの内に引き入れられ、そのものにふさわしい言葉遣いが作り出され、わたしたちはそのもののうちで新しく作られるのです。そこに「真の宗教（vera religio）」があります。

この第二章ではじめて「神（deus）」と言う語が導入されていることも注目されてよいでしょう。「神」という語は「人間」と同じような「一般語（general term）」で、「分類語」です。つまり、この章は第一章とは異なる一般的な哲学的論議の場所に置かれているのです。それでも、その導入部での慎重な語の遣い方が注目されます。

「どのようにしてわたしの神（deum meum）に呼びかけるのでしょうか。神であり、わたしの主（deum et dominum meum）であるものに。」

quomodo inuocabo deum meum, deum et dominum meum,

「神」は神ですが、それはすでに「私の神（deus meus）」であり、「神（deus）であって、私の主（dominus meus）であるもの」と言われるのです。考察はいまや哲学の場に持ち込まれているのですが、問題にされているものは、いまもあの冒頭で語りだされた「わたしの主」なのです。

ここから展開される弁証論の筋を追うとき、この弁証論を通じて、この「わたしの神」であり、「主なる神」であるもののあり方がどのように明らかにされてゆくのか、また、そのものと自己とのかかわりがどのようなものとして示されてゆくかが、見事な弁証論的論法により美しく展開されています。

その内容を以下にすこしお話ししましょう。アウグスティヌスの言葉には日常の言葉で了解されているものを用いながら、突然、言葉がこの日常語の了解を超えた形で動いてゆくのに気づかされます。

第二章（I, ii, 2）

「わたしの主である神を呼び求めるのに、わたしのどこかにわたしの神であるあなたがお出でくださる場所（quis locus）があるのでしょうか。あなたは天と地をお作りになったものですが、わたしはそのほんのわずかな一部分にしか過ぎないのです。いったい、わたしの内に「あなたを容れる何ものか（quod capiat te）」があるというのでしょうか。」

——ここには何かを容れる「器」と器に入れられる「内容物」という日常経験での言葉が機能しています。そして、「大小」という空間的な対比が働き、「小さいもの」であるわたしの内に「大きいもの」である主なる神を「容れる」場所がないことが推定されています。

そこで問いは転換され、では、あなたに作られたものである全天地があなたを容れるのでしょうかと問われます。全天地はわたしよりもはるかに大きいものであることは疑いないからです。（この「汎神論」的にも解釈されうる言い方には、アウグスティヌスはここではそれ以上言及することなく過ぎています。）

「いや、それとも、
あなたなしには、およそ「あるもの（＝存在するもの・quidquid est）」が存在することはないのでしょうから、何であれ「あるもの（＝存在するもの）」はあなたを容れているのでしょうか。」

——ここで言葉は全く新しい次元に移されています。後に「存在（esse）の哲学」といわれる哲学的思弁を先取りする語法の次元へと言葉はここで突如飛翔しています。この哲学的思弁についてここで詳論することはできませんが、筋はおよそ次のとおりです。なにかが「存在している」とすれば、それはそのものとは違う何かを根拠として存在させられて存在している。それゆえ、「存在しているもの」それぞれの内には「それを存在させているもの」がその根拠として内含されているというのがその論点です。では、「存在する」ということを根拠づけて存在させているものは何でしょうか。それはもはや他のものによって存在させられて存在するものではなく、それみずからによって存在するものだと考えられます。こういうものを「存在そのもの（esse ipsum）」と言います。このように思考を進めてゆく思弁の仕方を「存在の哲学」といいます。神はこのようにすべてのものに「存在すること」を与えているものですから、「存在そのもの（esse ipsum）」であるといわれるのです。そして、これが『出エジプト記』三・一四の記事で、ホレブの山で燃える芝のうちにモーセに現れ、エジプトで苦しんでいるイスラエルの民をファラオのもとから救い出すように命じた神であり、このものに対して、モーセがあなたの名前を何であると民に告げればよいのですかと尋ねたのに対して、そのものは「わたしはあるものだ（ego sum qui sum; *ego eimi ho on*）」と答えたという記事に関係づけられ、「あるもの（qui est）」という名前が神の名前だとされたのです。[6]「存在そのもの」という名前をめぐるこのような思弁はすでにアウグスティヌスから始まっています。『告白録』の中には神を qui est 'est'（「あるであるもの」）と呼ぶ、ラテン語としては破格の用法も見出されます。[7]

ここで思弁はさらに続けられます。そして「わたしもある（＝存在する）」のですが、あなたがわたしの内にあるのでなければ、わたしがあることはなかったはずですから、いったいどうして、あなたがわたしの内に来るようにと、わたしは（いま）求めるのでしょうか。」と問われます。――これは上記の「存在の哲学」から生ずる帰結です。

そして、この問いに対して

「ですから、わたしの神よ、あなたがわたしの内にあるのでなければ、わたしがあることはなかったでしょう、けっして、なかったでしょう。」とみずから答えます――これは自己の内における自己の存在の根拠としての「神の内在」の証言です。

しかし、ここで、思弁はさらに反転します。

「それとも、わたしがあなたのうちにあるのでなかったとしたら、わたしはあることはないのでしょうか。「あなたからすべてのものはあり、あなたによってすべてのものはあり、あなたの内にすべてのものはある」（『ローマの信徒への手紙』一一・三六）のですから。」

――ここで、「あなたがわたしの内にある」という表現は「わたしがあなたの内にある」という表現に突如転換されています。「自己のうちにおける神の内在」と「神のうちにおける自己の内在」という違いです。この「わたしの内にある（in me esse）」という表現と「あなたのうちにある（in te esse）」という表面上相反する表現はアウグスティヌスにおける「主」とよばれる神へのかかわりを言いあらわすために欠かせない一対の表現です。それは神の「内在」と「超越」と言ってよいものですが、『告白録』の全巻はこの関連の開示のためにかかれていると言ってもよいでしょう。「わたしの内にある神」の「内にあるもの」として、わたしがどのようにして固められてゆくかに「回心（conversio）」ということの主題があり、それがどのようにして達成されうるかを語り明かすところ

に『告白録』の主題があります。(8)

第三章(I, iii, 3)

第三章では、弁証論的探究はふたたび「容れるもの=器」と「容れられるもの=内容」という日常言語のレベルに戻り、「容れられるもの=内容」が液状のものとされたうえで、人間という器が神を容れうるのか、容れたとしても、こぼれはしないか、また、器が壊れたら、内容は流れ散ってしまいはしないかというように、自然の事物の例で問題が展開された上で、神と人間との関係はそのようなものでないことが、ある神秘的な色合いをもつ言葉で語り明かされてゆきます。

「あなたはわたしたちの上に注がれるとしても、わたしたちの上に横たわり広がるわけではなく、わたしたちを立ち上がらせるのです。わたしたちの上に散り広がるのではなく、わたしたちを集めるのです。あなたが満たすところのすべてのものをあなたはあなたのすべてで満たすのです……それとも、あなたはどこにでも全体としてあるのですが、いかなるものもあなたを全体として容れることはないのでしょうか。」

et cum effunderis super nos, non tu iaces, sed erigis nos, nec tu dissiparis, sed colligis nos. sed quae imples omnia, te toto imples omnia.... an ubique totus es et res nulla te totum capit?

第四章（I, iv, 4）

第四章はふたたびこの弁証論的論法のはじめに帰り「では、わたしの神は何なのでしょうか、お願いします、主なる神以外のいったい何なのでしょうか」と問われた後、神を述べるさまざまな相反する限定語が列挙されてゆき、これら相反する限定語の「反対の一致（coincidentia oppositorum）」として神を言い表してゆきます。

《主よ、あなたは至高、至善、いとも力あり、いとも全能なる方、きわめて憐れみ深くましましながらきわめてただしく、深くかくれていましながらもっともあらわに、いとも美しくましましながらきわめて強く、恒常にましましながらとらえがたく、不変にましましながら万物を変え、けっして古くも新しくもましまさずに万物をあらたにし、たかぶる者を知らぬまに古くしたもう。たえずはたらきながらいつも休み、集めながら足らぬことなく、はこび、みたし、まもり、造り、はぐくみ、仕上げ、さがしもとめつつ、しかも何一つ欠けたまわない。

愛しながら熱することなく、嫉みながら、心おだやかに、悔いながらかなしまず、怒りながら心静かです。御業を変えながら思し召しを変えず、見いだしてはうけとりながら、しかもかつて失われたことがありません。けっして乏しくましまさずにしかも利得をよろこび、けっして欲深くましまさずにしかも利息を請求されます。

余分の費用の支払いをひきうけ、負債を負われることもありますが、しかも何人の所有も、本来あなたのものでないものはありません。あなたは、だれにたいしても負い目がないのに、負い目をかえし、負い目をかえしながら何一つ失われません……。》

――このようにして、神は人間の言葉では言い尽くしがたいものであるが、それでも、「何も神について語ろうとしないものは嘆かわしいかぎりだ（uae tacentibus de te）」と結ばれます。

第五章（I, v, 5–6）

この弁証論的論法の結論部となるのが第五章です。この章は神秘主義的な言葉で満ちています。いまや、この「大いなるもの」が「小さいもの」である自分の魂の中に入ってきてくれることによって自分は安らい、憩うことができるのです。

そこでは述べられています。

「だれがあなたのうちに安らうことをわたしに与えてくれるのでしょうか。あなたがわたしの心の奥底に入ってきて、わたしの心の奥底を酔わせ、わたしがわたしの悪を忘れ、たった一つのわたしの善であるあなたをわたしが掻き抱くことができるようにしてくれるのでしょうか。あなたはわたしにとって、いったい、何なのでしょう。憐れんでください。そして、わたしに語らせてください。わたし自身があなたにとって何であるかを、あなたがわたしによって愛されるようにお命じになるほどの何であるかを、そして、もしも、わたしがそうしないなら、あなたはわたしに対してお怒りになり、計り知れない不幸の数々を下そうとなさるまでの何であるかを。もしも、わたしがあなたを愛さないとしたら、それはわずかなことでしょうか。そんなことがぜひともないように。どうぞ、主よ、わたしの神よ、あなたがわたしにとって何であるかを、あなたの御憐れみによって言ってください。どうぞ、わたしの魂に「われは汝の救いである」（『詩篇』三四［三五］・三）と仰ってください。どうぞ、そう仰ってください、わたしが聞けるように。ご覧ください、主よ、わたしの心の奥底の耳はあなたの御前にあります。どうぞ、その耳を開いて、わたしの魂に仰ってください、「われは汝の救いである」と。そうすれば、わたしはこのあなたのお声を追って走り、あなたを摑むでしょう。(9) どうぞ、あなたのみ顔をわたしから隠さないでください。わたしはあなたのみ顔を見るためなら、死にたいでしょう、死ぬことがないものとなれるように。」

――ここには『詩篇』の章句が何度も繰り返されて響いているのに気づきます。結びの直訳「死にたいのです、死ぬことがないようにと、あなたのみ顔を見るために（moriar, ne moriar, ut eam uideam）」という文はあまりにも著名ですが、愛の最果ての願望を表す、ほとんど翻訳不可能な一文です。

これは「神秘的な愛」の告白の極地といえるでしょう。神秘主義文学の伝統にはおおくこのようなのです。

表現が見られます。男女の愛の甘いささやきの中でさえ、これに似た表現が見られるような「愛の睦言」と言えるでしょう。それは魂がその主なる神へと呼びかけている心の奥底での切ない愛の告白なのです。

これは美しい結びです。詩的言語、宗教的言語といってもよいでしょうが、むしろ、まさに宗教そのものであり、祈りであり、それがアウグスティヌスを生かしている言葉です。こうした言葉が合理的論究（ratiocinatio）の終極に一つの祈りとして溢れ出るところに、アウグスティヌスの言葉の特徴があります。「祈り」は祈りとしてそれだけで孤立しているものではありません。「お祈りしなさい」と言われて祈ることも一つの祈りでしょう。また耐え難い苦境に陥って自分を超える偉大な力に頼らざるを得なくなって祈ることも一つの祈りでしょう。このような祈りは宗教の原初形態としてあり、そこに原始宗教があるでしょう。そのような祈りにおいては、「恵み」を求めることと「祟り」を恐れ、避けることが一つになっています。しかし、ここでのアウグスティヌスの祈りはそれとは違います。わたしたちが生きている現実を成立させているものとして ratio（合理性、合理的秩序）がありますが、その ratio によってとことんまで考えた末に、ratio として生きているわれわれの日常性を破るもの、日常性を超え出るものがあらわれ、それにかかわり、そうした日常性を超え出たものとのかかわりがわたしたちを生かしているものであるとはっきり確認するところで、言葉はおのずと「祈り」に変わります。これがアウグスティヌスの言葉です。「告白する」を意味するラテン語 confiteri は、「言う」を意味する fa という語根に、強めの con が添えられ、さらにこれを中動相として述べるものであり、それは自分に関係することについて、確かにそうだと確言することだと述べました。このように自分自身のあり方のあるがままの真実を言い表し、確言する時、それが祈りとなって噴き出すのです。これがアウグスティヌスの言葉の生命です。

このように読むことによって第五章の言葉の意味はいっそうよく分かるのではないでしょうか。そして、最後の言葉に結ばれているように、「主の顔を見ること（faciem tuam uidere）」はアウグスティヌスにとって最終の目的でした。

さらにこの神秘主義的な愛の告白がしばらく続けられた上で、それが「告白」の導入となり、そこから第六章の幼児時代の回顧へとうつってゆきます。

「わたしの魂の家はあなたが来ていただくためには狭いものです。どうぞ、あなたがそれを広くしてください。」

angusta est domus animae meae, quo uenias ad eam: dilatetur abs te. (I, V, 6)

――わたしたちはここで「あなたはわたしの心の奥底を広くなしたもうた（dilatasti cor meum）」という『詩篇』一一八〔一一九〕・三二の言葉を思い出してもよいでしょう。また哲学者ハイデガーの「ひらけ（Offenheit）」の説[10]を思い出してもよいでしょう。わたしたちが私たち自身を根拠づけているものへと私たち自身をひらく時、そこにはほんとうに自由の場所である「ひらけ」が開かれるのです。

「わたしの魂の家はもう壊れかけているのです。どうぞ、それを建て直してください。」

ruinosa est: refice eam.

――ここにも「知識は誇れども、愛は（家を）建てる。（scientia inflat, charitas vero aedificat.）」――通常「徳を建つ」と訳される）というパウロの言葉（『コリント信徒への手紙一』一・一）の余韻が響いているといってもよいのかもしれません。

これに続く部分では、みずからが「罪（delicta）」によって汚れたものであることを認め、真理そのものである主がそれを許し、自分も気づかないでいる自分の過ちから（ab occultis meis）自分を浄めてくださるようにと、また、自分が自分自身を偽ることがないようにと真理そのものである神に願います。この部分はこれからはじまる自己の半生に関する『告白録』の回顧の始まりであり、真理そのものである神の照らしを求め、真理そのものである神との対話を通じて、真実の自己自身の姿を洗い出す『告白録』の吟味の書き出しになっています。


それでは第六章（I, vi, 7）に移りましょう。有名な言葉が出てまいります。それは「死せる生（uita mortalis）」、「生ける死（mors uitalis）」という言葉です。「生ける屍」と言ってもよいでしょう。つまり、わたしたちが普通に生きているこの生は死でしかないということです。それは「生命」

そのものである神から切り離されてある「生」のことであり、それが原罪という状況のうちにある人間のあり方（human condition）としてのこの「生」のあり方です。それゆえ、それは「死でしかない生（uita mortalis）」、「生きている死（mors uitalis）」と呼ばれているのです。「原罪」とは「生命」そのものである神とのかかわりから断ち切られている状態を言います。アダムとエヴァの話はこれを物語として説明するものですが、神に背き、生命そのものである神とのかかわりを断ち切られた状態にあるこの人間の現状が「原罪」という状況です。

つづいて第二段落では、詩的な表現で、「自分はどこからこの世にやってきたのか知らない」と言われています。誰でも一度ぐらいはこのように考えたことがあるでしょうが、日常、暮らしているとそうしたことは忘れられています。「わたしは自分が生まれたことを記憶している」と言える人はいません。同じように、「わたしは死んだ」と言える人もいないのです。けれども、自分が生まれたものであることは誰でも知っています。自分が生まれることなく、ずっとこの世に生きつづけてきたといえる人はいません。また、自分がいつか死ぬであろうということを否定できる人もいないでしょう。それにもかかわらず、どこからやってきたのかは知らない「そういう生のうちにおかれている」ということが「死でしかない生（uita mortalis）」、「生きている死（mors uitalis）」ということなのです。それは本当の光が失われている状況のことです。『ヨハネによる福音書』の冒頭には言われています。「言葉」の内には「生命」があり、この「生命」は人間を照らす光であった。その光が失われている状況が「原罪」という人間の現状なのです。それゆえ、そういう状況でわたしたちが何かを追い求めたりすれば、権力を求めたり、財力を求めたり、愛欲を追求したりすることになります。しかし、それは本来の自己自身ではないものへと向かってゆく運動なのです。それが原罪という状況です。

ところで、わたしたちは生まれてきたことは知っています。自分が存在していることも知っています。この存在は父母から受けたものですから、自分の存在の与え手は親であるということも出来そうです。儒教の伝統では、「父母の恩は山よりも高い、海よりも深い[11]」と言われ、「孝」が人間の道だと言われました。また、生物学的には、人間は両親から生まれていることも確かでしょう。けれども、これですべてが説明しきれているといえるでしょうか。親が自己の存在を与えたというだけでは済まないものがあるのではないでしょうか。アウグスティヌスはここで「あなたは私をこの父親から、この母親において、時間の中にお造りになりました（ex quo et in qua me formasti in tempore)」(I, vi, 7）と言っています。つまり、存在の与え手は「あなた」、「主である私の神」であると言っているのです。仏教でも誕生は「縁」であると言います。親はわたしがこの世に生まれてくる機縁となるものですが、わたしの誕生そのものは親を越えたものに関係づけられるのです。

この問題は重要です。ここで大切になるのは人間の「自己」ということであり、自己の「精神性」ということです。アウグスティヌスに由来する考えを近代になって展開した十九世紀の哲学者であるキルケゴールは言っています。

人間とは何か。人間とは精神である。精神とは何か、精神とは自己である。自己とは何か、自己とは自己自身への関係である。この自己の自己自身への関係は自己が置いたものであるか、自己ではない何ものかが置いたものであるかのいずれかである。それが何ものかによって置かれたものであるとすれば、自己は自己自身への関係であると共に、その関係を置いたものへの関係でもある。(12)

これをすこし説明します。まず、「自己」とは、「自己が自己を自己として知る」という自己の自己自身への関係なしにはありえないでしょう。猫がこのような意味で自己を知っているかどうかは疑わしいです。「自己」という言葉を使えるものだけが自己を知っているのだと言えます。次に、この関係は自己が置いたものであるかというと、それはそうともいえず。自己はこの自己関係のうちに生まれてしまっているとしか言いようがないものではないでしょうか。そこから、キルケゴールは人間のこの精神性に「絶望」ということの原因があると考え、この自己自身のあるがままを受け入れず、この自己自身から逃れようとすることとして「絶望」があると考え、絶望の二種を区別し、自己が自己自身であろうとする絶望と、自己が自己自身であろうとしない絶望の二つがあるとしました。これは西田幾多郎先生も愛好した(13)『死に至る病』の冒頭部分に展開されている人間の精神性の説明です。このような精神性に人間の超越性が示されているのではないでしょうか。

『告白録』に戻りますと、これに続く記述は幼児のうちにねざしている一種のエゴイズムの分析に向かっています。(vi, 8) これも原罪の問題に関係しています。
第六章第十節 (I, vi, 10)。ここには時間と永遠の問題が出てきています。これは主に第十一巻で展開されている問題ですが、神の「今」はいつまでも過ぎないということをどう解釈するのか、この「今」の問題が根本問題であり、それは『告白録』全体を貫いていると言えるでしょう。このように、嬰児時期の回想の部分にも、すでにこの問題が出てきているのです。
第九章 (I, ix, 14)。「世にときめく人になりなさい……」、この言葉は身につまされるものです。みなさまの中にもお子さんをお持ちの方は多いでしょうが、この今の東京の現状がアウグスティヌスが述べていることと違っていると否定できるでしょうか。これも死にしか過ぎない生ということです。
第十一章 (I, xi, 17)。「十字架の印と塩をぬること」は、洗礼ではありませんが、洗礼志願者の印であり、熱心な信者であるお母さんのもとでキリスト教的に育てられたということがわかります。お父さんは普通のローマ人でキリスト教徒ではありませんでしたが、家庭はお母さんが取り仕切っていたということでしょう。この時代の考えは、洗礼はなるべく後のほうがいい、洗礼を受けてから罪を犯すとまずい、というものでした。
第十三章 (I, xiii, 20)。「あなたから離れて死んでいた」と言われていますが、これは『アエネーイス』に夢中になった頃の自分のことを言っています。すでに述べたように、『アエネーイス』はアウグストゥス帝の時代のローマの詩人ウェルギリウスの書いた叙事詩ですが、それはトロイアの王族であったアエネーアースがトロイアの落城後、さまざまの辛酸をなめながら、ついにイタリアの地に辿り着き、ローマ建国の基を定めたことを唱った叙事詩です。さきにお話したように、遍歴の過程でカルタゴに流れ着き、カルタゴの女王ディードーの手厚いもてなしを受け、元気を取り戻すのですが、その後ずっとカルタゴに留まってくれると期待していた女王ディードーの願いを、神意のゆえに裏切って、ディードーを棄てて、イタリアへと船出してしまうのです。悲しんで、みずから命を絶ったディードーの運命を嘆いてアウグスティヌスは涙したとここには書かれています。ディードーはカルタゴの女王でしたから、それはカルタゴの物語でもありました。この物語は一生アウグスティヌスを捉えていたようにも思います。また、ウェルギリウスは、『神の国』でも重大な意味をもっており(14)、アウグスティヌスに大きな影響を与えていると思われます。

第五講　回心の過程（離向と帰向）

――離向（auersio）の過程

「自伝的部分（第一〜九巻）」の解釈について

『告白録』は、すでに述べたように、アウグスティヌスという個の歴史において実現した神の憐れみの業を公言し、この神の偉大さを賛美するために書かれている書物ですが、その第一部の自伝部分（第一－九巻）はこれをどのような過程で実現されたと叙述しているのでしょうか、それを読み取ることが『告白録』解釈の一つの眼目です。それはこの部分をどのような「描き（picture）」として読むかということです。

これまでよく行われてきた一つの読み方はこれを次のような段階からなるものとして読みます。これは、わたしが勉強しはじめた頃有力だった読み方です。

第一巻　幼年期の悪の芽生え（自己愛）・少年期の悪行（窃盗）
第二巻　青年期の放蕩（愛欲）
第三巻　真理への愛のめざめ
第三・第四・第五巻　マニ教（善悪二元論）への転落
第六巻　懐疑主義
第七巻　知性の回心（悪の非存在・自由意志）
第八巻　意志の回心（二つの掟、パウロの言う霊の掟と肉の掟）・「取りて読め（tolle, lege.）」（庭園の場）

――これは一つの心理主義的な内省文学として『告白録』を読む読み方であり、哲学的彷徨型の読解といえるでしょう。哲学的宗教者の「懺悔録」という感じの強い主観主義的な読み方です。

もう一つの読み方の可能性として、わたしはここで『告白録』を次のような構造をもつものとして読む読み方を提唱したいと思います。それは第一巻から第九巻の、いわゆる「自伝部分」をアウグスティヌスの自己における神の憐れみの業の実現として構成されているものとして読むことです。これを構成的解釈と呼びたいと思います。

この構成的解釈によると、回心の過程は神から離れてゆく「離向（auersio）」の過程と神に帰ってくる「帰向（conuersio）」の過程から成るものであり、それは次のように描かれていると考えます。

第一巻　神のもと（＝母モニカの信仰）にある魂。――アウグスティヌスは幼年期、母の信仰のうちに育てられたのであり、このことはアウグスティヌスの生涯およびこの回心の過程を貫き、これを動かす起動力になっています。

第二・第三・第四巻　離向（auersio）の過程。――少年期から青年期に向かう放蕩の過程。梨の窃盗事件や、カルタゴでの愛欲、弁論術の学習、マニ教への転落などを述べます。

第五・第六・第七・第八巻　帰向（conuersio）の過程。――ファウストゥスとの出会い、懐疑主義、アンブロシウスとの出会い、プラトン主義、パウロ書簡を読むこと、庭園の場の劇的回心などを述べます。

第九巻　神のもと（＝母モニカの信仰）にあることの喜びと平安。

――はじめの主観主義的哲学彷徨型の読み方では第九巻は回心の過程の構成から外れますが、この巻はとても重要です。それは、故郷への船出を待ちながら、ローマの外港オスティアでお母さんと一緒の時を過ごし、お母さんと天国のことについて語り合い、天国の幸福について瞑想したことを述べ、そこでまもなくお母さんが亡くなったことを物語っています。ここに『告白録』のクライマクスの一つが置かれています。ここで自伝部分が終わっているのは『告白録』の構成上とても重要なことです。『告白録』を執筆しているとき、アウグスティヌスはもう司教になっていました。しかし、このオスティアの経験以後のこと、故郷に帰ってから何があったのか、どういう経緯で聖職者となり、いま司教になっているのかの過程については一切触れられていません。これは『告白録』が自伝文学ではないことを示すはっきりとした証拠です。神から離れてゆき、帰ってくる彷徨の過程でも、重要な節々ではお母さんの祈りによって支えられていたと書かれています[1]。ですから、このような彷徨を経てついに第九巻でお母さんのもとに帰り、お母さんと信仰の喜びを共にするものとしてこの自伝部分は終わるように描かれているのです。このような読み方をこの自伝部分の構成的解釈と呼びます。

――この解釈の利点として

（i）第一巻と第九巻の位置づけ

（ii）母モニカの意味

（iii）均衡ある構成

（iv）その他の文献学的根拠（何故、第九巻で終わるか）

の諸点がはっきりしてくるということがあります。はじめの読み方よりもそれは宗教的かつ神学的な読み方であり、『告白録』の趣旨に合致していると信じます。

離向（auersio）の過程

ではつぎに、この回心の過程を構成する第一の部分である離向（auersio）の過程について考えてみます。

「離向（auersio）」という言葉について。

神から離れてゆく過程が「離向（auersio）」で、神へと帰ってゆく過程が帰向（conuersio）です。これらはいずれもuertoという動詞から成っています。uertoとは「向きを変える」を意味する動詞ですので、それに「a（離れて）」と、「con（もとに戻ってゆく）」が添えられて作られているものです。

問題はそこでこの「離向（auersio）」の過程がどのようなものとして描かれているかです。わたしは、これを次のような構造のものとして考えます。

（i）神のもとにある魂（第一巻）

（ii）離向（第二巻、第三巻）
（iii）ホルテンシウス体験（III, iv, 7–8）・マニ教への傾き（III, vi, 10）
（iv）帰向（conuersio）の端緒・第五巻冒頭（V, i, 1–cf. VIII, i, 1）・ファウストゥス体験（V, vi, 10–11, vii, 12–13）

（a）　離向は第二巻から始まっていますが、今日はまず第三巻のはじめの部分をご一緒に味わいたいと思います。これはカルタゴに行った時の話で、その冒頭はとても美しく書かれています。
《わたしはカルタゴにきた。するとまわりのいたるところに、醜い情事のサルタゴ（大鍋）がぶつぶつと音をたてていました。私はまだ恋をしていませんでしたが、恋することを恋していました。そして欠乏を感じない自分をにくんでいましたが、それは内奥に欠乏がひそんでいたからなのです。》
ueni Carthaginem, et circumstrepebat me undique sartago flagitiosorum amorum. nondum amabam et amare amabam et secretiore indigentia oderam me minus indigentem. (III, i, 1)
——T・S・エリオットが『荒地（The Waste Land)』という詩の中で、この「わたしはカルタゴに来た（To Carthage then I came.)」という冒頭の一文を引いて「彷徨」を意味させているのはこの『告白録』の箇所によるものですが、これをお読みになった方はあるでしょう。(2) この箇所をラテン語原文に沿ってもう少し詳しく味わって見ましょう。

「ueni Carthaginem（わたしはカルタゴに来た）」、「circum（わたしのまわりには）」、「strepebat（ぐつぐつと煮えていた）」、「undique（あらゆるところで）」、「sartago flagitiosorum amorum（恥ずべき愛欲の大鍋が）」。――なんとも凄い文学的表現です。現代は古代末期に近いと言われていますが、この東京に生きているとこのような状況にわたしたちもいつも置かれているのではないでしょうか。もちろんこの時の皇帝はキリスト教徒で、カルタゴにも有力な司教座がありました。しかし、アウグスティヌスが熱心に教会に通ったとは考えられません。そこにあったのは、古代ローマ的なもののすべて、劇場、闘技場、愛欲の場所などなどです。闘技場では実際に剣で殺し合ったのでしょうから、いまのプロレスよりもっとひどいものだったでしょう。すぐつづいて「nondum amabam（私はまだ恋をしていませんでした）」とあります。そしてさらにこれにつづいて、（アウグスティヌスはそれを残念がり）「amare amabam（恋することを恋していました＝愛欲することに憧れていました）」と書かれています。そこに、『告白録』がその頃の自分のあり方をありのままに見て、恥ずかしい自分の姿をあるがままに描き、これを「神からの離向（auersio・彷徨）」として位置づける視点があります。続く一文はこれをはっきり語り表しています。

「そして、わたしはその頃あまり欠乏を感じていなかった自分を憎んでいましたが、それは実はいっそう隠されていた欠乏によることでした。」

et secretiore indigentia oderam me minus indigentem.

——直訳するとこのようになりますが、これはすこし難しい一文です。「あまり欠乏を感じていなかった自分」とありますが、これは何を言っているのでしょうか。それは、「その頃まだ愛欲への欲望があまり強くなかった自分のことを恥ずかしく思っていた」ということではないでしょうか。それは「恋することを恋していました（愛欲すること、情事にふけることに憧れていました）」という先行する一文と同じ意味になります。そして、そのようにしていたのは、実は自分にはその頃隠されていた、つまり自分では気づいていなかった、自分自身の内奥の欠乏によることだったと、いま述懐しているのです。「いっそう隠されていた欠乏」とは、それが神からの離向という状態であることに気づかないでいたことを言います。ですから、この一文は、愛欲を知らない自分のことを恥ずかしく思っていた当時の自分のことを、いま、恥ずかしく思い、そのあるがままを真理である神の前で言い表しているのです。

（b）つぎに第四章を眺めてみましょう（III, iv, 7）。そこでは学習の過程でキケロの書物『ホルテンシウス（*Hortensius*・哲学の勧め）』を読んで、「不死なる知恵（immortalitas sapientiae）」を切望することへと燃え上がり、「あなたのもとに帰ろうと立ち上がりはじめていた」（surgere coeperam, ut ad te redirem）」と書かれています。ですから、『告白録』はこのキケロの書物を読むことが神への帰向の端緒であったとしていることになります。しかし、わたしは「立ち上がりはじめていた（surgere coeperam）」という動詞にこめられている一種のもどかしさを認めないわけにはゆきません。つまり、立ち上がりはじめてはいるものの、まだすっかり立ち上がってはいないのです。実際、このキケロの書物の繙読による真理探究の熱望は、実は、この時アウグスティヌスをむしろキリスト教から遠ざけ、マニ教のもとに深入りさせる機縁になったからです。

それはどのようにしてでしょうか。『告白録』はこれを、

《ただ一つ、そのように燃え上がりながら、ものたりなく感じたのは、そこにキリストの御名が見あたらないことでした。この御名は、主よ、あなたのあわれみによって、あなたの御子、私の救い主の御名は、私のやわらかな心が、まだ母の乳を吸っていたころ、乳の中で、敬虔に飲み込み、深く保っていたものでした。》（III, iv, 8）

と述べています。そこで、アウグスティヌスは『聖書』を手に取るのですが、『聖書』はキケロの典雅な文体とは比べものにならないほど幼稚なものに見え、『聖書』の中に入ってゆくことができなかったのです。この経緯について『告白録』第三巻第五章はつづけて次のように述べます。

《そこで私は聖書に心をむけ、どのようなものであるかを見ようと決心しました。いま私は知っています。そこには、たかぶる者たちにはひらかれず、子どもたちにはあらわにされないもの、入口においては低く見えて、進んでゆくほど高くなり、神秘におおわれてくるものがあることを。しかし当時の私は、その中にはいってゆけるほどの者ではなく、そのためうなじをひくめること

のできる者でもありませんでした。》(III, v, 9)

――このように、聖書に入ってゆくには、身をかがめ、自分を低くしなければならないと述べているのです。うなじが固くてはいけないということです。高ぶり(＝傲慢)が持つうなじの固さとおのれを低くする謙遜の対比がここで身体論的な言語で述べられています。(3)

そこで、マニ教にいっそう深入りすることになります。マニ教はキリストの名前を口にすると共に、真理を理性的に教えると称していたからです(III, vi, 10)。それからしばらく、アウグスティヌスはマニ教徒としてとどまることになります。この第六章で述べられている言葉も、アウグスティヌスがキケロの書物を読み、真理への愛に燃え、苦しみながらも真理へ向かっていったことを証言する言葉として、よく引かれるものです。

「おお、真理よ、真理よ。その時でさえ、わたしの精神の髄はどれほど内奥から、あなたに向かってあえぎ求めていたことでしょう。」

o ueritas, ueritas, quam intime etiam tum medullae animi mei suspirabant tibi (III, vi, 10)

――「その時でさえ (etiam tum)」とは、「マニ教という間違った道に入っていた時でさえ」の意味です。ここで「わたしの魂の髄」といわれています。この場合、「魂の髄」は「骨の髄」と類比的に用いられています。つまり、骨の外側の部分に対して、「骨の髄」とは外からは隠れている骨の内奥、内側を意味しています。同じように、ここで「魂の髄」とは魂の外側ではなく、魂の内奥のことを言っています。ですから、この文脈でいえば、そのときの自分には隠されており、自分では気づかないでいた「魂の髄」のことをいっていると考えるべきなのです。つまり、ここには表層的な、自分に意識されている意識的な自己と、そのときの自分には意識されないでもその内奥をなしている深層的な自己が区別された上で、その深層的な魂の底が「真理そのもの」であるもの（＝「あなた」と呼ばれるもの）をあえぎ求めていたということを述べているのです。聖書は幼稚だ、無知な大衆のものだと口では言いながらもなのです。ここで真理そのものである神に帰ってゆく帰向の過程と神から離れてゆく離向の過程は同時にあるものとして互いに混じりあい交錯しています。つまり、アウグスティヌスはその時すでにその内奥では神の手のうちに置かれていながら、表面上はむしろ神から離れてゆく過程の内にあるのです。なぜなら、ここでは、アウグスティヌスはキリスト教の反対者、批判者であるマニ教にいっそう深入りしてゆくことになるのですから。それゆえ、これはまだ離向（aue-rsio）の過程でもあるのです。

　では、この神への反逆は、いったい、どこで崩れるのでしょうか。第五巻の冒頭、ファウストゥスに出会う箇所を見ましょう。第五巻の冒頭はきわめて清澄な書き出しによってはじめられています。それは、先ほど見た第三巻の冒頭箇所「わたしはカルタゴに来た……」の箇所とはまったく違う、むしろすべてが静まりゆく静謐の気分で書かれています。

「どうぞ、わたしの告白（＝讃美）の捧げものをわたしの舌（＝ことば）の手からお受け取りください。その舌はあなたが形作ってくださったものです、そして、あなたの御名を賛美するようにとあなたがお駆り立てになったものです。どうぞ、わたしの骨々のすべてを癒してください、その骨々が「主よ、だれがあなたに似たものであるでしょうか」と語りだしますように。」

accipe sacrificium confessionum mearum de manu linguae meae, quam formasti et excitasti, ut confiteatur nomini tuo, et sana omnia ossa mea, et dicant: domine, quis simis tibi? (V, i, 1)

――これはまことに荘重な書き出しです。ここにアウグスティヌスの舌を通じて語りだされる告白の言葉の数々は主なるあなたに捧げられる捧げものとして語りだされているものであり、その舌は主なるあなたが形作ってくださったものであり、その舌が主であるあなたの御名を讃美するようにとあなたが駆り立てたのだ[4]と言われているのです。何か大いなることがこの巻で起こることを予示するかのようです。事実、それに続く句、「わたしの骨々のすべてが語りだしますように、主よ、だれがあなたに似たものであるでしょうか」は回心の成就が語られる第八巻の冒頭でも繰り返される言葉です(VIII, i, 1)。「主よ、だれか御身に似た者があろうか」、これは第一巻冒頭の「主よ、あなたは大いなるものです」といわれる言葉と同じです。それは創造主である唯一の主だけが主なる神であることを表明する言葉であり、創造者と被造物の原理的な差異を表明するもので、被造物が創造主に対してあげるにふさわしい讃美の言葉なのです。ヨーロッパの学者はこうした「骨」などの表現は比喩であると言いますが、わたしはそうではないと思います。本当に骨が震えるのです。わたしがこれを文字通りに受け取る理由は、これらは『詩篇』の言葉から来ているからです。(5)『詩篇』の言葉は、ヨーロッパ的な心身二元論、プラトン哲学とは違います。『詩篇』は肉体的な表現で、たとえば、舌が讃美すると言いますが、それは、舌は讃美するが心は讃美しないというのではなく、全身的表現によって全身が神との関係のうちにおかれていることを言い表しているのです。(6)それが「アウグスティヌスの言葉」です。そして、このアウグスティヌスの言葉のあるがままに帰ることの方がわたしたちに宗教の真の場所をよく分からせてくれるとわたしは信じています。

では、なぜ、この第五巻の冒頭で、第八巻の冒頭と同じ言葉が使われているのでしょうか。それは第五巻からアウグスティヌスの神への帰向の過程が始まることを予示するためだと思います。わたしにはそう思えます。そして、その帰向の過程がどこで始まるかといえば、それはマニ教に帰依して、真理を求めようとしていた彼が、マニ教でいちばん偉い人だと信じていたファウストゥスに会うことによって、その人が特別な人ではないと分かったとき、彼の胸の中で何か（これまであった自己への固執）が崩れ落ちていった時なのです。逆らおう、逆らおうとしていた彼の気力がそこで一気に崩れ落ちてゆくのです。そこに、神の見えない手が働いていたと彼は言っています。(7)

第六講　離向（auersio）の諸要素

さて、ここまで、離向の過程の節々、そして、この離向の過程が、いわば、その極点にいたって神へと帰ってゆく帰向の過程へとどのようにして反転してゆくかの機微を見ました。

今日は、離向（auersio）、すなわち神から離れてゆくことについて、その要点としてどういう事柄があったかを眺めたいと思います。念頭におくのは第二―四巻の叙述ですが、そこで離向を成り立たせている要素として、（1）愛欲（amor・恋）、（2）弁論術（rhetorica）、（3）マニ教の三つがあると考えられますので、これらの点について、みなさまとご一緒に原典を読みながら考察したいと思います。

はじめに第二巻の冒頭の第一章を読んでみましょう。


《私は過去の汚れと、魂の肉的な腐敗とを想い起こしたいと思います。それは、汚れや腐敗を愛するからではありません。神よ、あなたを愛するためです。あなたの愛を愛すればこそ、それを想い起こして、極悪の道を回想するのです。過去を思いかえすのは苦い。しかし、あなたが私にとって甘美になりたもうために、いたします。いつわりのない甘美、さいわいでたしかな甘美よ。一なるあなたからそむいて多のうちにむなしくなったとき、私はずたずたにひきさかれていましたが、あなたはその分散の状態から、わたしを集めてくださいました。

私はかつて青年時代、下劣な情欲をみたそうと燃えあがり、さまざまなうすぐらい情事のうちに、みずからすさんでゆきました。自分自身を満足させ、人々の目に気にいる者となろうとつとめながら、御目の前に、容色はおとろえ、腐れはててしまいました。》

Recordari uolo transactas foeditates meas et carnales corruptiones animae meae, non quod eas amem, sed ut amem te, deus meus. amore amoris tui facio istud, recolens uias meas nequissimas in amaritudine recogitationis meae, ut tu dulcescas mihi, dulcedo non fallax, dulcedo felix et secura, et colligens me a dispersione, in qua frustatim discissus sum, dum ab uno te auersus in multa euanui. exarsi enim aliquando satiari inferis in adulescentia et siluescere ausus sum uariis et umbrosis amoribus, et contabuit species mea et computrui coram oculis tuis placens mihi et placere cupiens oculis hominum. (II, i, 1)

この部分は非常に美しいラテン語で、しかし肺腑をえぐるようなとでもいえる激しい言葉で書かれています。前にも申し上げましたが、アウグスティヌスの書物の各巻の冒頭は非常に彫琢された文体で書かれていて、そこから始まる巻の全体を要約するような形で書かれています。ラテン語原典にしたがって、逐語的に、大切と思われることをすこしご説明し、この部分を味わいたいと思います。

（i）冒頭の起語「もう一度心に思い起こしたいと思います（recordari uolo）」の recordari は「もう一度（re）心に（cor）思い起こす」という意味です。「何を」でしょうか。それは「過ぎ去った、わたしの忌まわしいことども（transactas foeditates meas）」、そして、「わたしの魂の肉的な腐敗のかずかず（carnales corruptiones animae meae）」です――それは「わたしの魂が肉的に崩れ落ちてゆく様々のありさまを」ということです。

――これらの言葉を述べるアウグスティヌスの口に苦味が溢れてきているのを感じないではいられないでしょう。自分の過去の汚辱を思い起こし、それを口に出すのは苦しいことです。

「しかし、それはわたしがそれらのことを愛しているからというわけではないのです（non quod eas amem）、そうではなく、私があなたを愛したいからなのです（sed ut amem te）、私の神よ。」と続けられます。「あなたの愛を愛することによって（amore amoris tui）わたしはこのことをします、正しくないわたしの様々の道を思い起こし（recolens uias meas nequissimas）、それをもう一度思い起こすと、口が苦くなってきますが（in amaritudine recogitationis meae）、しかしそれはあなたがわたしに甘味を与えてくださるためなのです（ut dulcescas mihi）。それは欺くことのない甘美さ（dulcedo non fallax）、幸福を与えてくれる甘さ、安全な確かな甘さ（dulcedo felix et secura）です。」――これは神秘的な愛の言葉といえるでしょう。こうして苦味は甘味、甘美さに変わっています。

（ii）　次に続く言葉は少し調子が変わっています。

「あなたはばらばらになってしまっている（in dispersione）わたしを集めてくださいます（colligens)。」ばらばらになってしまっていることによって、わたしはむなしく（あなたから）切り裂かれていました。「一つなるもの（unum）」であるあなたから「多なるもの（multa）」のうちへと離向する（auersus）ことによって、わたしはむなしいものとなってしまった（euanui）のです。

——これは哲学的な言葉です。ここにはプラトン主義哲学の言葉遣いが残っています。神は「一なるもの（unum）」、世界は「多なるもの（multa）」、「一なるもの」は「多なるもの」の存在根拠です。多なる世界内のそれぞれのものは「一なるもの」に根拠づけられて、それぞれ「一つのもの」として存在します。しかし、魂が「一なるもの」への関係を失ったまま、「多なるもの」に関係しようとする時、魂はばらばらに切り裂かれ、むなしいものになってしまうのです。

(iii)　言葉はふたたび反転して、欲望と愛欲の過去の汚辱へと帰ります。

「わたしは青春のある時、下劣なもので自分を満足させようとして燃え上がりました（exarsi... satiari inferis）。さまざまな暗い影に覆われた愛欲の数々（uariis et umbrosis amoribus）の生い茂るのにあえて身をまかせようとしました（siluescere ausus sum）。」「そのことで、わたしの顔かたちはくずれゆき、わたしはあなたの目の前で腐りはててしまいました（et contabuit species mea et computrui coram oculis tuis）。」——これは過去の自己の愛欲の生活を述べる美学的かつ宗教的な強い表現でしょう。しかし、これにつづいて「それは、わたしが自分に気に入られようとしてだったのですが、同時にそれは人々の目の前でわたしが気に入られたいと欲望することによってなのでした

(placens mihi et placere cupiens oculis hominum)。」と言われています。
——愛欲にふけることが自分を喜ばせようとすることであったとしても、それが他人の目の前で自分が気に入られようとすることでもあったというのはどういうことでしょうか。これは、ここでの「さまざまな暗い影に覆われた愛欲」と言われるものの中に、世間で成功するものになろうとする世俗的な欲望も含まれていることを言うのではないでしょうか（II, iii, 7-8を参照）。この章の終わりはこれが十六歳のことであったことと、家のもの——ここには当然母モニカも含まれています——が、弁論術での成功だけを気にしていたと述懐していますが、それはこのことを言っているように思います。そして、先にプラトン哲学にしたがって述べられていた「多なるもの」へと切り裂かれ、バラバラになるとはそういうことを言うように思えます。

これが離向の最初を物語る言葉です。第一巻の冒頭を想起しますと、そこでの輝きわたる讃美の声とは調子ががらりと変わり、第二巻冒頭は、自分の過去を思い起こし、苦味が心に染み渡ってくるようです。しかしそのように思い起こし告白することによって欺くところのない本当の甘さを味わうことができるのです。

愛欲（amor）

引き続き第二章は次のようにはじめられます。

《私をよろこばせたのは、「愛し愛される」、ただそれだけでした。けれども私は、明るい友情の範囲内に、魂から魂への節度を保つことができず、泥のような肉欲と泡だつ青春からたちこめた靄で、心はぼやけてうすぐらく、ついには、はれやかな愛と暗い情欲との区別がつかなくなってしまいました。この二つが混合してわきたち、弱年の私をひきさらって、欲望の淵につき落とし、醜行の泥沼の中に沈めていったのです。》

et quid erat, quod me delectabat, nisi amare et amari? sed non tenebatur modus ab animo usque ad animum, quatenus est luminosus limes amicitiae, sed exhalabantur nebulae de limosa concupiscentia carnis et scatebra pubertatis et obnubilabant atque obfuscabant cor meum, ut non discerneretur serenitas dilectionis a caligine libidinis. (II, ii, 2)

――ここには集約された表現で重要な言葉がたくさん出てきています。それは、愛（amor）という言葉であり、肉欲（concupiscentia）、情欲（libido・欲情）、欲望（cupiditas・情欲）という言葉です。libido（情欲）は、周知のようにフロイトも使った言葉ですが、それは訳がわからずどこからか突き動かされている衝動、意識下の衝動を言うものであって、それがcupiditas（欲望）としてconcupiscentia（肉欲）として意識の表層に上がってくるのです。

「泥のような肉欲と泡だつ青春からたちこめた靄で、心はぼやけてうすぐらく…」という表現には、少年期から青年期に移り行く若い人の心の中で何かがもやもやとなった、そういう状況が印象深く描かれていると思います。前回も思い起こしましたが、この東京、あるいは日本全国、ひいては全世界において、そこには「愛欲（amor）」といわれるものが溢れているのが現実ではないでしょうか。ここにお集まりの方の中にもお子様をお持ちの方々がいらっしゃるでしょうが、幼年期、少年期の純粋な少年少女が大人になっていく過程で、いったいどうなっていくのだろうと悩まれることも多いのではないでしょうか。アウグスティヌスのいたローマ末期はまさにそういう状況であったと思われます。

さて、そうした「晴れやかな愛（serenitas dilectionis）」と「暗い情欲（caligo libidinis）」とがここで対比されているのは印象的でありますが、「愛情」を意味するさまざまな語について若干説明を加えておきたいと思います。

まず、「愛欲（amor）」について。

「愛欲（amor）」は（ギリシャ語のエロースと同じく）男女間の肉体的な欲望の充足を言います。それは「婚姻」という祝福された節度を持たないものについて言われるのであり、冒頭の「愛し愛される（amare et amari）」とはそのことを言っています。これに関係して、お母さんのモニカがアウグスティヌスの勉学面での進歩を優先して、それを妨げる怖れのある婚姻という方向に彼を仕向けなかったことや、お母さんがこういう自らの行いを引きとめようとしなかったことがここで述べられています（II, iii, 7-8）。『告白録』でお母さんのモニカは信仰の模範として掲げられているのが通常なのですが、ここではモニカの世俗的な面が告白されているわけであり、これはアウグスティヌスにとってとても苦い思い出であったろうと思います。

「欲情（libido）」、「情欲（cupiditas）」、「肉性（carnalitas）」はこの愛欲を規定するあり方であり、それは、生命である神から断たれた「原罪」（＝死すべき性 mortalitas）という情況において、「魂（anima）」と「肉体（corpus）」からなる人間が自然に求める生命への要求に動機づけられています。アウグスティヌスはその青春の日々、ローマ的な生き方のままに、とりわけカルタゴでの学習生活において、愛欲の生活に耽ったことを、いま、苦い想いをもって真理なる神の前で回顧しているのです。『アエネーイス』の耽読、観劇などもこれに関連しています。第三巻の冒頭の「恋（＝愛欲）することを恋（＝愛欲）していた（amare amabam.）」（III, i, 1）という表現はこの人間のあり方を表す典型的な表現です。そこでは何を恋するというその「何を」が定まっておらず、ともかく愛欲したいという、無形な愛欲への衝動が支配しています（これが libido ということです）。こうした姿が「罪」です。ただ、それは自然的なものといってもよく、意識してとか意識せずにということは別問題として、そうした状態を「罪の状態」、神から離れてしまっている状態というのです。

こうした「愛すること（amare）」は、アウグスティヌスにおいて、人間の精神（mens）性（人間が精神であるということ）に内含されていることとして、いつまでも大きな問題でした。人間が精神であるということは神の似姿（imago Dei）であるということを意味しています。そして、神の似姿であることによって、人間のうちには、「記憶する」、「知る」とともに「愛する」という働きがあり、これら三つの働きが、神の三一性がそこに記されている印として刻まれていると、後の『三位一体論』のなかでは分析されています。そこでamareという言葉は基本語として働いています。精神が肉性（carnalitas）への傾動に向かい、神から離れてゆくか、それとも、「霊（spiritus）」の導きにより、神に向かうか、そのことに、人間精神の動性（両者に引き裂かれ、あちらにゆくかこちらにゆくかのダイナミズム）があります。「わたしの重りはわたしの愛（pondus meum amor meus）」（XIII, ix, 10）という言葉はこのアウグスティヌスの思想の中心を述べるものとして著名ですが、「愛（amor）」、「愛する（amare）」という語が、「愛欲」を意味すると共に、「人間への神の愛」をも、「神への人間の愛」をも意味する語として用いられるということはこのこと（人間精神のダイナミズム）と関係しています。

そこでamorという言葉とdilectioという言葉との関係が問題となります。つまり、「愛欲」と区別されるものとして、「神への愛、神からの愛」および「人間と人間の愛」が述べられる時は、アウグスティヌスにおいては、amor, amareの語ではなく、dilectio, diligereの語が用いられます。この箇所でも、「暗い情欲（caligo libidinis）」と「清澄な愛（serenitas dilectionis）」とが対比されて二つの区別がつかなくなっていたと言われる場合の「清澄な愛（serenitas dilectionis）」には、dilectioという言葉が使われており、いちばん大事なところではdilectioという言葉が使われるのです。ですから、新約の二つの掟と言われる「神を愛すること」と「隣人を愛すること」は、ラテン語では、Deum diligere, proximum diligere と言われるのです。そこでわたしはこれを「いつくしみ（dilectio）」、「いつくしむ（diligere）」と訳すことにしています。キリシタン時代にはおいては dilectio にかかわる言葉として「ご大切」という言葉が使われていたと言われます。（キリシタン時代の日本人は日本語の生命をとても大切にしていたと思います。それと比べると、明治期以後のキリスト教は日本語の力をまだそれほど大切にしているとは言えないのではないでしょうか）。dilectio とは語源的には di-lego「分けて取り出す」、「選び好む」ということで、つまりは大事にするということなのです。ですから先の二つの掟で言われていることは、他の者ではなくて神を神として大切にすること、隣の人を隣の人として大切にすること、こういうことなのです（この二つの掟が同じであることは『三位一体論』の重要箇所（VIII. vii. 10）で出てきます[(1)]）。

ただそれでも、amor という言葉をアウグスティヌスは捨てることはできなかったのです。それは人間の自然的なあり方にどこまでも染み入っていることだからです。先にも述べました『アエネーイス』においてディードーがアエネーアースに捨てられて涙を流して自殺したというその愛は amor です。そうした amor がどこで神への愛へと転換してゆくのか、そのさい神の働きがどのように加わるのかがアウグスティヌスの一番の関心事であったと思います。

つぎにはこのように続きます、

《あなたの怒りは重くのしかかっていましたが、わたしは気がつかなかった。私の死の性（mortalitas）の鎖がたてる騒音で、耳はつんぼとなっていました。それは魂の傲慢（superbia）の罰でした。このようにして、いよいよあなたから遠ざかってゆきましたが、あなたはほうっておかれた。私は自分の淫行によって、投げ出され、ぶちまかれ、流れ散り、泡だっていましたが、あなたは黙したもうた。》(II, ii, 2)

——「神の怒りは重くのしかかっていたが、自分は気がつかなかった。」それが原罪という状態です。「私の死の性の鎖がたてる騒音で、耳はつんぼになっていました。」それは、愛欲への欲情、欲望が心の中で沸きたっているということです。

しかし、「このようにして、いよいよあなたから遠ざかってゆきましたが、あなたはほうっておかれた。……あなたは黙したもうた。」と繰り返し言われます。神はそれを見ていた、そっとして放っておかれた——ここも凄いところで、『告白録』のなかで conuersio というものがどのようにして起こってゆくのかがはっきりと書かれている箇所だと思います。

《おお、よろこびの到来はおそかった。あの当時あなたは黙したもうた。わたしはあなたからはるかに遠ざかり、堕落しながらたかぶり、弛緩しながら落ち着かず、実りのない苦しみの種を、ますます撒き散らしていたのです。》

o tardum gaudium meum ! tacebas tunc, et ego ibam porro longe a te in plura et plura sterilia semina dolorum superba deiectione et inquieta lassitudine (II, ii, 2)

――これが第二巻の冒頭ですが、離向、つまり、神から離れてゆく過程が非常に精確に書かれていると思います。

すこし飛ばして第二章四に行きましょう。ここには、ふたたび「狂暴な情欲（uesania libidinis)」という言葉が出てきますが、ここでは、弁論術の話と、先ほど申しました婚姻の話が出てきます。「家の者は堕落してゆく私を、正当な婚姻で抑えようとは配慮せずに、できるだけうまく弁論をあやつり、舌先で相手を説得する術を習うようにと、ただそればかりを気にしていました」と言われています。「舌先で相手を説得する術」とは「弁論術」のことです。第八節にも同じ話題が出てきます。ここにははっきりと母モニカに言及してこのことが述べられています。

《また、バビロンの中心からもう逃げだしてはいたものの、まだその周辺をおそい足どりで歩いていた肉身の母も、純潔であるようにと忠告してはくれましたが、私について夫から聞いて、現に有害であるばかりか、のちには危険となるだろうと感じていたものを、切りすてて生きられないなら、せめて婚姻の愛の限度のうちに抑えるようにと配慮してくれませんでした。私にかけていた希望が妻という足かせによって妨げられるのを恐れたからです。》(II, iii, 8)。

――結婚などしてしまえば勉強できず出世もできないとモニカが言っているのです。一般にはアウグスティヌスの母についての記憶は「清朗さ（serenitas)」に満ちているのですが、この部分は先ほども言いましたが、アウグスティヌスにとって苦しい思い出であったと思います。

弁論術

第二巻はその後窃盗の話に移りますが、そこは省き、第三巻に移ります。冒頭箇所はすでに見たところですが、第三章六を見ましょう。

「そのころ勉強していた学問は、「高尚な学問（studia honesta）」と呼ばれていましたが、「争論の会堂（fora litigiosa）」をめざし、そこにみちびくものでした。その会堂で卓越した人間になるために私は学んでいましたが、そこではうまく人をだますほど、ますますほめられました（hoc laudabilior, quod fraudulentior）。人間どもの盲目はじつにひどい。盲目であることをすら自慢にするほどです。私はすでに修辞学校（schola rhetoris）の首席となり、よろこんでたかぶり、増長慢にふくれあがっていました。」(III, iii, 6)

――短い言葉ですが凄いことが言われていて印象的です。アウグスティヌスが学んでいたカルタゴといえば北アフリカの首都であり、彼はその中心の大学のいわば法学部の主席であったということです。まあ今の日本でいえば、一流大学から一流官庁・一流企業へというエリートコースでしょうか。その彼が、弁論術とは欺きを教える術だと言っているのです。これはすこし分かりにくいことですので、「弁論術」についてここですこし説明しておきたいと思います。

アウグスティヌスが学んだ学問は「弁論術（rhetorica）」と呼ばれます。アウグスティヌスはこの学習で最高の成績をおさめ、期待される弁論術の教師として身を立てました。しかし、この離向の過程を回顧する諸巻では、アウグスティヌスはこの弁論術の学習と教師としての経歴を、神の前で苦々しい思いで想起し、これを「ひとを欺く術を教えていた（dolos docebam）」と言い、「情欲に打ち負かされながら、駄弁で他人を打ち負かす術を売っていた（uictoriosam loquacitatem uictus cupiditate uendebam」（IV, ii, 2）と告白しているのです。

なぜ、アウグスティヌスがそのように言うのかといえば、弁論術はアウグスティヌスの意味での「真理（ueritas）」を教えず、弁論術の教師としてアウグスティヌスは学生たちに「真理」を教えることがなかったことを言うのでしょう。「欺き」と「真理」との対比はアウグスティヌスにとって根本的なことでした。「真理そのもの」とはアウグスティヌスにとっては神を呼ぶ言葉でした。『ヨハネによる福音書』に一生を貫かれているアウグスティヌスにおいては、「神」であり「ことば」であるイエス・キリストの「真理」ということが「真理」という言葉の意味を決めていました。ですから、弁論術を学んでも、弁論術はこの「真理」をなんにも教えてくれなかったということだと思います。弁論術は、当時、つまり、「末期ローマ帝国」と特徴づけられている時代において、すべてのローマ人に開かれた最高の立身出世の期待を抱かせるものでした。自分の回りのすべてのものが、そして、神の忠実の婢として敬愛してやまなかった、あの母モニカでさえも、自分の立身出世を願って、その成功を夢見、自分が神から離れてゆくのを放置していた（前出 II, iii, 8参照）ということこそ、いま、アウグスティヌスが真理なる神の前で、痛恨の思いをもって告白していることでしょう。実際、回心後、かれは皇帝の町ミラノでの国家公認の弁論術の教授という栄職を辞して、カッシキアクムに籠もり、翌年の復活祭での受洗の準備の日々を送るのです。

しかし、回心の後、アウグスティヌスが聖書研究に専念していった時に用いた武器は、この弁論術の学習と教授の生活を通じて習得した古典読解の術でした。また、その説教と著述に際して、十二分に活用されたものも、この弁論術の能力でした。H・マルーは、それゆえ、アウグスティヌスの全体を特徴づけるものはOrateur Chrétien（キリスト教弁論家）だったとしています。(2)

マニ教

つづいて離向の第三の要素であるマニ教について考えてみたいと思います。すでに見たとおり、アウグスティヌスは「弁論術」の学習の過程でキケロの書物『哲学の勧め（*Hortensius*）』に触れ、「不死なる智慧（immortalitas sapientiae）」を切望することへと燃え上がり、「あなたのもとに帰ろうと立ち上がりはじめていました（surgere coeperam ut ad te redirem）」（III, iv, 7）。しかし、そこに「母の乳と共に吸ったキリストの御名」がなかったので、『聖書』に向かった、しかし、『聖書』は親しんできた「キケロの荘重さ（Tulliana dignitas）」とは比べものにならない卑俗なものと見えたので、そのうちに含まれている「真理」のうちに入ってゆくために、己を低くすることができず、「真理」を教えると証する「マニ教」のなかに入っていったと第三巻では告白されているのでした（III, iv-v. 第五講九四－九七頁参照）。それから、アウグスティヌスは十九歳から二十八歳になるまでの九年間もの間、マニ教徒としてとどまり（IV, i, 1; V, vi, 10）、弁論術の教師でありつづけ、また、一人の女性と同棲し、この女性と閨の忠実を守って（IV, ii, 2）、一人の息子を与えられることになるのですが、この神から離れていた九年間の生活のなかで、いったい、「マニ教」とはアウグスティヌスにとって何だったのでしょうか、また、「マニ教徒」であることと「弁論術」の教師である生活とはアウグスティヌスの中でどのような関係にあったのでしょうか。『告白録』では、それはいずれも虚偽のうちにとどまることであり、欺かれて欺く術を教える「情欲（concupiscentia）」の生活であったと言われているのですが、どうして、それほどまでもマニ教がかれを幻惑し、捉え続けていたのかは『告白録』の記述からだけでは分かりにくいように思えます。「弁論術」の教師であることが彼にやがて栄達と安定の道を約束するように見えたこと、その意味で、これがこの世の成功を欲望する「情欲」の生活であったのは、末期ローマ帝国という彼の生きていた世界の現状を考えるとき、分かりやすいでしょう。また、一人の女性との閨の忠実を守ったということは当時の社会の現状のなかでは当たり前すぎることであり、これを「放蕩の生活」、「淫蕩の生活」と呼ぶのはとても普通の意味ではできないでしょう。「マニ教」への執着のことだけが『告白録』の記述からは、いささかならず「謎」に見えます。まず、『告白録』のこの前後の箇所で「マニ教」がどのように述べられているかを眺めておきましょう。

〔一〕『告白録』の伝える「マニ教」の教説

（a）『告白録』の伝える「マニ教」の教説（1）（III, vi, 10–11）

（i）「イエス・キリストの御名」、「聖霊の御名」を捏ね合わせて「とりもち」のようにし、「真理」、「真理」と叫んでひとを「悪魔の罠」の内に取り押さえる（＝アウグスティヌスはこれによって悪魔の罠の内に取り押さえられた）。

（ii）「この世の諸元素（ista elementa mundi）」についても「でたらめを言っていた（falsa loquebantur）」。

（iii）わたしに供された食台には「日や月（sol et luna）」が盛られていた。

（iv）食台にのせて供せられたのは、「ぎらぎらした幻影（phantasmata splendida・目にも鮮やかな表象）」だった。それをわたしはあなただと思って食べていた。

（v）「五つの闇の洞窟におうじてさまざまに色彩を変える五つの元素（quinque elementa uarie fucata propter quinque antra tenebrarum）」。これを信じるものをそれは殺す。

（vi）「あつかましい智慧のない女（illa mulier audax, inops prudentiae『箴言』九・一三－一七）。戸口の椅子に座り、「さぁ、秘密のおいしいパンをお食べ。盗んできた甘い水をお飲み。」と呼びかけている。

（b）『告白録』の伝える「マニ教」の教説（2）――マニ教徒の問い（III, vii, 12）

（i）「悪はどこから生ずるのか」

（ii）「神が有限な身体の形を有し、髪の毛や爪などをもっているのか」

（iii）「同時に何人もの妻をもち、人びとを殺し、動物をいけにえにささげるような者たちを義人とみなすべきであろうか」

――これらの問いを問われるとアウグスティヌスはすぐに同意せざるをえなかったと言われています。

（c）『告白録』の伝える「マニ教」の教説（3）（III, x, 18）

（i）「いちじくももぎとられるとき、親木は泣いて乳の涙を流す」

（ii）聖者がそれを食べると、かれはそれを自分のはらわたにまぜて、いちじくから天使たちを……また「神の細片（particulas dei）」さえも吐き出す。至高にして真なる神のこれらの細片は、もしも選ばれた聖者たちが歯と胃袋によってときはなたないならば、その果実のうちに縛られていたことだろう。

『告白録』の伝える「マニ教」への転落（IV, i, 1）

「十九から二十八歳にいたる九年間、わたしたちはさまざまな情欲のままに（in uariis cupiditatibus）、迷わされながら迷わし、だまされながらだましていました（seducebamur et seducebamus falsi atque fallantes)。」

――ここで「情欲（cupiditas)」の業として告白されているものは、

（i）まず「弁論術の教師」としての仕事であり、ついで、「マニ教徒」としての行いです。文字通り「性的（sexual)」な誘惑や放蕩をここでは意味していないことに注意しておきたいと思います。説明として付け加えられている「はかない世俗の名誉を追い求める（popularis gloriae sectantes inanitatem)」という言葉は弁論家としての成功を言い、「劇場の喝采」、「詩の競演」、「乾草の冠をめざす競技」はさらにこれを具体的に述べ、弁論家としての力量を公衆の前で示して、弁論競技で勝利をおさめることを意味しています。「ばかげた見世物（specutaculorum nugas)」、「だらしのない情欲（intemperantia libidinum)」もローマ的な娯楽一般をいっているように見えます（一人の女性に閨の忠実を守っていたのですから、この時代にアウグスティヌスが日常的な性的放縦の生活を送っていたとは思えません）。

（ii）マニ教徒として「だまされながらだます」という「擬似宗教的」な行いは、「えらばれた人（electi)」とか「聖者（sancti)」と言われる人びとに食物を運び、かれらの生活を支える「聴問者」としての仕事のことです。

（d）『告白録』の伝える「マニ教」の教説（4）（IV, xv, 24-26）

「分裂のうちにはこれに反し、何かしらぬが非理性的生命を有する実体と最高悪の本性がある」（in

ista uero diuisione inrationalis uitae nescio quam substantiam et naturam summi mali–IV, xv, 24)

——これはマニ教の原理を述べています。

——大雑把に言えば、（1）と（3）に『告白録』が偽りに満ちたマニ教の教説として紹介するものが述べられており、（2）と（4）にアウグスティヌスがこれらの「悪魔の罠」により捉えられていて、陥っていた謬説が述べられています。しかし、ことに分かりにくいのは、（1）と（3）に述べられているようなマニ教の教説に、キケロを愛読し、弁論術の教師であったアウグスティヌスがどうして九年間も惹きつけられ、捉えられていたのかです。『告白録』の批判的な紹介だけではどうも納得しにくいように思えます。

——この問題にいま十分に答えるだけの準備はわたしにはまだありません。アウグスティヌス以外の資料に基づいて今日復元されているものから考えて推し量りうることを試論的に考えてみたいと思います。

【二】　復元されたマニ教経典からみたグノーシス主義と結びついたマニ教教説

これを、いま、大貫隆氏訳・著『グノーシスの神話』（一九九九、岩波書店）第四章「マニ教の神話」（二四八—二八四頁）により「マニ教の救済神話」として復元されているものから学びたいと思います。

——これは（i）八世紀末のシリアのネストリウス派キリスト教の学者テオドーロス・バル・コーナイの『評注集』（Liber Scholiorum）と（ii）十世紀末のアラビアの回教学者アブールファラシュ・ムハマッド・ベン・イシャーク・アル・ワッラーク（通称イブン・アン・ナディーム）の『学術書目録』（通称『フィリスト』）に基づくものであり、大貫氏がこれを独訳から邦訳したものです。これによると、これを構成している要素として次のいくつかが目にとまります。

（1）二つの原理・光と闇（大貫隆氏訳・著『グノーシスの神話』二四八－四九頁参照）
（2）光の大地、闇の大地（同書二五〇－五一頁参照）
（3）二つの原理の闘い、原人の出現、原人が闇に呑み込まれる（同書二五二－五五頁参照）
（4）第二の召命「光の友」、天と地の創造（同書二五六－六一頁参照）
（5）アダムとエバ、イエスの派遣（同書二六七－六九頁参照）
（6）シャーティール（セツ）の誕生と成長、シンジークトとマニ教の教会（同書二七二－七六頁参照）

——これを「原資料」を伝えるものとみなしてよいとするとき、これをまとめて、以下の点がこのマニ教の「救済神話」を構成する著しい特徴としてあげることができます。

（1）「光」と「闇」がもっとも始原的な原理である。両者は上下の関係で相接触しているが、互いに交じり合わない独立の二つの実体である。

（2）この二つの原理の間に闘いが生ずる。そして、闇が光に勝つ。

（3）天と地の創造はこの状態を前提して成立する。つまり、すでに光が闇のうちに捕えられている状態にあるものを材料にして創造はなされる。したがって、闇の内に光が捕えられているのが現在の世界の現状である。アダムとエバの創造もそこで生じている。そこでは、エバ（女性）はアダム（男性）を誘惑するもの、悪の原理を代表する。

（4）イエスはこの状態にある「人間」を救い、闇から光に連れ戻すために光の原理から遣わされたものである。

（5）マニ教集団では、「選ばれたもの」（＝聖者）と「聴問者」（＝一般信徒）が区別されている。前者が「光」の要素を「闇」の要素から解き放つものであり、後者は前者の生活を支えるものである。

（6）徹底した「二元論」が基底にあり、「生活の規則」としては「禁欲主義」が「光」を「闇」から解き放つための原理となる。

〔三〕『告白録』との比較

この原資料によるマニ教の救済神話を見るとき、『告白録』のなかでみたアウグスティヌスの報告するものと照応するところが多いことに気付きます。アウグスティヌスの時代、北アフリカとローマにいたマニ教徒がこの原資料に近いものを経典としていたか否か精確には分かりませんが、これに近いものだったと考えてよいでしょう。

『告白録』の記述からははっきり見えてこないものが何であるかというと、それはこの教説に含まれている「合理性」だといえるでしょう。また、形象としてはアウグスティヌスを魅惑するような美しい（そしてその反対は醜い）審美的な表現にその教説は溢れていたと容易に想像できます。

そこで、この「合理性」と「審美性」を合わせてみるとき、九年間、この宗教がアウグスティヌスを魅惑し続ける力を持ちえたのは容易に想像できます。すなわち、グノーシス主義の合理性とペルシャ起源の二元論を合わせたところにマニ教の特徴があり、これに通俗のギリシャ自然学、ヘレニズム世界の占星術、旧約聖書の創造物語、新約聖書のイエスによる救済がアマルガムのように接合されています。

キリスト教の正統教説がそれと違う決定的な点は、（i）「創造」を原理とすること（いわゆる「無からの創造」）と、（ii）「言葉（＝子）の受肉」の二点でしょう（イエス・キリストの肉体についてはマニ教では「仮現説（docetism）」に近いものを取っていたように思えます）。『告白録』の中で「へりくだり（humilitas）」こそがキリスト教信仰の原点となっているのは、おそらく、それと関係があるように思えます。愛していた「母」に嫌われていたにもかかわらず、九年間もこの「虚偽」のうちに「とりもち」に絡め取られるようにして、「悪魔の罠」に捉えられていたとすれば、それはこの「合理性」と「審美性」の故ではなかったでしょうか。「弁論術」の教師としてのキャリアにそれが矛盾しないのも当然なこととして理解されます。当時、キリスト教化されていたローマ国内で、マニ教は禁じられていたものではあっても、事実上はカルタゴでもローマでも、アウグスティヌスの周辺に、また弁論家のうちに多くのひとがあったようです。

神への帰向（reditio, conuersio）はまずこのマニ教の「とりもち」から解放されることにあったようですが、ここで「離向」の三つの要素としてあげた「愛欲」、「弁論術」、「マニ教」は事実上は互いに絡み合っていたようであり、それだけに「還帰」の過程にも複雑かつ微妙なものが含まれているように見えます。それを述べる第五巻から第八巻までの叙述を読解することが次の課題となります。

帰向（conuersio）の端緒

帰向の端緒は、実は、離向の過程のうちに、知らず知らずに埋め込まれており、この神の見えない手によって帰向が準備されていたといえます。

そのうちのもっとも大きなものは「母の祈り」であったのでしょう。

第三巻末尾の第十一章は母モニカが迷妄と汚濁の内にある息子のために流す涙と、涙の祈りのうちに見た夢によって美しく結ばれています。

母が見た夢とは、母がある木製の定規の上に立って、失われている息子のことを思って涙を流していると、一人の若者がやってきて、安心するようにと言い、息子も母のいるところにいるではないかと教えてくれたのですが、注意して見ると、息子アウグスティヌスも自分と同じ定規の上に立っていたという夢でした。アウグスティヌスは母からこの話を聞いて、それは「お母さんの方が私のところに来るようになるということですよ」とふざけていうと、母は躊躇なしに「いや、息子のいるところにあなたがいると若者は言わず、あなたのいるところに息子もいるようになるといったのだ」と答えたというのです。この章は、さらにつづけてアウグスティヌスがマニ教に惑わされているのを嘆いて涙をとどめえないでいる母を一人の司教が「涙の子が滅びるはずはない」といって慰めてくれたというくだりでおわっています。母の信仰と母の祈りの内に守られている息子のことを語る美しいくだりです。

第四巻の冒頭は十九歳から二十八歳に至る九年間の彷徨の過程をすでに見たとおり短く纏めています。全文を読み直しておきたいと思います。

《十九歳から二十八歳にいたる九年間、わたしたちはさまざまな情欲のままに、迷わされながら迷わし、だまされながらだましていました。おもてだっては、自由学芸と称されるもろもろの学問を通じ、かくれては、宗教の虚名のもとに、前においてはたかぶり、後においては迷信深く、しかし、そのいずれにおいても私たちはむなしかった。一方では、はかない世俗の名誉を追いもとめ、劇場の喝采、乾し草の冠をめざす競技、ばかげた見世物、だらしのない情欲にうつつをぬかしながら、他方では、これらの汚れからきよめられたいと願って、「えらい人」とか「聖者」とか呼ばれる人々のもとに、食物を運んでいました。》

Per idem tempus annorum nouem, ab undeuicensimo anno aetatis meae usque ad duodetricensimum, seducebamur et seducebamus falsi atque fallentes in uariis cupiditatibus et palam per doctrinas, quas liberales uocant, occulte autem falso nomine religionis, hic superhi, ibi superstitiosi, ubique uani, hac popularis gloriae sectantes inanitatem usque ad theatricos plausus et contentiosa carmina et agonem coronarum faenearum et spectaculorum nugas et intemperantiam libidinum, illac autem purgari nos ab istis sordibus expectantes, cum eis, qui appellarentur electi et sancti, afferemus escas. (IV, i, 1)

――「さまざまな情欲のままに、迷わされながら、迷わし、だまされながらだましていました（seducebamur et seducebamus falsi atque fallentes in uariis cupiditatibus）」と言われている「さまざまな情欲（uariis cupiditatibus）」とは、すでに述べましたが、「性的欲望」だけではなく、この世で成功しようとする野望、名誉欲をも包括するものであることを、この段落では明らかに読み取ることができます。それは神に向かうことなく、真実の神から背こうとする、本性に反する欲望のすべてであり、それが、ここでは、公けには弁論術の教師としての成功の野望と、隠れたところではマニ教の聴聞者として、マニ教の「選ばれた聖者」に金銭的に奉仕し、「汚れから浄められること」を期待する迷妄における「むなしさ（uani）」として、両面から描かれています。当時のローマ世俗社会の世相がさまざまな面で如実に描かれていて興味深い箇所です。

ついで第三章では占星術者との交わりが述べられ、第四章から第七章には友人の病気と死のことが述べられます。友情の内に生きていたアウグスティヌスにとってこれは大きなことでした。(3) これらはアウグスティヌスを神へと帰る道へと次第に準備してゆくものでした。

第四巻の末尾第十六章は、これらの彷徨の末、世俗的な学問での成功のむなしさが次第に思い知らされてきて、叙述がだんだん静かになってゆきます。終わりは次のように美しく結ばれています。

《おお、主よ、われらの神よ、あなたの翼の庇護のもとに、希望しましょう。われらをまもり、われらをはこびたまえ。あなたははこんでくださるでしょう。はこんでくださるでしょう。小さい者たちをも、白髪になるまではこんでくださるでしょう。あなたが私たちの強さです。それが自分たちの強さである場合には、かえって弱さとなるのです。私たちの善はいつもあなたのもとに生きています。そこからそむきはなれるがゆえに、私たちは逆転して邪悪な者となるのです。

主よ、転倒することのないように、いまこそ主のもとにもどりましょう。御許には、われらの善なるあなたご自身が、何一つ欠けるところなく生きていられます。私たちがそこから崩れ落ちたからとて、もうもどるところがないなどと心配しないようにしましょう。たとえ私たちが留守をしていても、私たちの家なる永遠のあなたは、けっして崩れ落ちることがないのですから。》

o domine deus noster, in uelamento alarum tuarum speremus, et protege nos et porta nos. tu portabis, tu portabis et paruulos et usque ad canos tu portabis, quoniam firmitas nostra quando tu es, tunc est firmitas, cum autem nostra est, infirmitas est. uiuit apud te semper bonum nostrum, et quia inde auersi sumus, peruersi sumus. reuertamur iam, domine, ut non euertamur, quia uiuit apud te sine ullo defectu bonum nostrum, quod tu ipse es, et non timemus, ne non sit quo redeamus, quia nos inde ruimus; nobis autem absentibus non ruit domus nostra, aeternitas tua. (IV, xvi, 31)

第四巻の末尾はこうして、神の内における静かなやすらいへと向かう力強い希望によって美しく結ばれています。第五巻以降は帰向の叙述に移ってゆきます。

第七講　帰向（conuersio）の過程とその諸要素

神から離れて行っていたものが、神へと引き戻され、神へと帰ってくる「帰向（reditio, conuersio）の過程を、第五巻―第七巻の叙述を通じて読解することが次の課題です。

これまで問題として取り上げましたことは、『告白録』という書物の第一巻から第九巻までの自伝的部分の構成をどのように理解するかということでした。そして、第一巻を神のもとにあった魂のありかた、第九巻を神のもとに帰った魂のありかたとし、第二巻、第三巻、第四巻を神から離れてゆく離向の過程、第五巻、第六巻、第七巻を神へと帰ってくる帰向の過程と解し、第八巻を回心の成就とするとき、『告白録』の自伝的部分であるこの第一巻から第九巻までの構成が一つの見事なシンメトリーをもつものとして読めるのではないかを示唆しようとするものでした。

これまでは、第二巻、第三巻、第四巻の神から離れていく離向の過程について学びました。その叙述は、今日二十世紀から二十一世紀に移り行こうとする時代に生きている私たちにとって、またその中でイエスの福音の生命がどこにあるかを明らかにしたいと願っているものにとって、教えられるところの多いものでした。歴史家も指摘することですが、ローマ末期には現代世界と酷似した点があります。そういう時代に身を立ててゆこうとしたアウグスティヌスにどのようなことが起こったのかを克明に学ぶことは意義のあることです。今日は、神から離れて行っていたアウグスティヌスの魂が次第に神へと引き戻されてゆく過程を見ることになりますが、それは今日の時代を生きている私たちがイエスの福音とどのように出会うのかを考えさせてくれるものです。

「帰向（conuersio）」とは、「離向（auersio）」に対する言葉です。auersio は「から離れて」を意味する接頭辞 a-と「向かう」を意味する動詞 uerto から成る「……から離れてゆく」を意味する動詞（auerto）の名詞形（auersio）であり、「離向」を意味しているのに対して、conuersio は auersio に対する反対の運動として、「回心」を意味すると共に、「帰向」を意味します。そこで、この第五巻、第六巻、第七巻で、魂が神へと戻っていく帰向の過程が描かれていると理解するのです。さらに、この帰向の運動を構成する主要な要素として、第一に第五巻で述べられるマニ教のファウストゥス博士との出会い、第二に第六巻で述べられるミラノでのアンブロシウスとの出会い、そして第三に第七巻で述べられるプラトン派の哲学の書物との出会いがありました。これらの出来事はかれの人生の行程のなかで起こったことであり、一つ一つを孤立させてみれば、それらがどういう意味を持っていたかは必ずしも自明ではありません。離向の諸要素は互いに絡み合っていると先に述べましたが、帰向を構成するこれら三つの要素もたがいに絡みあっています。しかし、これらのことが重なってゆく過程で回心が準備されているのであり、こうしてアウグスティヌスは次第に神へと引き戻されてゆくのです。ですから、『告白録』はこれらのことが「神の隠れた不思議な導き」によって起こったことであるとし、当時のアウグスティヌスにはまだその意味が明らかではなかったこととみなしています。そこで、これらすべてを今思い起こして、そのあるがままを告白し、神の業の偉大さを告白することによって『告白録』という書物が成立しています。その最後は、回心したいと望みながらもなかなかできない魂の激しい懊悩のなかで、これまで読んできたパウロの書簡の意味が突如劇的な仕方で明らかになり、溢れる涙とともに回心が成就し、魂が平安のうちに安らうものになったことを述べるもので、これが第八巻の「庭園の場」の叙述になっています。そこで、上記の三つの要素が第五－七巻でどのように述べられ、また最終の回心のクライマクスが第八巻でどのように叙述されているかを学ぶことにこれからのお話の眼目があります。

第五巻の冒頭箇所を見ましょう。ファウストゥスとの出会いが述べられる第五巻の冒頭（第一－二章）は、帰向の過程の開始を示唆する美しい文章です。前にも申しましたが、それぞれの巻の冒頭はその巻で起こる事柄をあらかじめ纏めて要約しています。第五巻の冒頭を読んでみましょう。

第五巻第一章（v, i, 1）

《わが告白のいけにえを、わが舌の手よりうけとりたまえ。その舌を、御身は、御名を告白するために造り、告白するようにはげましたもうた。わがすべての骨をいやし、その骨をして、「主よ、だれか御身に似たる者ありや」といわしめたまえ。告白する者は、自分のうちにおこることがらを、御身に教えるわけではない。閉ざされた心も御身の目をのがれえず、頑固な人間も御身の手をはらいのけえず、かえってその頑固すらおのぞみとあれば、御身はそのあわれみにより、あるいは罰によってときたもう。御身の熱から身をかくしうる者は一人もないのだ。

されど、わが魂は御身を愛するために、御身を讃えよ。御身を讃えんために、そのかずかずのあわれみを告白せよ。すべての被造物は、御身の讃美をやめてはならない、黙してはならない。すべての霊は口を御身にむけ、生物や物体はそれを眺める者たちの口をとおし、御身の讃美をやめてはならない、黙してはならない。かくてわれらの魂は、無気力の状態から御身にむかって起きあがり、造りたまいし諸事物にたよりつつそれを通過して、奇しくもそれを造りたもうた御身にむかって上昇してゆくであろう。そこにこそ、無気力からの回復と真の強さとはあるのだ。》

——冒頭のこの一節を見るだけでは、第五巻の叙述が実質上はファウストゥスとの出会いから始まっていることがまったく見えてきません。冒頭の一文はそういう具体的な出来事の叙述とは切り離された、神の偉大を讃美する一文であり、一種の美しい詩的な響きをもっています。前回読んだ第二巻の冒頭をこれと比較してみましょう。

第二巻第一章（II, i, 1）

《私は過去の汚れと、魂の肉的な腐敗とを想い起こしたいと思います。それは、汚れや腐敗を愛するからではありません。神よ、あなたを愛するためです。あなたの愛を愛すればこそ、それを想い起こして、極悪の道を回想するのです。過去を想いかえすのは苦い。しかし、あなたが私にとって甘美になりたもうために、いたします。いつわりのない甘美、さいわいでたしかな甘美よ。

一なるあなたからそむいて多のうちにむなしくなったとき、私はずたずたにひきさかれていましたが、あなたはその分散の状態から、私を集めてくださいました。

私はかつて青年時代、下劣な情欲をみたそうと燃えあがり、さまざまなうすぐらい情事のうちに、みずからすさんでゆきました。自分自身を満足させ、人々の目に気にいる者となろうとつとめながら、御目の前に、容色はおとろえ、腐れはててしまいました。》

——この第二巻の冒頭も、きわめて抽象的な言葉で述べられています。それは自らの魂が神から離れてゆく過程の一般的な叙述です。それはみずからの醜行を恥ずる苦々しい口調で満ちています。それでも、それをあるがままに告白することが、このような状態から自分を引き上げ、御自らにまで引き戻してくださった神の愛の大きさを告白し、証言することになるのです。

ところが、いま読んだ第五巻の冒頭はこの第二巻の冒頭とは調子ががらっと変わっています。そこには、「救いがもう来る、回心がやがて成就する」という期待に満ちた明るい調子がおもてに出ています。ついでに、回心の成就を述べる第八巻の冒頭箇所をこれと比較してみましょう。

第八巻第一章（vii, i ,1）

《神よ、あなたにむかって感謝をささげながら、私の上にそそがれたもろもろのあわれみを告白したいと思います。わが骨は御身の愛にうるおされますように。そしていいますように。

「主よ、だれか御身に似た者があろうか。あなたは私の繫縛を断ち切ってくださった。あなたにむかって、讃美のいけにえをささげよう」

どのようにして断ち切ってくださったか、お話しましょう。聞く人がみなあなたをあがめて、「主は、天においても地においても祝せられよかし。主の御名は偉大にして驚嘆すべきなり」というように。

あなたのことばはすでに、私の胸もとにへばりついていました。私はもう四方八方から、あなたに包囲されていました。あなたの永遠の生命のことも、もう確実でした。もっとも、おぼろげに、いわば鏡をとおして見たにすぎませんでしたが。それにしても、不滅の実体について、あらゆる実体はこの実体から生ずるという点に関するすべての疑いは、とりはらわれていました。もはやあなたについてそれ以上確実な認識を得たいとは思わず、ただあなたのうちにもっとしっかりととどまりたいと願うばかりでした。》

——これは回心の喜びにあふれる文章になっています。「主よ、だれか御身に似た者があろうか（domine, quis similis tibi?)」という『詩篇』三四（新共同訳三五）・一〇による言葉は、回心において神の愛に引き戻され、神に救われた魂が語る言葉です。さらに、「わたしの骨が御身の愛にうるおされますように（perfundantur ossa mea dilectione tua)」といわれていますが、「骨が愛にうるおされる（ひたされる）」という言葉は、同じように、最終的な回心の成就とその喜びを語る言葉です。

これと似た言葉が第五巻の冒頭にもあることが思い出されます。第五巻冒頭には「わがすべての骨をいやし、その骨をして、主よ、だれか似たる者ありやといわしめたまえ（et sana omnia ossa mea, et dicant: domine, quis similis tibi?）」とあります。第八巻では「わたしの骨ぼねが御身の愛にうるおされますように」と言われています。ここでは「わたしの骨ぼねのすべてをいやしてください」と言われているのです。これはこの二つの箇所が互いに響きあい、引き合うものとして述べられていることを示しています。第五巻冒頭と第八巻冒頭の言葉とのこういう照応は第五巻が離向から帰向へと向かう転換の始点であること、つまり、そこに回心の成就への道が始まることを示していると思います。これらはアウグスティヌスの魂の一番奥底から上がってくる神への祈りであり、歌です。そのことがこの二つの箇所でひとしく「わたしの骨ぼね」と言われることによって述べられているのです。「わたしの骨ぼね」とは心身合一体である「わたし」の全身全霊をその底で支えているもののことです。

もう一度第五巻第一章をはじめから読んでみましょう、

「私のするさまざまな告白の言葉の捧げものを私の舌の手からお受け入れください（それは舌が捧げる捧げものです）。その舌はあなたがお造りになったもの、そして、あなたは駆り立てたもうた、あなたの名前を讃美するようにと。私のすべての骨をいやしてください、そして私の骨が叫びだしますように、「主よ、あなたに似たものがあるでしょうか」と。」

Accipe sacrificium confessionum mearum de manu linguae meae, quam formasti et excitasti, ut confiteatur nomini tuo, et sana omnia ossa mea, et dicant: domine, quis similis tibi?

「すべての被造物は、御身の讃美をやめてはならない、黙してはならない。すべての霊（天使と救われた霊）は口を御身にむけ、生物や物体（霊をもたないもの）はそれをながめる者たちの口（それらを立派なもの、神に造られた美しいものと告白することによって）をとおし、御身の讃美をやめてはならない、黙してはならない。


私たちの魂が弱まっている状態からあなたの方へと起き上がっていきますように、あなたがお造りになったさまざまのものに身を寄せ掛けながら、そしてそのさまざまのものを越えてあなたの方へと上がっていきますように、このさまざまのものをあなたは不思議な仕方でお造りになったのです。」


次の最後の一行はとても美しい言葉です。

「そこ、神のうちにおいて、生命が新しくされ、やすらいが与えられます（refectio）。本当の力強さはそこにあるのです。（et ibi refectio et uera fortitudo）」

――これは美しい宗教的な詩です。

ファウストゥスとの出会い

次に、第三章から第七章までの箇所でファウストゥスとの出会いが具体的にどのようなものとして述べられているかを見ましょう。やや長い箇所ですが、ファウストゥスとの出会いという点でこれを要約しますと次の三つの点にまとめられるでしょう。

（i）マニ教徒の司教であったファウストゥスはマニ教徒たちの間では高名（nominatus）であり、その評判（fama）によれば、かれはすべての尊敬すべき学問に熟達しており（honestarum omnium doctorinarum peritissimus）、とりわけ「自由諸学芸の教養を備えている（disciplinis liberalibus eruditus）」人として知られていました（V, iii, 3）。マニ教の人びとは、アウグスティヌスに尋ねられて、答えられないとき、「ファウストゥスさえ来て話してくれたら、そんなことはこの上なくたやすく説明してくれるだろうし、もっと難しいことを尋ねても、解き明かしてくれるだろう（cuius aduentu conlatoque conloquio facillime mihi haec et si qua forte maiora quaererem enodatissime expedirentur.）と約束していたのです。」（V, vi, 10）。

（ii）ところが、実際、来てみると、ファウストゥスは「感じのよい人（hominem gratum）」であり、「気持ちのよいしゃべり方をするひと（iucundum uerbis）」であり、「マニ教徒たちがいつも言っていることをはるかに甘美な仕方でしゃべりたてるひと（ea ipsa, quae ipsi solent dicere, multo suauius garrientem）」だったといわれています。つまり、ファウストゥスは「弁論術」に長じている人だったのです。しかし、アウグスティヌスが知りたかったことはそういうことではありません。ファウストゥスはそれを何も教えてくれなかったというのです。「自由学芸」のこともファウストゥスはあまりよく知らなかったといわれています。――「弁論術」と「文法学」には言及されていますが、「弁証論（dialectica）」への言及はありません。ファウストゥスは、きっと、この弁証論のことを知らなかったのではないでしょうか。

雄弁に語られているから「真実（uerum）」なのではなく、また、口から出る音が整えられていないからといって、それが「虚偽（falsum）」ではないということをアウグスティヌスはその時すでに、「あなた（＝神）から学んで知っていた（iam ergo abs te didiceram nec eo debere uideri aliquid uerum dici, quia eloquenter dicitur, nec eo falsum, quia inconposite sonant signa labiorum）」といわれています（V, vi, 10）。「すでにその時あなたから学んで知っていた（iam ergo abs te didiceram）」とは何を言っているのでしょうか。この箇所を見る限りでは「謎」です。

しかし、その直前の箇所では、わたしの神が「不思議な隠れた仕方で（miris et occultis modis）」それを教えてくれていたといわれています。それは「唯一の教師は神だ」ということです。これは『教師論』のなかで主題化されることですが、このマニ教徒としての「彷徨時代（animo uagabundus）」（V, vi, 10）に、では、どこで彼はこのことを学んだのでしょうか。自然学者の学説のほうがマニ教徒の説いているところよりも真実だと思えた（V, iii, 6）時でしょうか。ところが、その箇所の直前には、この世の智慧（＝哲学者の智慧）は道であるキリストを知らないから駄目だといわれているのです。自然学者の学説もそれ以上のことを教えてくれはしなかったでしょう。

（iii）しかし、ファウストゥスは、アウグスティヌスが知りたいことを尋ねると、それを知らないと素直に認める人でした。つまり、かれは「知らないことを知っており、またそれを告白することを恥じなかった（nouerat enim se ista non nosse nec eum puduit confiteri.）」（V, viii, 12）といわれています。そして、ファウストゥスはいわばこのソクラテス的態度のゆえに、「心（cor）をもっていた（iste uero cor habebat）」といわれています。それは「神に向けられた心（rectum ad te）」ではなかったが、「自分自身に向けられたもの（ad se ipsum）」としては十分に注意深いものであったというのです。

「心（cor）」という言葉はアウグスティヌスの中でもっとも根幹的な意味を担う言葉です。わたしはこれをしばしば「心の奥底」と訳しています。「心の表層」ではなく、自分自身にも隠された「心の深層」をそれは意味し、人間の全体がそこでなんらか「真理」に触れているところ、あるいは「真理そのもの」がそこで人間の全体に触れてきているところだからです[1]。ここでファウストゥスが「心をもっていた（cor habebat）」といわれているとき、それはファウストゥスがなんらか「真理そのもの」にかかわる「心」をもっていたということを言っているのではないでしょうか。ただし、ファウストゥスの場合はマニ教徒であるので、それは「神に向けられた心」ではないけれども、「自分の無知」を告白しうるだけ「真理そのもの」に忠実な心をもっていたというのです。

この点でも、ファウストゥスはアウグスティヌスの気に入り、それからはファウストゥスと仲良くなって、かれが興味を示していた「書物」、つまりアウグスティヌスがカルタゴで弁論術の教師として青年たちに教授していた書物を、いわばアウグスティヌスが教師の資格となって、彼にふさわしいと判断するものを選んでやり、彼と一緒に読むようになっていたといわれています（V, vii, 13）。

しかし、まさにそのとき、アウグスティヌスの中で何かが崩れ落ちていたのです。マニ教の教えをさらに深く究めたいと思っていた矢先に、マニ教で偉い人として尊敬されているひとが気持ちのよい人ではあっても、自分の求めているものを教えてくれる人ではないと分かったまさにそのときに、彼の内心で何かが崩れ落ちたのです（refracto studio quod intenderam in Manichaei litteras）。このときまさに、反抗しよう、反抗しようとしていた気力が萎えていたのです。そのことこそ、そこに神の手が「隠れた不思議な仕方で（miris et occultis modis）」働いていたということなのです（V, vii, 13）。

アンブロシウスとの出会い

ここで、アウグスティヌスはカルタゴを離れ、ローマに向かおうとしますが、このことが、どのようにして、不知のうちに、彼を神に導くことになったかを詳細に述べるのが第五巻の末尾です。

そこには（i）母モニカの反対、（ii）病気、（iii）友人の死などさまざまな要因が織り成されていますが、最大のことは、アンブロシウスが司教をしていた当時の皇帝の町ミラノに、マニ教徒の推薦をうけて、キリスト教の批判者であったローマ市長シュンマクス Symmachus によって派遣されることになったいきさつです。

これが帰向の第二のモメントになります。ミラノでアンブロシウスの説教を聴いて『聖書』の霊的な読解の道をはじめて知りました。これが、これまで抱いていた『聖書』に関する考え方、つまり『聖書』の文体は拙劣で、幼稚な女子供の読み物に過ぎないという考え方を変えさせ、『聖書』の霊的な意味を読みとる道を教えました。そこから、「真理」としての「神」へと向かう道がアウグスティヌスの内に開かれました。それは回心の成就へと向かう大きな一歩でしたが、それは同時に、そこから始まる生涯の「神探求の道」の端緒を開くものであり、またその後、アウグスティヌスの説教者としての霊的な骨格を作るものになりました。

しかし、カルタゴでの弁論術の私的な一教師に過ぎなかったアウグスティヌスをそこまで導く道筋にはさまざまな出来事の連鎖と紆余曲折がありました。これらすべてが、自身の意図によってではなく、神の隠れた導きにより知らず知らずその道を辿ることになったいきさつを語り明かすのが第五巻から第六巻への叙述です。

（i）まずカルタゴを離れてローマに行くことになりますが、それはカルタゴの学生たちは粗野で、礼儀を心得ず、まじめな学習の意欲がないのに、ローマの学生たちはもっとまじめだと聞いたからだったと言われています（V, viii, 14）。ところが、お母さんのモニカの方はこれに耐えられず、アウグスティヌスの出立をどこまでも引き止めようとしました。そこで、アウグスティヌスはだまして、お母さんに気づかれないようにして、船出してしまいました。残されたお母さんは海岸で涙を流して、狂気のように泣き悲しんだといいます。息子の回心を心の底では願っていたはずの母モニカの振舞いと、これを振り切って出立したアウグスティヌスの行動の内に、どのような「神の隠れた手」が働いていたのかがここに述べられているのだと思います（V, viii, 14-15）。

（ii）ローマを離れてミラノに赴くことになるいきさつも、もとはアウグスティヌスの方には「栄達の願い」があり、また、マニ教徒であったアウグスティヌスを、マニ教徒の推薦を受けて、皇帝の町ミラノに送りだしたのはローマ伝来の宗教を重んじていたシュンマクスであり、かれはミラノの司教アンブロシウスに対立していた人で、その敵対者としてアウグスティヌスを送り出したのです。人の思いと神の計らいとがどれほど違うかがここでも述べられています（VI, xiii, 23）。

（iii）またさらに、アウグスティヌスがミラノに来てアンブロシウスの説教を聴いてみようと思ったのも、はじめは、アンブロシウスの「雄弁がその名声にふさわしいものであるか、評判以上に流暢か、それほどでもないか」、その「弁舌」の力量を試してみようという思いからだったと述べられています（V, xiv, 25）。ところが、実際にその説教を聞いてみると、「どのように語るか」という語り方よりも、「語られる事柄自体」の「真実」に引き込まれてしまったのです。「文字は殺し、霊は生かす（littera occidit, spiriuts autem uiuificat.『コリントの信徒への手紙二』三・六）」というパウロの言葉を引用して語るアンブロシウスの説教によってアウグスティヌスが次第次第に引き込まれてゆくさまがここにはよく述べられています（VI, iv, 6ほか）。

これまでアウグスティヌスを『聖書』から遠ざけていたものはとりわけ神についての『旧約聖書』の「擬人的な語り方」でした。この躓きを取り除いてくれたのがアンブロシウスの説教が教えてくれた『聖書』の「霊的読解」の方法でした。アンブロシウスは弁論術の教師たちがギリシャ・ローマの古典を解釈する仕方をよく知っており、非の打ちようのない仕方で旧約聖書を解釈していました。アウグスティヌスはこのアンブロシウスの旧約聖書解釈にまず打たれたのです。そして、その中に今まで聴いたこともない『聖書』の「霊的解釈、比喩的解釈（allegorical interpretation）」があったのです。

「比喩的解釈」についてすこし説明します。『旧約聖書』は神と人間の物語です。その中には例えば、アブラハムが神に呼ばれて約束の地へ行けと命ぜられる「アブラハムの召命」の物語がありますが、それについて、紀元前一世紀のユダヤ教の学者、アレクサンドリアのフィロンはプラトン哲学も用いながら比喩的解釈を試み、「アブラハムの召命」がメソポタミアの多神教の世界を越えてゆく点でどういう意味をもっているかなどを比喩的に解釈しました。(2) このフィロンの比喩的解釈は、アレクサンドリアのオリゲネスその他のギリシャ教父たちに引き継がれます(3)。旧約聖書の神は擬人的に書かれていて、それをマニ教徒は嘲笑していたのですが、オリゲネスたちは、そこに霊的な意味が含まれていると解釈します。そして、これはカッパドキアの教父であるニュッサのグレゴリオスたちへと受け継がれました。このギリシャ教父の仕事を西方世界に導入したのがアンブロシウスでした。彼はギリシャ教父たちの書物を学んでおり、アウグスティヌスの回心の年、三八六年から三九〇年頃の復活祭にアンブロシウスがした創世記解釈の説教はそういうギリシャ教父の影響下にあります(4)。教父たちの聖書解釈は、一般に、「予型論的（typological）解釈」と言われています。それは旧約聖書に述べられている出来事がイエス・キリストにおいて実現されることをあらかじめイスラエル民族の物語として語っていると解釈することです。こうした解釈は、実は、福音書のイエスの言葉にもすでに含まれているものです。『ヨハネによる福音書』三・一四のイエスの言葉「モーセが荒れ野で蛇を上げたように、人の子も上げられねばならない」は、「モーセの蛇」を十字架の予型、象徴として述べています(5)。また、『ルカによる福音書』（二四・二七、四四）では、復活のイエスが、モーセと預言者たちや『詩篇』の言っていることは自分において実現したのだということを、弟子たちに解き明かしています。アウグスティヌスはこれまでこうした解釈に触れたことがなかったのでしょう。こうして、知的な理解という点でアウグスティヌスの心に火がついたのです。回心の直後から始まる『詩篇』の霊的読解は、とりわけ、アウグスティヌスのキリスト教信仰の理解を深めるものとして働き、キリストの「真理」を理解する道をアウグスティヌスの内に拓くものになりました。

しかし人間的な関係という点からみれば、アンブロシウスとアウグスティヌスの関係は、門地の違いということもあり、特に親しいものとは言えなかったようです。たしかに、アンブロシウスはその反対者であったシュンマクスが送ってよこした弁論術の教師を迎えるにあたって、司教としての「慈父の態度で迎えてくれた（suscepit me paterne ille homo dei）」（V, xiii, 23）と記されていますが、アウグスティヌスが次第に夢中になってかれを慕うようになり、かれの指導を受けてさまざまなことを教わりたいと思っても、アンブロシウスの方がそのために時間を割いてくれることはなかったようです。アウグスティヌスは多忙な司教を煩わせることを遠慮したまま過ぎ、二人の間には距離があったようです。そういうことを物語る挿話の一つとしてわたしたちの興味をそそることに触れておきますと、司教アンブロシウスの部屋には誰でも取りつぎなしに入ることができたようで、かれが読書しているとき、アウグスティヌスは入ってゆきます。アンブロシウスが相手をしてくれさえすれば、おそらくなにか尋ねてみたいと思っていたのだろうと思われるのですが、アンブロシウスの方はすこしもそれに注意を払わず、ただ黙読を続けているだけだったというのです。それでそんなに熱中している人を妨げては悪いと思ってそこから立ち去るだけだったというのです。ここにはアンブロシウスの方ではアウグスティヌスのことをとりわけ特別なひとと思っていなかったことが示されていますが、他方に、この黙読という習慣はアウグスティヌスには珍しいものだったようでもあります。当時は書物を読むときには音読するのが普通であったのでしょうが、ここでのアンブロシウスは黙読するのが習慣だったようです。そこで、アウグスティヌスは何故黙読していたかの理由をここで推測して述べていますが、その終わりに、アンブロシウスの声はしわがれやすいので、声を保護するためにそうしていたのが、その主な理由だったのではないかと想像しています（VI, iii, 3)。これは読書における「黙読」の習慣に関する記事として興味深いものだと思います。

（iv）このアンブロシウスとの出会いを述べる一節の終わりに短く触れられていることは、アンブロシウスとの出会いという回心の第二のモメントとプラトン哲学との出会いという第三のモメントをつなぐものとして興味深く重要でもあるので触れておきたいと思います。上述したアンブロシウスに学んだ『聖書』の霊的読解を述べる箇所に続いて次のように書かれています。

「彼は、文字どおりにとればよこしまなことを教えているように見えるところを、その神秘のおおいをとりさり、霊的な意味を開示してくれました……。もっとも彼のいうことが真か否か、自分にはまだ分かりませんでした。わたしは墜落を恐れて、いかなる同意もさしひかえるように心を保っていましたが、かえってそのために宙にぶらさがって殺されていたのです。」

cum ea, quae ad litteram peruersitatem docere uidebantur, remoto mysitico uelamento spiritaliter aperiret, ..., quamuis ea diceret, quae utrum uera essent adhuc ignorarem. tenebam enim cor meum ab omni adsensione timens praecipitium et suspendio magis necabar.（VI, iv, 6）

——これはアウグスティヌスがマニ教や占星術の教えによる欺きから離れた時以来、アカデミア派の学説にしたがって「すべての同意を控えるのが幸福の道だ」と考えようとしていたことを言っています。

この文脈では、目に見えないことについて、アンブロシウスが『聖書』の霊的な意味を説き明かしてくれるのは納得できるが、だからといって、それが「真実（uera）」であるか否かを自分では判断できない。そこで自分は、アカデミア派の教説にしたがって「自分の心の奥底では何事にも同意を与えることを差し控えていたが（tenebam cor meum ab omni adsensione）」、しかし、そうすることによって、むしろ自分は「（確かでないことに同意を与えて）墜落することを避けようとして、そのため、かえって、自分自身は宙づり状態になって、（息がつまって）死ぬばかりであった（et suspendio magis necabar）」というのです。

これは回心直前のアウグスティヌスのあり方をそのまま説き表している的確な表現といえるでしょう。「すべての同意を差し控えるのが賢者の幸福の手だてである」というアカデミア派の教説をアウグスティヌスは学び知っており、さまざまな形でこれに関わっていますが、学説として以外はこれまで真面目にそれに身をゆだねることはなかったでしょう（cf. V, x, 19; xiv, 24）。しかし、いまではそれが深刻な現実性をもつものになっています。アンブロシウスの説教に触れて『聖書』の真義が説き明かされ、それがアウグスティヌスの心の奥底を揺り動かす力をもちはじめたときに、まさに、「それに同意を与えることを差し控えさせる」自負心、傲慢、頑なさとなってそれが現れてきているということです。ですから、すべての同意を差し控えるとき「息を詰まらせざるをえなくなる」のです。[6]

ここにアカデミア派の懐疑論と信仰の真理というアウグスティヌスの終生の課題となる「神探求」の方法論の問題が始まっています。それは「信仰の理解」(intellectus fidei)という問題の出発点でもあります。そして、この隘路から脱出する道を与えるものが回心への道の第三のモメントとなるプラトン哲学における「霊的存在の自存性」の認知とその認知を導く「自己還帰」の道だったのです。

しかし、ここではまだそこまでゆかず、「名誉(honores)」、「利得(lucra)」、「結婚(coniugium)」(VI, vi, 9)という欲望に駆られたまま、現在の生活を変えることができないで過ぎています。そうした中で、首都の弁論術の教師という栄職にあって、職業上、皇帝への賛辞の演説を朗読する義務があり、その準備に努力せざるをえなかった折、そしてもうその中にある見え透いた「虚言」(の賛辞)にほとほと嫌気がさしていた折、そんな時、ミラノの路上で、腹満ち、施しの酒で華やいでいる乞食の姿を見て、自分の愚かさをつくづくはかなんだと書いている箇所は真に迫っていて哀れでもありますが、放浪の生活の終わりの近づいているのを暗示するようでもあります。(VI, vi, 9-10)

最後に第十三―第十五章を見ましょう。モニカはその後アウグスティヌスを追いかけてミラノに来ていました。そして、結婚することを薦め、良家の出の幼い娘と婚約させ、それまで同棲していた女性を結婚の妨げになるからといって引き離してしまいます。この女性は、今後ほかの男を知ることはないと誓って、彼との間にもうけた息子アデオダトゥス（Adeodatus）を置いて、アフリカに帰ってゆきます。しかし、婚約した娘が法的な結婚年齢に達していなかったため結婚はできず、アウグスティヌスは我慢ができなくて、別の女性を閨に迎えいれてしまいます。この第六巻第十五章二五に書かれていることは、それに先立つ路上の乞食との出会いの話と共に、アウグスティヌスにとってはとてもつらい物語であったと思われます。それは、このミラノでの生活が「名誉」と「利得」と「結婚」というこの世での成功と安定した生活を追求する欲望の生活であったこと、かつ、そこには敬愛していた母モニカもこれに加担して片棒をかついでいるようにも見えるからです。長い間生活を共にし、もうけた子を置いて、今後ほかの男を知ることはないと誓って去っていった女性への愛情と尊敬の念が文字の裏ににじんで見えてくるような気がします。

次回は新プラトン派についてお話しいたします。その学派の書物を読むことは彼にもう一つの解放をもたらしました。

第八講　プラトン哲学との出会い（第七巻）

第七巻の問題としては「悪の起源の問題」と「霊的実体の自存性」の問題があります。この二つの問題についてプラトン派の書物を読み、プラトンの哲学に出会うことによって、これまでアウグスティヌスを悩まし続けてきた(1)この二つの問題の解決の糸口が与えられたと第七巻では述べられています。しかし、まだそれで十分にはっきり分かったとは言えなかったのではないでしょうか(2)。しばらくそのまま時が経ち、悩みに悩んだ末、最後にこれまでパウロの書簡で読んでいたことの意味がはじめて読み解かれ、回心が成就するに至ったことを述べるのが第七巻と第八巻の二つの巻なのではないでしょうか。第七巻と第八巻についてはこれと違う次のような読み方もあります。それは、第七巻では知的な回心（新プラトン派に教えられる）が述べられ、第八巻が意志の回心（パウロ書簡による）を述べるという二つの段階を経て、回心が成就するという読み方です。しかし、わたしは、おそらくそうではないと思っています。というのは、確かに人間の精神の内には、知性的な面と意志的な面があり、これら二つを分けて説明するのは意味あることですが、知性の働きそのものは意志に導かれるものですし、また、知性の働きで何かを納得して摑むことによって、はじめて信仰によってかかわっていたものが心の奥底に確かな位置をもち、そこで意志がはっきりと神に開かれるのではないでしょうか。このように、知性と意志の二つは人間の心の中で相携えて働くものです。パウロの書簡を読む点でもこれは言えます。アンブロシウスと出会って以来、アウグスティヌスは当然パウロの書簡を読みはじめていたと思われます(3)。しかし、その意味がすぐにすっかり読み解かれていたとは言えないでしょう。

第八巻では悩みに悩んだ末、パウロの書簡を開いてその文字が目に入ってきたとき、回心が突然、劇的な形で起こったように描かれています。(4) しかし、これは、第七巻と第八巻で述べられる魂のうちの長い苦悩と葛藤に悩みに悩んだすえ、ある時パウロの書簡のある箇所が心に飛び込んできて、その意味がはじめてはっきりと読み解け、劇的な回心が起こったということではないでしょうか。このように考えるとき、最終の回心の成就は第七、第八巻の両巻によって全体として解き明かされていると理解するのがふさわしいと考えます。

今回はまず「霊的実体の自存性」の問題とはどういう問題であったかを説明します。「悪の起源の問題」はそのなかでお話したほうがわかりやすいでしょう。これらはいずれも哲学的な問題であり、すこし難しい問題を含んでいますが、「哲学」を「難しいもの」としてはじめから遠ざけてしまうのは間違いだと私は思います。人間が人間として生きており、ものを考え、何かを理解するという働きをもっているかぎり、誰にでも、「哲学」は意味あるものです。哲学とは、大切な何ごとかについて、そのことの理解が得られるとき、その人の「人間としての生き方」がそこから変わってくるような種類の理解を与える知の探究です。哲学史で語られるような特定の哲学者の「哲学説」を学ぶことは本来の哲学ではありません。

第七巻のアウグスティヌスの叙述を理解するために、まずはじめに「霊的実体の自存性」の問題が何であるかをお話し、これによってそこから「悪の起源」の問題にどのような解決の糸口が与えられたかをお話したいと思います。考えたいことは、プラトン哲学との出会いがアウグスティヌスにどのような事柄への道を開いたのか、それによって彼に何が見えてきたのか、またさらに、そのことがアウグスティヌスの内にどのような問題を新しく作り出していったかということです。

「霊的実体の自存性」とは何か・「悪の起源」の問題

はじめに「霊的実体の自存性」とは何かを、一般的な問題として見ておきたいと思います。今日、科学的な世界把握に慣れ親しんでいるわたしたちにとって、世界は物質からなるものであり、世界の中でわたしたちが出会うものが物体的なものであるのはあたり前のこととして受け取られているのではないでしょうか。植物にしても、動物にしても、星星などの天体にしても、建築物にしても、みな物質的な要素からできていると私たちは思っています。そういう世界把握の中で生きていること、また、そのような世界把握によって自分の生き方が規定されているのがわたしたち現代人のあり方でしょう。

そうだとすると、わたしたち人間も、物質からなる一つの物体である身体として生きていると考えるのが自然です。病気になれば、医師のところに行って身体を治してもらうことが必要でしょう。ところが他方に、そういうわたしたちには「こころ」もあり、わたしたちは単なる物体ではなく、「精神」でもあると考えるのも自然でしょう。ここにお集まりの、信仰をお持ちのかたがたは人間が単なる物体だと思ってはおられないでしょう。人間には「心」がある、「精神」があると当然考えておられると思います。ところが、そのように考えるとしても、その「精神」が何であり、それが身体とどのようにかかわっているかはあまり問題にしないで生きているのがまた普通の現代人のあり方でしょう。(5) こうしたあり方を、人間にとって「自然な唯物論」と呼びたいと思います。科学は厳密な方法論を持っているとしても、科学および科学的な自然認識はこの「自然な唯物論」の上で成り立っています。

——しかし、キリスト教的に言えば、これこそ「原罪」という人間のあり方なのだと私は思います。そういうように世界を理解し、そういう世界の中で生きている、つまり、いちばん分かっているはずの大切なことが何も分からなくなったまま生きている状態、すなわち、神との関係が見失われている状態が原罪という状態なのです。神と世界との連関が切れてしまっている、そうした中で人間はひとり生きているのです。これをプラトン哲学で言うと、多なる世界（私たちの出会っている世界は実に雑多なものです）にかかわるだけで、一なる根源が見失われてしまっている状態のことです。

こういう世界把握の中では、「霊」または「霊的なもの」といっても、それが何であるのかはっきり分かっているとは言えません。「霊」も一種の物体的なものであり、霊妙な物体と考えられることもあります。霊媒といわれる人たちの活躍する場所がそこにあります。写真に撮ると何か浮遊する霊妙な物質として写るものとして霊的なものを考える考え方がそれです。これは原始的な世界把握であり、上述した「自然な唯物論」の範囲内のことです。

さて、アウグスティヌスがそれまで生きていたマニ教の世界把握もそういうものの一つでした。マニ教の考える善悪の二元はいずれもそういう物体的なものでした。『告白録』の行文に頻出する「物体的形象」（物体的なかさ、広がりがあるもの）[6]とはそういうものです。アウグスティヌスはその頃、神の存在を認め、神が世界を造ったと認めていたのですが、神を或る特別な「大きさの嵩《かさ》」のあるものだと考えていたようです。[7]

プラトン哲学はこういう「自然な唯物論」に真っ向から対立するものとして成立しました。しかし、前四世紀の古代アテネの哲学者であったプラトンのことはさておき、後三世紀に真のプラトン哲学を再興しようとしたプロティノスの哲学にさしあたり目を向けてみましょう。アウグスティヌスはこの哲学に直接に触れ、影響を受けたのです。[8]

プロティノスの哲学では、「一（ギリシャ語では *hen*, ラテン語では unum）」、「理性（*nous* [gr.], intellectus [lat.]）」、「霊魂（*psyche* [gr.], anima [lat.]）」という三つが「原理的な自存者（*archikai hypostaseis* [gr.]・「基在」と訳されることもある）と呼ばれます。「自存者（*hypostasis* [gr.], substantia [lat.]）とは、そのもの自体として存立するもののことです。これに対して、物質はそのもの自体としては存立していないとこの哲学では教えています。こういう考えは現代科学に慣れたわたしたちには分かりにくいかも知れません。そこで、もう少し説明してみましょう。「そのもの自体として存立するもの」とは、「そういうものとして（自己同一を保って）持続するもの」のことです。「持続するもの」とは「一つのものとして（自己同一を保って）持続するもの」のことだと考えてよいでしょう。たえず他のものに変わってゆくなら、何かがそれとして存在しているとは言えません。たとえば、子供の遊びの「帆掛け舟」を考えてみましょう。「帆」と思って摑んでいたものがいつのまにか「へさき」になり、「へさき」を摑んでいたのに、目を開ければ「帆」になっています。これでは「何がある」とも言えなくなります。しかし、性質が同じものとして持続すること、たとえば、火には火の性質（燃える、熱い）が保たれ、水には水の性質（冷たい、流れる）が保たれるということだけでは、それが「自存している」とはこの哲学では考えないのです。水の分子が水の分子として変わらずに自存していると考える原子論的な考え方はこれとは違うでしょう。古代ギリシャにもデモクリトスという人がいて、物体は原子の離合集散からなると考えました。プラトン哲学はこういうように世界がそれ自体としては不変な原子から成ると考える原子論哲学を批判するものとして成立しました。しかし、その点はあまり追求しないことにして、もうすこし日常的なレベルで考えてみましょう。水の分子を私たちは見ることができません。私たちの慣れているのはコップの水、川の水などです。こういうものを思い浮かべてみますと、そういうものはいつまでも同じものとして保たれるのではなく、巨視的に長いスパンで考えれば、いつのまにか変わり、なくなってゆくものです。火もいつのまにか消えています。富士山は山として持続していると思われるかもしれませんが、一億年ぐらいのスケールで考えていくと、そうは考えられないでしょう。つまり、物体はいつも変化しており、そういう意味でそのもの自体として自存するとは言えないのです（古代科学では火、空気、水、土が四つの元素と考えられていましたが、四つの元素はいつも相互に転換し、同一性を保つことがありませんでした）――物体についてこのように考えるところに、プロティノスによって復興された「プラトン哲学」があります。

このように考えてきますと、物体的なものの中で、持続性を何らか保つものは生物だということになります。生物、例えば鶏は、卵から雛になり鶏になります、それ程長い期間ではないかもしれませんが、その間は一つの鶏としての持続性を保っています。人間もせいぜい百年位でしょうが、その間は「一人の人」であるといえます。もちろん生物学の教えるように、人間の身体を作っている物質はいつも新陳代謝によって変わっていて、ある期間たてば、すっかり入れ替わってしまうということがあるでしょう。そこで、人間の身体もそのような物体としてみれば、川のようなものです。では「何々さん」という「一人の人間」の「自存性」「同一性」は何によって保たれるのでしょうか。生物の「一」としての持続性は、生物に内在する「魂」の持続性にもとづき、（生物的な）魂によって作り出されるのだと考えるのがプロティノスの哲学です。魂が同一性を保つことによって生物が全体として同一性を保つのです。このような意味で、プロティノスの哲学では、「一」、「理性」、「霊魂」がそれ自体として自存するのだと考えます（「理性」は「魂」の一性の根拠、「一」そのものは「理性」

の一性の根拠です）。物体はかたちをもたずばらばらで、「それがある」とははっきりいえないのですが、生物においてはその物体に霊魂が入ることによって、それが一つの全体として形作られ、霊魂に生かされてそういうものとして存在すると考えるのです。

アウグスティヌスがここで出会ったプロティノスの哲学とは大雑把に言ってこういうものでした。これは、アウグスティヌスにとって、ものの把握の仕方としてまったく新しいものでした。驚天動地の出来事でした。「霊的実体の自存性」とは、理性をもち、判断することのできる魂の自存性、つまり人間の魂の自存性です。それは物体とは原理的に違うものだという認識をこの哲学はアウグスティヌスにもたらしました。この理性的に判断できる魂として自存しているものをアウグスティヌスは「自己自身」と呼びました。この魂を理性的な秩序として秩序づけている「理性的な決まり」が「理性」です。そして、この理性的秩序を不変なものとして秩序づけている最終の根拠が「一」そのものです。この「一」そのものがすべてのものを「一つのもの」として保ち、すべてのものに「一性」を与えている始原としての根拠です。物体は多で、そういうものは厳密には「ある」とは言えないのです。「ある」とは一つの統一を保っているものであり、その根拠が「一」なのです。

このようなものがアウグスティヌスがこの時出会ったプロティノスの哲学でした。プロティノス哲学はこのようにしてマニ教の物質主義的な思考法に慣れていたアウグスティヌスに、霊的存在の自存性、自立性ということに目を開かせ、物質主義的な思考法から解放しました。これは大きな出来事でした。

そして、これは「悪の由来」というアウグスティヌスの年来の問題にも新しい視野を開いてくれました。マニ教の二元論は、善悪についても、それぞれ善は善として、悪は悪として原理的に存在する――それらはいずれも物体的なものでもあるのですが――と考えられていました。しかし、悪が悪として「存在するもの」であるとしたら、どうして善なる創造者である神から悪の存在が由来するのかが理解不可能になります。これが「悪はどこから来るのか」、つまり「悪の起源」という問題です。このような問題から、善の原理のほかに、これと独立して悪の原理をたてるマニ教のほうが合理的であると思われ、アウグスティヌスは「唯一の善なる創造者」であるキリスト教の神を認めることができなかったのです。この問題に対して、「存在するもの」はすべて「一なるもの」であり、「理性的な秩序によって形成されたもの」であり、「善いもの」であるとするプロティノスの哲学は解決の糸口を与えてくれました。「存在するもの」はすべてなんらかの完全性を備えたものであり、「善なるもの」であるとすれば、「悪」は「存在するもの」ではない、すくなくともそれ自体として存在するものではない。悪は存在するものがその本来もつべき完全性を奪われ、完全性を失った（善の）「欠如(privatio)」という「否定的な」あり方として理解されるのです。ですから、悪は「一にして善なる原理」であり「一なる創造者」である神から由来することはないのです。これはその後「弁神論(theodicée)」の問題としてキリスト教思想史上継承される問題ですが、アウグスティヌスの解決はそのようなものでした。そこで、「では、いったい、悪はどこから来るのか」という「悪の由来」が新しく問題になります。それが「自由選択（liberum arbitrium）」、すなわち「自由意志」の問題になります。この問題はアウグスティヌスが生涯長くかかわってゆく問題になります。[9] こうして、プラトン哲学との出会いは「悪の由来」というアウグスティヌスの年来の問題に解決の糸口を与えてくれたのですが、これはまたアウグスティヌスを解決困難な新たな問題に引き入れることになります。

「一」そのものが一切のものを「一つのもの」として存在させる根拠だということは分かりました。しかし、この「一」そのものは一切の多性をもたないものです。しかし、人間はこの一切の多性をもたない「一」そのものを摑むことができません。それが「何であるか」を考えようとしても、考えることができません。なぜなら、人間の考えることのできるものはすべて多くの要素をもつものだからです。すべてのものの存在の始原であるこの「一」そのものにどうしたらかかわることができるのか、そこに、プロティノスの哲学とのかかわりの中で生じた、アウグスティヌスの新しい問題があります。『告白録』第七巻の究極の問題はそこにあります。

光の直視・プラトン哲学との出会いがアウグスティヌスの中にもたらした問題

（a）「引き裂かれる自己」の体験

マニ教の思考に慣れていたアウグスティヌスにとって、プロティノスを通じて知ったプラトン哲学は大きな光りをもたらすと同時に大きな困難を生み出しました。それは、光（すべてのものを存在させている元）に出会い、これに強烈に惹きつけられると同時に、光から拒絶されるという拮抗する心内の激動として経験されています。「一なるもの」へと心は向かっていきますが、それをそれとしてはっきり摑むことができず撥ねのけられるという、心の激しいゆれ動きです。ここに言う「光」とはもちろん一切の存在者を根拠づけている「一」そのものの光であり、他方に、惹きつけられ、かつ遠ざけられるものは「魂」として自存する「自己」です。「自己」を同一性を保ち自存する「魂」として知り、「自己」の同一性の根拠である「理性的秩序」を知り、さらに、この「理性的秩序」を根拠づけている「一なるもの」へと向かおうとする時、この「一なるもの」そのものを摑むことができず撥ねのけられます。それは、惹きつけられると同時に撥ねのけられるという激烈な体験であり、輝かしい光明の体験であると同時に自己自身の醜さ、その肉体性をいやというほど味わわされる体験です。これがアウグスティヌスのプラトン哲学体験でした。(10)これはいわゆる「プラトン的」といわれるような、イデアを思ってロマンティックな気分になるというようなものからは程遠く、「引き裂かれる自己のうちに置かれる」激しい体験でした。それまでは光というものの存在を知らないので、ただどろどろした闇の中にうごめいていただけなのです。ところが、いまや自己のうちに帰って、自己自身を根拠づけている光そのものにどこかで触れたと思う時、光から遠ざけられざるを得ない自己自身を見いだすのです。このような激動状態が、パウロの書簡を味読するうちに何らか次第に解けてゆき、

「肉となった言葉」であるイエス・キリストを受容することにおいて、神のうちにある安らいのうちに魂がおかれるのが「回心」という体験です。プラトン哲学とのこの出会いを第七巻がどのように叙述しているか、もうすこしご一緒に見ていくことにしましょう。

第七巻第八章一二を読んでみましょう。

《しかし主よ、あなたは永遠にとどまりながらも、私たちをいつまでも怒りたもうことはありません。じっさい、土と灰にすぎない私をあわれんで、醜い姿を御目の前に造りなおしてくださった。そしてあなたは内なるまなざしによって確実にあなたを知るまでは安心できないように、内なる刺《とげ》で私を駆りたてました。そこで傲慢のはれは、あなたのかくれたいやしの御手にかかって、しだいにひいてゆき、混濁し昏まされていた精神の視力は、救いのための痛みをともなう強烈な目薬のおかげで日ましにいやされてゆきました。》

tu uero, domine, in aeternum manes et non in aeternum irasceris nobis, quoniam miseratus es terram et cinerem, et placuit in conspectu tuo reformare deformia mea. et stimulis internis agitabas me, ut inpatiens essem, donec mihi per interiorem aspectum certus esses. et residebat tumor meus ex occulta manu medicinae tuae aciesque conturbata et contenebrata mentis meae acri collyrio salubrium dolorum de die in diem sanabatur. (VII, viii, 12)

——とても宗教的な感じのする文章です。一つ一つの言葉が何をさしているのかはよく分からない、謎のような文章です。しかし、それは、ここから始まる魂の転回の過程、すなわち魂が神の安らいのうちに包まれるに至るまでの過程を、あらかじめ述べる「序」のような文ではないでしょうか。そのように理解したいと思います。この中に書かれている謎のような言葉の意味を一つ一つ解き明かしていくこと、それがアウグスティヌスを読むということですが、それは難しいことです。さしあたっていえることは、先ほど述べてきたことに関わる言葉が二つほど出ていることです。

「内なるまなざし（interior aspectus）によって確実にあなたを知るまでは安心できない」と言われています。神を広がりを、もっているものとして外に探してみても、どこにも見つかりません。外は多なる世界です。「内」、すなわち自己自身へと帰らなくてはならないのです。「外に向かうな、汝みずからに帰れ。内なるひとに真理は住む(11)」。『ヨハネによる福音書』をアウグスティヌスはたいへん大切にしていました。「わたしは道であり、真理であり、生命である」というイエスの言葉が伝えられていますが（『ヨハネによる福音書』一四・六）、アウグスティヌスにとって「真理（ueritas）」という言葉は神を呼ぶ呼び名でした。「神」という言葉は一般名詞で、「さまざまな神々」ともいえる言葉ですが、「真理」とはアウグスティヌスが求めている本当の神を呼ぶ言葉です。「真理」は外に求めても見つけることができない。本当の神を見つけるためには、外に向かっている目を内に向けなければならない。「内なるまなざしによって確実にあなたを知る」とはこのことを言っています。何を指しているのか分からないもっと難しい言葉が出てきます。「内からの刺（stimulis internis）」とは何をいうのでしょうか。「傲慢の腫れ（tumor meus）」とは、この箇所に先立つ直前の第七章の末尾の「傲慢にふくれあがった私はあなたからへだてられ（et tumore meo separabar abs te）」という比喩的な表現につながることですが、その腫れがひいていったと言われ、それは、あなたの隠れた癒しの手によることだと書かれているのです。彼には分からない隠れたところで神の癒しの手が働いていたのです。さらに「痛みをともなう強烈な目薬（acri collyrio salubrium dolorum）」とは何のことでしょうか。[12] 正直、何をいうのか分かりづらい謎の言葉ですが、ともかく、腫れが引いてゆくようにして、神の御手による魂の癒しが働いていたと語られているのです。これはそのまま第九章の冒頭につづいてゆきます。

（b）『ヨハネによる福音書』冒頭とプラトン哲学との照応

つづく第九章は次のようにはじめられています。

《そこであなたは、まずはじめに、たかぶる者をしりぞけたもうが、へりくだる者にたいしては大きな恵みを与えられるということ、御言が肉となり人々のあいだに宿りたもうて謙遜の道を明示されたのは、じつに大きなあなたのあわれみによることであった、ということを示されようと思し召され、恐るべき傲慢にふくれあがっていたある人を通じて、ギリシャ語からラテン語に訳されたプラトン派のある書物を、私のために配慮してくださいました。》

et primo uolens ostendere mihi, quam resistas superbis, humilibus autem des gratiam et quanta misericordia tua demonstrata sit hominibus uia humilitatis, quod uerbum tuum caro factum est et habitauit inter homines, procurasti mihi per quondam hominem inmanissimo tyfo turgidum quosdam Platonicorum libros ex graeca lingua in latinam uersos. (VII, ix, 13)

――「プラトン派の書物」とはプロティノスの書物のことで、それがラテン語訳されたもののことですが、この「プラトン派の書物」との出会いが『告白録』でこのように記されているのは謎であり、興味深いことです。とりわけ、ここで「傲慢にふくれあがった人を通じて与えられた」という時、それが誰のことを指しているのかは謎に満ちていて解釈者たちを悩ませ、見解の一致が見られないのですが、ここでは、へりくだる者にたいして大きな恵みが与えられること、言葉が肉となって人々のあいだに宿るというイエス・キリストの謙遜の道が示されたのは神の憐れみによることであったということを示すために、このプラトン派の書物が傲慢によってふくれあがっていた人を通じて与えられたのだと言われているのです。このあとに出てくることですが、自分はそこからある高みに登り、何かが分かると思ったのですが、すぐにそこから突き落とされる――そういう自分を見いだして悩みに悩むということが述べられるのです。こうしたことが先の「痛みをともなう強烈な目薬」という比喩で言われているのではないでしょうか。そして、そのような体験の中で「言葉がイエス・キリストとして肉となった」という聖書の言葉のもつ意味が次第に分かっていった、それがどういう癒しになるかが了解されていったということではないでしょうか。パウロの書簡を読んでゆくうちに、このようなことがだんだん了解されていったということが回心の体験であったようです。

それに続く部分は『ヨハネによる福音書』のプロローグとプラトン派の書物を対照する部分です。

《その書物の中に、同じことばではありませんでしたが、内容的にはまったく同じことが、たくさんの、さまざまの論拠によって得心のゆくように述べられているのを読みました。》

et ibi legi non quidem his uerbis, sed hoc idem omnino multis et multiplicibus suaderi rationibus... (VII, ix, 13)

とあり、さらに

《すなわち、「始めに御言があった。御言は神のもとにあった。御言は神であった。これは始めに神のもとにあった。万物は御言によって造られた。御言によらずには何ものも造られなかった。造られたものは、御言において生命であった。生命は人々の光であった。光は闇のうちを照らす。しかし闇は光をとらえることができなかった。……」これらのことをわたしはその書物のうちに読みました。》

[et ibi legi].. quod in principio erat uerbum et uerbum erat apud deum et deus erat uerbum: hoc erat in principio apud deum; omnia per ipsum facta sunt, et sine ipso factum est nihil; quod factum est in eo uita est, et uita erat lux hominum; et lux in tenebris lucet, et tenebrae eam non conprehenderunt (VII, ix, 13)

と書いてあります。つまり、プラトン哲学のうちに『ヨハネによる福音書』の冒頭に書かれていることを読んだと書いているのです。これはどういう意味でしょうか。プロティノスの哲学についての先ほどの説明と関係づけて簡単にお話しますと、「一」とは存在を与えるもの、すなわち、「存在する」とは「一なるものとして自存する」ということですから、一つのものとしての自存性を与えるものが「一」であり、そして「一性」が存在者に与えられてくるのは「理性的な秩序（＝言葉）」を通じてでした。こうしたことは確かにプロティノスの書物に書かれており、これが『ヨハネによる福音書』とつながっているとアウグスティヌスには思われたのです。「すべては言葉によって成った。……言葉は光であった。」と『ヨハネによる福音書』には言われています。この「光」とは理性的な光のことであり、それによって「人の生きていることの何であるか」が人に分かってくるような「光」のことです。

ところがこれに続き、次にはこのように述べられます。

《これらのことを私はその書物のうちに読みました。しかしこれとは別のこと、すなわち、「御言はご自身の領分に来たりたもうたが、本来、御言に属すべき人々は彼をうけいれなかった。だが、彼をうけいれたすべての人々、すなわち、御言の名において信ずるすべての人々にたいしては、神の子となる権能を与えたもうた」――こういうことは、その書物のうちに読みませんでした。》

quia uero in sua propria uenit, et sui eum non receperunt quotquot autem receperunt eum, dedit eis potestatem filios dei fieri credentibus in nomine eius, non ibi legi. (VII, ix, 13)

――これは、つまり、受肉ということです。「受肉の言葉」についてです。「言葉」が受肉しているとはどういうことであるかといえば、それは、イエスがここにいるということ、イエスにおいて言葉が実現されているということ、「言葉であるイエス」として「救い」が実現されているということです。そして、これを受け入れる人は救われているということです。イエスは「わたしをお遣わしになった父が引き寄せてくださらなければ、だれもわたしのもとへ来ることはできない。」と言っています（『ヨハネによる福音書』六・四四）。ひとは「聖霊」の働きによってはじめてそれを認めることができるのです。そして、こうしたことがそこ、つまりプラトン派の書物には書かれていなかったと言っているのです。「理性的な秩序」とは魂がその理性によって上昇してゆく高いところにあるものですが、その理性的秩序が今ここに実現しているということはプラトン派の書物には書かれていなかったということです。後の箇所では、その頃、イエスを偉い人だとは思ったが、「言葉そのもの」だとは思わなかったと書かれています（VII, xix, 25)。そういうわけで、アウグスティヌスはここで悩みに悩むことになるのです。

これにつづく箇所でもいろいろな形で二つの文書の照合がされ、一致と齟齬が列記されていますが、基本的には、世界が理性的秩序によって、「一」を原理として「統一のある美しい善いもの」として作られているということは、プラトンの哲学によって理解できた、すべて存在するものは、その限りで、「美しいもの」であり、「善いもの」である、他方に、醜いもの、悪いものは存在するものではなく、それは善く存在するものを前提として言えることであり、悪はそれ自体としては存在しない。神が世界を造って善しとしたという『創世記』の冒頭をアウグスティヌスはこのように理解し、この範囲のことはプラトン派の書物から学ぶことができたのですが、世界の原理である言葉が肉となって人々の間に住み、みずからの生命を十字架の死にわたしして不信の人々を救ったということ、すなわち「言葉であるイエス・キリスト」の受肉と十字架という「謙遜（humilitas）」がもつ意味を学ぶことはできなかったというのです。

それがだんだん分かってくるようになったのはあの「痛みをともなう強烈な目薬」によってであり、パウロの書簡を読んでゆくうちにそれがすこしずつ身に沁みて分かっていったというのです。

そこに至るまでの道程が以下にもうすこし詳しく述べられていきます。

（c）　自己への還帰・内奥への還帰・光の直視、拒斥・内なる声（VII, x, 16）

以上の、『ヨハネによる福音書』とプラトン派の書物を併置してその異同を述べている部分は、『告白録』を書いている「今」、当時のことを振り返って総括している部分です。「プラトン派の書物」をはじめて手にした当初どのようなことがあったかを詳述するのがこれに続く第十章以下です。ここは

第七巻の中心部分で短い箇所ですが、宗教的、哲学的言語の極地といえるもので、『告白録』の頂点の一つをなす簡潔な集約された言葉で書かれています。これを味わいたいと思います。

《そこで私は、それらの書物から自分自身にたちかえるようにとすすめられ、あなたにみちびかれながら、心の内奥にはいってゆきました。それができたのは、あなたが助け主になってくださったからです。私はそこにはいってゆき、何かしら魂の目のようなものによって、まさにその魂の目をこえたところ、すなわち精神をこえたところに、不変の光を見ました。それはだれの肉眼によっても見られるあの普通の光ではなく、また、それと同類の、もっと大きくはるかに明るく輝き、その明るさで万物をみたすような光でもありませんでした。》

et inde admonitus redire ad memt ipsum intraui in intima mea duce te et potui, quoniam factus es adiutor meus. intraui et uidi qualicumque oculo animae meae supra eundem oculum animae meae, supra mentem meam lucem incommutabilem, non hanc uulgarem et conspicuam omni carni nec quasi ex eodem genere grandior erat, tamquam si ista multo multoque clarius claresceret totumque occuparet magnitudine. (VII, x, 16)

――「そこで私は、それらの書物から自分自身にたちかえるようにとすすめられ（et inde admonitus redire ad memet ipsum）」とまず書かれています。これらの書物を読んだとき、かれは物体的な外なるものに真理を求めることはできないと分かったということです。ですから、「自分自身へとたちかえるように」とすすめられたのです。そして「心の内奥にはいっていった（intraui in intima mea）」のですが、それは「あなたに導かれながら（duce te）」のことだったと言われ、これが神の手に導かれてはじめて達成されたことだとしています。「自己自身にたちかえること」、「自己自身への還帰（reditio in se ipsum）」というテーマがここに出てきます。そして、それが「心の内奥へと入ること（intrare in intima mea）」だと言われるのです。

プラトン派の書物にすすめられて（admonitus）達成された「自己への還帰（admonitus redire ad memet ipsum）」を述べるのですが、同時にこの「自己の内奥へ入ること」が可能になったのは、あなたに導かれた上のことであり、あなたがわたしの助け手になってくれたからだ（intraui in intima mea dece te et potui, quoniam factus es adiutor meus）」と述懐しているのです。これは新プラトン派の書物に導かれることが見えない神の導きであったことを述懐しているのでしょうが、アウグスティヌスの思索を特徴づける「自己への還帰」、「内面性（interioritas）」はプラトン哲学に促されたものであると同時に、「内なる真理」である神に導かれてのことであったことを意味しています。

つづいて、「私はそこに入ってゆき、何かしら魂の目のようなものによって、まさにその魂の目をこえたところ、すなわち精神をこえたところに、不変の光を見ました（intraui et uidi qualicumque oculo animae meae supra eundem oculum animae meae, supra mentem meam lucem inconmutabilem)」と言われます。これはもうここでの最終体験を述べる言葉です。アウグスティヌスがここで出会ったのは「変わらない光」、「精神を照らす変わらない光」だったのです。「それはだれの肉眼によっても見られるあの普通の光ではなく、それと同類の、もっと大きく、はるかに明るく輝き、その明るさで万物をみたすような光」でもなかったのです。それは「このような光とはまったく別のものであり、油が水の上にあり、天が地の上にあるようなしかたで私の精神の上にあるのではなく」といわれ、――その次が非常に重要ですが――「私を作ったがゆえに私の上にあり、作られたがゆえに私はその下にあったのです（sed superior, quia ipsa fecit me, et ego inferior, quia factus ab ea)。」と言われるのです。これは驚くべき言葉です。「光」とは「創造する光」、「ものを造り出す光」なのです。この「不変の光」は私を造り出したものであり、私はその「光」によって造りだされたものであり、「造り出すもの」と「造り出されたもの」という関係で私はこの「不変の光」に関わり、それゆえ、その「光」は私の精神を越えるものとして見られたというのです。これらの言葉はプラトン派の書物を読んだときにすぐに分かったことを述べているのではなく、その時のことを思い起こしながら「いま」これを述べているのです。じっさい、この直後にアウグスティヌスはこの光を見つめていることができず、この「光の直視」からはねかえされたと述べているのですから。しかしそれでも、あなたを導き手としてではありますが（duce te)、プラトン派の書物にすすめられて（inde admonitus)「自己のうちに還り、そこで内なる精神のまなざしによって、精神を越える不変の光を見た」と言われてはいるのです。プロティノスの哲学では「魂」に内在して、「魂」を根拠づけているものは「理性」です、そしてこの「理性」を根拠づけるものが「一そのもの」です。「わたしの魂のある種の目で(qualicumque oculo animae meae)」と言われるものはこの「理性」の目を言っています。そして、「この他ならぬ同じ魂の目の上に(supra eundem oculum animae meae)、すなわち精神の上に(supra mentem meam)」といわれていますから、これは新プラトン主義における「理性」からその根拠である「一そのもの」への上昇をいうものだといってよいでしょう。

しかし、すでに見たように、次の段落では、この光は物体的な光ではなく、「他ならぬその光そのものが私を作ったものであるゆえに私の上にあり、わたしはその光によって作られたものであるゆえにその下にあるのです(sed superior, quia ipsa fecit me, et ego inferior, quia factus ab ea)」と驚くべきことが語られているのです。自分を作り出したものとしての光を見たといっているのです。つづいて「真理を知る者はこの光を知り、この光を知る者は永遠を知る。それを知る者は愛です。(qui nouit ueritatem, nouit eam, et qui nouit eam, nouit aeternitatem. caritas nouit eam)」と言われます。この三行はもうアウグスティヌスの哲学と神学の思弁の最終の言葉だと言ってもよいでしょう。これはもうプラトン哲学の言葉ではなく、創造論というキリスト教言語の圏内で動いている言葉です。

つづいて「永遠(aeternitas)」、「真理(ueritas)」、「愛(caritas・いつくしみ)」というこれら三つの言葉が併置され、互いに組み合わされて、

「永遠なる真理（aeterna ueritas)」
「真理なる愛（いつくしみ）（uera caritas)」
「愛（いつくしみ）なる永遠（cara ueritas)」

と述べられます。これはもう「讃歌」であると言ってもよいでしょう。これはすでに三一論的な構成を取っており、三一なる神そのものへの呼びかけになっています。ですから、つづいて「あなたは私の神です（tu es deus meus.)。あなたに向かって私は昼となく夜となく喘ぎ求めています（tibi suspiro die ac nocte)」と言われるのです。これはまさに「今」のアウグスティヌスそのものを語る宗教言語です。

プラトン派の書物を読んだときに、こうしたことがすべて分かったというのではなく、『告白録』を書いている「今」のアウグスティヌスの「告白」の言葉です。ですから「あなたに向かって私は昼となく夜となく喘ぎ求めています」という言葉がアウグスティヌスの口をついてでてきているのです[13]。

つづいて

《はじめてあなたを知ったとき、あなたは私をひきよせて、見るべきものがある、だがそれを見うるだけの者にまだ私はなっていない、ということをお示しになりました。そして激しい光線をあてて弱い私の視力をつきはなされたので、わたしは愛と恐れにわななきました。そしてあなたからはるかにへだたり、似ても似つかぬ境地にいる自分に気づきました。》

et cum te primum cognoui, tu assumsisti me, ut uiderem esse, quod uiderem, et nondum me esse, qui uiderem. et reuerberasti infirmitatem aspectus mei radians in me uehementer, et contremui amore et horrere: et inueni longe me esse a te in regione dissimilitudinis (VII, x, 16)

とあります。

この部分はすこし分かりにくいので、ゆっくり味わう必要があります。まず「はじめてあなたを知ったとき、あなたは私をひきよせて、見るべきものがある、だがそれを見うるだけの者にまだ私はなっていない (et cum te primum cognoui, tu assumsisti me ut uiderem esse, quod uiderem, et nondum me esse, qui uiderem) ということをお示しになりました。」と言われています。これは分かりにくい言い方なので、すこし説明します。「見るべきもの (quod uiderem)」とは、「わたしがすでに見るための十分な力を備えているなら、私に見えるはずのもの」ということです。それはすべてのものを根拠づけている「光」そのもののあるがままの姿でしょう。「そういうものがあるということを私に見えるようにしてくださった (ut uiderem esse)」のですが、しかし同時に、「私はまだそういうものではない (nondum me esse)」、つまり、まだ「見うる力をもったもの (qui uiderem)」ではないということも「見えるようにしてくださった (ut uiderem .... nondum me esse)」というのです。微妙なラテン語表現はこのことを言い表しています。そして、それが何であったかを具体的に述べるのが次の言葉です。「激しい光線をあてて弱い私の視力をつきはなされたので、わたしは愛と恐れにわななきました（et reuerberasti infirmitatem aspectus animi mei radians in me uehementer, et contremui amore et horrore)」と言われます。つまり、わたしはそれに憧れるのですが、同時にそれはわたしを突き放してしまい、わたしは「愛と恐れにわななく（et contremui amore et horrore)」というのです。さらに「あなたからはるかにへだたり、似ても似つかぬ境地にいる自分に気づきました（et inueni longe me esse a te in regione dissimilitudinis)」と言われるのです。それは精神の上にある光に触れる体験であると同時にこの光から突き放される体験でもありました。光に目を向けたとき、同時に自分の視線の弱さのゆえに、光の激しさによって、目が眩み、突き放される体験でもあったのです。「似ても似つかぬ境地（regio dissimilitudinis)」は直訳すれば「不類似の境域」という意味です。これはプロティノス哲学の述語です（『エンネアデス』I, 8, 13)。それは「一そのもの」とは似ても似つかない「多なるもの」である物体的なものの場所に魂が置かれているということです。「愛と恐れにわなないた（contremui amore et horrore)」とはこのときの体験をそのまま述べる言葉です[14]。「内への還帰と光の直視（intraui et uidi ...lucem incommutabilem)」というこの体験が「プラトン派の書物にすすめられて（inde admonitus)」のことであると同時に「神であるあなたを導き手として（te duce)」のことでもあったのは、それゆえ、まさにその通りのことなのです。

ここで「見た（uidi)」ということと、「目が眩んで何も見えなくなった」ということは同じ一つのことです。それは「愛と恐れにわなないている」自己を見いださずにはいられなかったという体験なのです。つづいて言われています。

《そのときはるかに高いところから、「私はおとなの食物だ。成長して私を食べられるようになれ。食べるといっても、肉体の食物のように、おまえが私を自分のからだに変えるのではない。逆に、おまえが私に変わるのだ」という御声を聞いたように思いました。》

tamquam audirem uocem tuam de excelso: “cibus sum grandium: cresce et manducabis me. nec tu me in te mutabis sicut cibum carnis tuae, sed tu mutaberis in me.” (VII, x, 16)

——ここで、「そういう声が高いところから聞こえてきたように思えた（tamquam audirem uocem tuam de excelso)」と言われているのは宗教的言語表現として興味深いことです。「視覚的」に語られていたことが、今度は「聴覚的」な言葉で語られるのです。目が激しい光に打たれて突き放されたとき、声が高いところから聞こえてくるのです。視覚的な表象がここでは聴覚的な表象に転換しています。理性の目によって見えないものに関わるときに、高いところからの声が、おそらく同時に、内からの声として（これはすぐつぎに述べられています）聞こえてくるのです。視覚的表象と聴覚的表象は異なるものですが、人間が人間を越えるものに直接に関わる神秘的な場面ではこの二つは交錯してきます。これがおそらく人間存在の現実であり、これをアウグスティヌスはこの最終体験において経験しているのです。

「高いところから聞こえてきた声」に含まれる「食物」という言葉も不思議な言葉です。「私はおとなの食物だ。成長してわたしを食べられるようになりなさい。」といわれています。「神化(*theosis*)」と神秘家たちの言葉で言われていることがこれに関わります。肉体の食物は食べると自分のものになるのですが、この霊の食物は食べることによってわたしがあなたのものになるのです。そういう自己変容としての（霊の）食べ物を食べられるようになりなさいという声が高いところから聞こえてきたように思えたというのです。神の言葉は、それを食べることによって「自己」が成長して「神のもの」に変えられてゆく食べ物であり、自己中心のエゴイズムとしての自己が神を見るものへと変身してゆく食べ物なのです。[15]「食べ物」という言葉が「味覚」にかかわると共に、「（存在を）養うもの」という意味を含む宗教的な象徴言語であるのは興味深いことです。[16]

つづく言葉はまたきわめて印象的です。

《そこで私は、不義のゆえにあなたが人間をこらしめ、自分の魂をあたかも蜘蛛の糸のようにはかなく消してゆかれるのを感じて、「真理などというものは無いのではなかろうか。それは有限の空間にも無限の空間にもひろがっていないのだから」といいますと、あなたははるかかなたから「とんでもない、私こそは在るものだ」とさけばれました。

その声を私は、まるで心に聞くように聞いたのです。そして、疑いの余地は全くなくなりましたので、造られたものをとおして悟られ、あきらかに知られる真理の存在を疑うよりはむしろ、

自分が生きていることを疑うほうがやさしかったでしょう。》

et cognoui, quoniam pro iniquitate erudisti hominem et tabescere fecisti sicut araneam animam meam, et dixi: "numquid nihil est ueritas,quoniam neque per finita neque per infinita locorum spatia diffusa est ?" et clamasti de longinquo: immo uero ego sum qui sum. et audiui, sicut auditur in corde, et non erat prorsus, unde dubitarem faciliusque dubitarem uiuere me quam non esse ueritatem, quae per ea, quae facta sunt, intellecta conspicitur. (VII, x, 16)

――自分を作ったものである光と作られたものである自己との隔絶がこのように明らかにされ、自己自身が「あたかも蜘蛛の糸のようにはかなく消してゆかれる (et tabescere fecisti sicut araneam animam meam)」のを認めたとき、かれは自己の内で「真理などというものはそもそも無いものではないのか (numquid nihil est ueritas)」と自分に言うのです。自分が蜘蛛の糸のようにはかないものとしてぐちゃぐちゃにつぶされるように感じた時に、「真理などそもそもないんじゃないか」と自分に言っているのです。これは、わたしたちでも「真理などというものはどこにもありはしない、ものはあるけれど、真理そのものなどはない、ものにおいて真があるだけだ」と言いたくなることがあります。ここでは「ものを根拠づけている真理」が問題になっているのですが、「一なるもの」から突き放され、「多なるもの」だけに関わるだけの自己は「真理そのもの」などはありはしないのではないかと嘯いているのです。これはどこまでも自己が自存の殻の内部にとどまろうとする傲慢の抗弁です。しかし、それは同時に、「不義のゆえに懲らしめられ、自己の魂があたかも蜘蛛の糸のように消しさられてゆく」のを認めざるをえないものの上げるはかない反抗の声です。「ニヒリズム」というようなものは、どれほど、見かけは猛々しくても、所詮は、弱々しい反抗のはかない声にすぎないことをこれは言っているのではないでしょうか。自己の内に帰って、自己の内に自己とすべてのものを根拠づけている真理を求めているものには、それをすぐに打ち消すはっきりとした声が聞こえてきます。

「あなたははるかかなたから、とんでもない、私こそは在りて在る者だとさけばれました。」

et clamasti de longinquo: immo uero ego sum qui sum. (ibid.)

――ここで「はるかかなたから（de longinquo）」といわれていますが、それはすぐつづいて「私はその声を聞いたのですが、あたかもその声は心の奥底で聞こえてくるようでした（audiui, sicut auditur in corde）」と言いなおされます。「はるかとおくから聞こえる」声は「心の奥底で聞こえてくる」声なのです。cor という言葉をわたしは「心の奥底」と訳すようにしていることは前にお話ししましたが、cor とは自分自身にもしばしば気づかれないでいる「自己の内奥」であり、深層の自己なのです。そこに「真理（ueritas）」である神にかかわる場所がある、いやむしろ「真理」である神が人間に関わってくる場所があるということがアウグスティヌスの哲学と神探求を支えているもっとも根本的なことです。「はるか彼方」、「自己を越える高み」と「自己の内奥」、「自己を越える深み」とは一つなのです。(17)

そこで聞こえてきた声は「私は在るものだ（ego sum qui sum.）」という声でした。すでに第四講（七九－八〇頁）で触れたように、これは『出エジプト記』でモーセが神に呼ばれて、燃える芝のなかから語る神にその名を尋ねたときに、神みずからが答えた言葉です（『出エジプト記』三・一四）。

山田先生の訳では、「とんでもない、私こそは在りて在る者だ」となっています。ここにはラテン語として難しいことがあり、またとりわけ日本語になりにくいことがありますので、すこし説明します。ラテン語では、これは ego sum qui sum. という文です。これをそのまま英語に移しますと、I am who am. となります。英語では who I am というように I という人称代名詞を入れないと文章にならないのですが、ラテン語ではそれはありません。ではラテン語でそれは当たり前の言い方なのかというとそうでもないと思います。ラテン語としてもそれは破格な用法なのです。もともとは『旧約聖書』のギリシャ語訳の『七十人訳聖書（Septuaginta）』でギリシャ語で *ego eimi ho on.* と書かれていたものをそのままラテン語にしたものです。ギリシャ語でもこれが破格の用法だという点では同じです。日本語にそのまま訳すと「わたしはあるものである」という意味不明の文になります。この点はギリシャ語で読んでもラテン語で読んでも同じです。「ある（*eimai* [gr.], esse [lat.], be [eng.]）」という動詞が「現存（existence）」を表わす「ある」という用法と、事物の「本質（essence）」の「何であるか」を表す「ある」という用法の二重の用法で用いられていると考えられたとき、ここから、これは神の存在のあり方の特別なあり方を表現する「神の名前」だと解釈されます。そこから十三世紀の哲学者であり、神学者であるトマス・アクィナスの「存在（esse）の哲学」というものが展開されたと言われています。前にお話したように、「存在の哲学」とは、「何かある一定の本質」をもつ特殊な存在者であって、それが「現に存在すること」を「存在そのもの」から受けている被造物と、「現に存在すること」を他に依存することなく、それ自体がそれ自体の「存在すること」の原因（＝自己原因者 causa sui）であり、万物の創造者である神を区別し、これによって創造者と被造物の関係を理解してゆこうとする哲学です。『告白録』のこの箇所で「私こそは在るものだ」という神の言葉が聞こえたということは、トマス・アクィナスの哲学の基本だと言われている「存在（esse）の哲学」がすでにアウグスティヌスにおいて始まっていることを示しています。そして、これを『出エジプト記』の上記の箇所に基づいて考える考え方がアウグスティヌスの内にすでにあるということです[18]。

さて、この言葉を聞いたとき、それは「心の奥底で聞かれた（audiui, sicut auditur in corde）」と言われています。そして、この言葉が聞かれた時、

「もはや疑う余地はなくなり、真理が存在しないのではないかと疑うよりも、むしろわたしが生きていることを疑うことのほうがやさしくなった。」

et non erat prorsus, unde dubitarem faciliusque dubitarem uiuere me quam non esse ueritatem (ibid.)

と言われています。

――ここにこのアウグスティヌスの根源体験の集約があります。それは不変の光に強く引き寄せられると同時に撥ねつけられるという経験だったのですが、それは同時に「心の奥底」に語られる言葉の聴取を伴うものでもあったのです。「視」の体験と「聴」の体験の不思議なからみあいがあり、そこから自己の内に生まれた明証は「真理が存在する」ということの明証であり、これに比べれば、「自己が生きている」ということの明証も薄れたものになるというのです。そこにアウグスティヌスの根本体験がありました。

《作られたものをとおして悟られ、あきらかに知られる真理の存在を疑うよりはむしろ、自分が生きていることを疑う方がやさしかったでしょう。》

faciliusque dubitarem uiuere me quam non esse ueritatem, quae per ea, quae facta sunt, intellecta conspicitur. (ibid.)

――これは非常に重い言葉です。というのは、私が生きているということはアウグスティヌスにとって、最初から最後まで人間にとって自証的なこと、自己にとって自明なことでした。自分は生きているということを知っていること、この世は夢かもしれないと疑うとしても夢を見ているものとして生きていることは疑うことができないのです。「(自分が)生きていること」はアウグスティヌスの思索の出発点でした。このように考えると、ここで言われていることの凄さが分かります。それはアウグスティヌスの存在体験を通して出てきた言葉なのです。

以上第十章を詳しく見てきましたが、それはその部分にもっとも重大なこと、決定的なことが集約的に出ているからです。このあと第十一章から第十六章までは存在者の秩序をめぐるかなり長い部分ですが（VII, xi, 17-xii, 18）、そこではこのようにプラトン派の書物にすすめられ、神を導き手として、自己の内へと帰り、自己の内奥に入ることによって、自己とすべてのものを根拠づけている真理そのものである神との関係が見えてきたことが述べられています。しかし同時に、それをじっと見続けていることもできず、肉の重みによって下方へ、多なる世界へと転落せざるをえない自分を見いださざるをえない、切り裂かれる自己の切実な悩みが告白されています。

同じ過程が第十七章二三ではまたやや別の角度から述べられ、要約されています。だんだん内に入ってゆき、精神の一番高いところまで行ったとき、可変なものよりも不変なものが価値的に優れているということが理解されたとき、不変なものを根拠づけている光に打たれたのです。しかし、そこで、まなざしをとどめておくことができずに突き放されるのです（VII, xii, 23）。この引き裂かれた自己、もどかしく、どうしようもないあり方のうちに引き裂かれた自己、この自己を見いだしたということが彼のプラトン哲学との出会いなのです。さきに「痛みをともなう目薬」と言われていたのはこういうことではなかったでしょうか。

この箇所についても説明を加えるべきことはたくさんあるのですが、ここでは立ち入らないことにします。最後の数行ではこの過程の全体が要約されています。
《そのとき私は、あなたの見られえぬものを、造られたものをとおして悟り、たしかにながめたのですが、まなざしをつけておくことができず、弱さのためにうちしりぞけられていつもの状態につきもどされ、いま一瞥したものにたいするなつかしい想い出と、香りをかいだだけで食べることのできなかったものへのやるせない思いだけが、私のもとにのこったのでした。》
tunc uero inuisibilia tua per ea, quae facta sunt intellecta conspexi, sed aciem figere non eualui et repercussa infirmitate redditus solitis non mecum ferebam nisi amantem memoriam et quasi olefacta desiderantem, quae comedere nondum possem. (VII, xvii, 23)
——たいへん情感的な言語で語られていますが、それはこの神秘的な体験における、引き裂かれる自己のあるがままの表現になっています。ここでは「愛することの記憶（amantem memoriam)」はその時まだ食べるだけの力がなかった食物の「香りへのこがれ（quasi olefacta desiderantem)」として「嗅覚的」な表象をともなって語られています。(19)
この「やるせなさ」「切なさ」が癒されるのは、パウロの書簡を読み進むことによって身に沁みてくる「受肉の言葉」であるイエス・キリストの「謙遜」が神の憐れみとして理解され、受け取られることによってだったのです。これは第七巻の末尾である第十八章から第二十一章で述べられています。これは第八巻で述べられる回心の最終の成就と重なることです。

第九講　回心の成就・庭園の場・Tolle, lege.（第八巻）

回心の成就

第八巻は、たびたび申し上げたように、アウグスティヌスの回心がそこで成就する極点を叙述している部分です。したがって、本巻冒頭はそれを予兆するように高い調子で書かれています。ラテン語原文にもそれはよくあらわれていますので、第八巻冒頭をラテン語原文にも触れながら、学びたいと思います。

《神よ、あなたにむかって感謝をささげながら、私の上にそそがれたもろもろのあわれみを告白したいと思います。わが骨は御身の愛にうるおされますように。そしていいますように。「主よ、だれか御身に似た者があろうか。あなたはわたしの繋縛を断ち切ってくださった。あなたにむかって、讃美のいけにえをささげよう」。……あなたのことばはすでに、私の胸もとにへばりついていました。私はもう四方八方から、あなたに包囲されていました。》

Deus meus, recorder in gratiarum actione tibi et confitear misericordias tuas super me. perfundantur ossa mea dilectione tua et dicant: domine, quis similis tibi? dirupisti uincula mea: sacrificem tibi sacrificium laudis.... inhaeserant praecordiis meis uerba tua, et undique circumuallabar abs te. (VIII, i, 1)

「告白する」とはラテン語ではconfiteorであり、この語はconとfateorに分けられ、fateorは「自分自身のことをそうだと言うこと」を意味することは、前に申し上げたとおりです。さらに、接頭辞であるconは強調を表し、ここでは原文がconfitearという願望を表す接続法になっていますから、「私にそそがれたあなたのあわれみの業の数々をはっきりと申し述べたい」という意味になります。

「わが骨（ossa mea）」は文字通りには「わたしの骨々」です。「御身の愛によって（dilectione tua）」は「あなたのいつくしみによって」といいたいと思います。「うるおされますように（perfundantur）」は、perfundoという動詞なのですが、これは「ひたす、そそぐ」という意味がありますから、「すっかりひたしつくされますように」と訳すことができます。そして、続く「そして言いますように（et dicant）」の主語は「わたしの骨々が」となります。わたしの骨々が言うことの内容が引用の括弧の中になるわけですが、山田晶先生の翻訳ではこの部分に脚注がついています。これは『詩篇』三四・一〇と一一五・一六によるということです。アウグスティヌスが用いた『聖書』と新共同訳では番号が一つずれますので、新共同訳では三五・一〇と一一六・一六になります。『詩篇』三五・九から一〇はこうなっています。

9　わたしの魂は主によって喜び躍り
　御救いを喜び楽しみます。

10　私の骨はことごとく叫びます。
「主よ、あなたに並ぶものはありません。
貧しい人を強い者から
貧しく乏しい人を搾取する者から
助け出してくださいます。」

面白いのは、私の「魂（anima）」が喜ぶ、「骨」が叫ぶと言われていることです。この「魂」と「骨」は何を意味しているのでしょうか。「骨」はメタファー（比喩）なのでしょうか。哲学では、人間は魂と身体の二元からなり、魂が魂ではない身体のうちに置かれているとする「心身二元論」という人間把握の仕方があります。英語のbody、ラテン語のcorpusは身体と物体を同時に意味する語です。ですから、人間をanima in corpore（corpusの内にあるanima）というとき、これは物体の中に魂があり、人間はそういうものとして生きているとするもので、そういう人間把握はギリシャ哲学以来、ヨーロッパ哲学の基本構造として今日にまで至っています。魂あるいは精神と物体である身体とはこの「心身二元論」では原理的に分断されており、この二元をどのように結びつけるのか、魂または精神がいかに身体を動かすのかがこの「心身二元論」の問題になります。ここで言われている「骨」はこの思考法によれば、物体である身体に属します。しかし、物体ではあるとしても、私たちは「身体」を生きているものとして理解しており、骨はその身の一番奥にあって身体を支えているものです。「骨を感ずるか」と聞かれて、すぐには感じないかもしれませんが、寝ている時と立っている時とでは骨の感覚は違うのではないでしょうか。私たちはそのようにして「生きている身体」としてこの地上で存在しているのです。これが人間の条件、人間というもののあり方です。ですから、よろこばしい時には「手の舞い、足の踏むところを知らず」と言われるように、よろこびの表現とは、おのずと手が動き、足が跳ねることなのです。それゆえ、デカルトの「心身二元論」は人為的につくられたものであり、人間の現実をそのまま捉えるものではないと言わざるをえません。それは、抽象言語、あるいは分析言語によるものかもしれません。具体的なものをそれぞれの要素に分けたうえで、この要素を組み立ててものを考えてゆくのがギリシャ的な科学の考え方ですが、科学とはそういうものです。しかし、生きている身体とはそういうものではないのです。『詩篇』を動かし、息吹いている言葉は、そのような人間の身体と魂を一つのものとして捉える言葉です。したがって、ヨーロッパ的な心身二元論は『詩篇』の言葉ではないのです。『詩篇』を息吹いている言葉はよりアジア的なものです。何がヨーロッパ的で、何がアジア的かを言うことは難しいのですが、さしあたってここで「ヨーロッパ的」とは、ギリシャ科学・哲学を根源として、その影響下にあるヨーロッパの科学・哲学のことを言うことにします。さらに、ヨーロッパ神学は基本的にはヨーロッパ哲学を前提にしています。そこで問題となるのが、『詩篇』をどのように読むかということです。「骨がうたい、語る」とはどういう意味でしょうか。ヨーロッパの哲学ではこれを文字通り読むことは不可能であり、象徴表現としてしか読めません。しかし、そうではないのです。「骨がうたってしまう、語り出してしまう」とは、主なる神であるあなたのいつくしみによって骨がなかまでひたされた時に、骨からおのずと言葉が出てくるということなのです。日本語で「全身全霊をもって」と言いますが、まさに、全身をもって神への讃美がわき上がってきてしまうと『詩篇』の作者は言っているのであり、そういう言葉が『詩篇』を生かしているのです。このことを私は、ある論文の中で問題にしました。(1)アウグスティヌスの『告白録』の中には、身体部位をあらわす言葉がたくさん出てきます。これらは決して象徴表現ではないし、メタファーといってはならないというのがその論点でした。これらはそもそも人間のあり方を示しているのです。ですから、ひとりの人間を、ひとつの「身体」と言うにしても、「こころ」と言うにしても、「魂」と言うにしても、それらはみな「同じ一つのもの」をそれぞれある方向から述べる言葉なのです。『詩篇』でも、「私の魂は主によって」とありますが、それはイスラエルの伝統の中に「魂」という言い方があるからであり、アウグスティヌスの場合にもアウグスティヌスに固有な「魂」という言葉の使い方があります。アウグスティヌスの場合、魂とは根本的な救いの対象になるようなものであり、身体はその一部、骨もまたその一部なのです。その骨がうたうようになったということなのです。

「主よ、だれか御身に似た者があろうか」。これはあなたはたった一つのものだという言い方です。悪魔の堕罪は自分を神に等しいものとしたことによって生じたと言われています。すなわち、罪の根源は、自分の存在が与えられたものであることを拒否することにあります。自分は他のものから根拠づけられているとするのではなく、自分で自分を根拠づける、つまり自己を神と等しいものとすることによって罪が生ずるのです。

ここで、アウグスティヌスは救いが与えられた喜びを述べています。「あなたはわたしの繋縛を断ち切ってくださった。あなたにむかって、讃美のいけにえをささげよう」。これに対応しているのが、新共同訳では『詩篇』一一六・一六から一七になっています。

16　どうか主よ、わたしの縄目を解いてください。
わたしはあなたのしもべ。
わたしはあなたのしもべ、母もあなたにつかえる者。
17　あなたに感謝のいけにえをささげよう

ラテン語の『聖書』では、disrupisti uincula mea（あなたは私の鎖をうちくだいた）となっています。disrupisti と完了形になっています。つまり、「あなたは私の鎖をうちくだいてくださった。そこで私はあなたに讃美の捧げものをしよう」と言っているのです。捧げものとしてあなたを讃美しようと言っているのです。『告白録』の中で、このように特別に高揚している部分は、『詩篇』あるいはほかの『聖書』の言葉によって織りなされており、また、『告白録』全体が『聖書』に息吹かれている書物だといってもよいだろうと思われます。

「あなたの言葉はすでに、私の胸もとにへばりついていました。私はもう四方八方から、あなたに包囲されていました」は inhaeserant praecordiis meis uerba tua, et undique circumuallabar abs te の訳なのですが、ここで「胸もと」と訳されているのは、praecordia であり、その原義は「横隔膜」であり、「心臓（cor）」の一種の類義語です。『告白録』の中には、これ以外にも「はらわた（uiscera）」など身体の部位をあらわす言葉が多く使われます。praecordia を私は「胸もと」と訳しました。cor は身体の部位としては心臓を意味しますが「人間の心の内奥」を表す言葉です。人間の精神的なものを表わす言葉にはほかにもいろいろあり、animus はあちこちひきまわされる感情・感覚の座、mens はものが見える、つまり存在を見分けることができる理性のはたらきを示しています。これに対して、cor は、これまでしばしば触れてきましたように、深層意識とも言えるようなもので、私たちの生きていることが何にかかわっているのかに触れている部分であり、そこに神の言葉が語りかけてくる場所です。それゆえ、cor は時として隠れたものであり、私たちの気がつかないものでもあるのですが、たとえば、驚きに打たれる、感動するというような時に「心の底から」というような表現によって出てくるものです。ここでは、人間の中心部分であるその cor のすぐ側にある praecordia（胸もと）に神の言葉が「へばりついていた（inhaeserant）」と言われています。haerere とは「くっつく」、in は「そこに」をあらわし、inhaeserant は過去完了形なので、「すっかりくっついてしまっていた」という意味になります。「四方八方から包囲されて（undique circumuallabar）」の circum は四方八方を表し、uallabar は、戦争用語である uallum（敵から防御するための「楯」「城壁」などを指す名詞）から派生した動詞です。また、ここでの circumuallabar は未完了過去の受身形であり、「だんだんとり囲まれていってしまいました」となります。

これに関連していると思われる第七巻の最後の箇所（VII, xxi, 27）をみていただきたいと思います。そこでは「あなたの使徒のうちもっとも小さい者といわれるパウロの書を読んだとき、これらのことは何ともいいようのない仕方で、はらわたにしみこんでゆきました。私はあなたの御業について考えて、恐れおののきました」（haec mihi inuiscerabantur miris modis, cum minimum apostolorum tuorum legerem, et considerαueram opera tua et expaueram）とあります。ここにも「はらわたにだんだんとしみこんでゆきました（inuiscerabantur）」という表現が出ています。「不思議な仕方で（miris modis）」とは、なぜそうなるのか分からないけれども、ともかく事実、「はらわたにしみわたってゆきました」というのです。この第七巻の末尾と第八巻の冒頭は明らかに互いに照応し、引き合うものとして書かれています。第八巻冒頭で「あなたの言葉」と言われているものは第七巻で使徒の言葉といわれているものと同じです。パウロの言葉を読んだとき、その言葉が次第次第に「不思議な仕方ではらわたにしみこんでゆき」、そのあなたの言葉がいまや、「わたしの胸元にへばりついてしまい」、わたしの「心」は「もうあなたによって十重二十重に包囲されてしまっていました」といっているのです。もう私自身である「心の奥底（cor）」は落城寸前です。この状況を第七巻末尾と第八巻冒頭の連関は語り明かしているのです。これを単なる象徴表現といえるのでしょうか。私はそうではないと考えています。「はらわた（uiscera)」、「胸もと（praecordia)」、「心臓（cor)」という言葉はそれぞれ身体の部位を表す言葉ですが、これらはここでは同時にアウグスティヌスの全体に神の言葉が浸透してきて、ついに全身全霊が神の言葉によって浸透されてゆく過程を如実に、また、順序を追って細かく叙述してゆく言葉として機能しています。第七巻の終りは自分の「心」はまだ神に服従していないが、自分の「はらわた」には神の言葉がどんどんしみとおってゆく状況を表しており、第八巻の冒頭は、神の言葉がもうわたしの「胸もと（praecordia・横隔膜)」のところまで、すっかりへばりついてしまっており、すでに神の軍勢によって自分が十重二十重に取り囲まれてしまっている状況を示しています。このように私のこころは落城寸前だった。しかし、なかなか落城しない。ここに「意志の葛藤」と言われる苦悩があり、第八巻の最終部分となる庭園の場面で最後の回心に至るのです。この第八巻の冒頭はその落城寸前の状況、つまり、我執であるところの自己の意志がなかなか服従しようとしないのですが、自分の身体の方はもうすっかり神の言葉に浸透されてしまっていたのだということを述べているのです。

ここに用いられている「はらわた（uiscera)」、「胸もと」、「心臓」という身体の部位を表す語がアウグスティヌスの場合に単なるメタファーとして理解してよいのかという問題にもう一度戻りたいと思います。この問題はヨーロッパ語の翻訳で読むと、その中にはでてきません。というのも、そこではすでに二元論的な把握が前提され、その前提の上で解釈され、翻訳されているからです[2]。これに対して異論を唱えようとしたのが先の私の論文でした。ヨーロッパの人々がアウグスティヌスを読む時、読み落とされてしまう部分があり、そういうものの一つとして、これらの身体の部位を表す言葉を用いて、自己の全体的なあり方を言い表してゆく表現があります。これをわたしは「心身論的表現(psycho-somatische Ausdrücke)」と呼びましたが、わたしたちが、生きている身体において全体として生きているかぎり、私たち自身のあり方をそのまま言い表そうとする時、そこにはおのずとこういう「心身論的表現」が用いられるということなのです（例としては先に述べた「手の舞い、足の踏む……」のようなものがある）。これを「比喩（メタファー）」として二元論的に解釈するのは間違いです。それらの身体論的な表現は文字通りに読めばよいのです。それが『詩篇』の言葉であったことはすでに述べました。私たちアジアのものにとってこの『詩篇』の言葉は自然なものです。これを学問的な分析言語にしてしまうと、本当に宗教を生かしている言葉の生命が消えてしまいます。先程から申し上げているのはこの問題なのです。私たちがここに宗教を生かしている言葉があることを説得的な仕方で世界の人々に提示できれば、心ある人は納得してくれるでしょう。それによって「宗教」の本義が世界に明らかになるでしょう。そこに、私たち、アジアの者が果たさなければならない役割があると私は信じています。

ここで、もう一つ指摘しておきたい特徴的な表現がこの第七巻末尾の第二十一章冒頭には見られます。そこでは「それから私は、あなたの霊によって記された尊い書物をとって、これをむさぼるように読みはじめました（itaque auidissime arripui uenerabilem stilum spiritus tui....）」とあります。「とる」と訳されているのは arripui ですが、これは単なる「とる」とは違うのです。それは使徒パウロの書物を「飛びかかるようにひっつかんで、夢中になって読んだ」ということなのです。或るアウグスティヌス学者が指摘してくれたことですが[3]、この arripui（引っつかんだ）という言葉は最終の回心の折、使徒パウロの書物を読んだと言われる箇所に必ず出てくる定型表現だと言うのです[4]。アウグスティヌスが魂の渇きのなかでパウロの書を読んだ時、このarripui（ひっつかんだ）という言葉が一つの定型表現になったということです。

第七巻の末尾をなす第二十一章には、新プラトン派の書物にはなかったことが、パウロの書物を読むことによって与えられたと書かれています。

《あわれな人間はどうしたらよいでしょう。私たちの主イエス・キリストによる恩恵以外に、だれがみじめな人間をこの死のからだから解放してくださるでしょうか。キリストをあなたは、ご自身とひとしく永遠なものとして生みたまい、あなたの道のはじめにお造りになりました。この方のうちに、この世の首領は死に値するものを何一つ見いだすことができなかったにもかかわらず、殺したのです。それによって、私たちに不利であった証文は抹消されてしまいました。

こういうことは、哲学者の書物のうちには何も書いてありません。それらの書物のどのページをめぐっても、信心深い顔は見あたりません。告白の涙も、あなたへのいけにえも、苦悩する霊魂も、痛悔しへりくだる心も、御民の救いも、約束の花嫁である神の国も、聖霊の保証も、私たちの身代である血の杯もそこには見あたりません。……

そこではだれも、「労苦している者は、わがもとに来たれ」と呼びかけるのを聞きません。人々は彼の教えを賤しんで、彼から「柔和で謙遜な者」たることを学ぼうとしません。あなたはこれらのことを、知恵ある賢い人々にかくし、かえって小さい者たちにあらわしてくださったのです。》（VII, xxi, 27）

――『ローマ人への手紙』七・二四の「わたしはなんと惨めな人間なのでしょう。死に定められたこの体から、だれがわたしを救ってくれるでしょうか」という言葉をなぞりながら、アウグスティヌスはこの言葉を「イエス・キリストの恩恵以外にこの死の身体から惨めな人間を救ってくれるものはない」と読んでいます。言葉が肉となってわたしたちと共にあるそのイエス・キリストにおいて、肉へと執着してゆかざるをえない自分の救いがあるとアウグスティヌスはここで表明しているのです。このことが、新プラトン派の書物によっては与えられなかったが、パウロの書によって与えられたと言っているのです。しかしながら、何度も申し上げているように、このことがはじめから分かってしまったわけではありません。「はらわたにだんだんとしみわたっていった」のです。そして、第八巻の冒頭では、それが胸もとまで迫っていたが、アウグスティヌスはこれにすぐには同意できない、それがつらくてしょうがないのです。「主よ。あなたはいつまでなのですか。主よ、いつまでなのですか……（et tu, domine, usquequo? usquequo domine….）」（VIII, xii, 28）という嘆きの言葉にその苦しさが滲み出ています。ですが、その葛藤や苦悩がついに断ち切られる瞬間が訪れます。それが「あなたは私の鎖を断ち切ってくださった（dirupisti uincula mea）」と言われる時であり、その時に「わたしの骨々があなたの慈しみによってひたされて「だれかあなたに似たものがあるだろうか」と語りだす」（VIII, i, 1）のです。第七巻と第八巻はこのように読むと内容的につながってきます。いや、つながってくるというよりむしろ、同じことを「理解」という側面から説明するか、「決断」という側面から説明するかということなのです。つまり、人間の根本的な回心には、そういう両面があって、それが同時に起こってくるのです。

「取れ、読め（tolle, lege）」

ついで、第八巻の細部に入りたいと思います。第八巻は回心の成就を述べるもので、そのクライマックスに庭園の場面があります。また、そこに至るまでの過程が述べられており、先に説明した冒頭の言葉の「汝はわが鎖をこぼちたまえり」という『詩篇』の唱句で述べられていることがより具体的に細部にわたって取り上げられ、「あなたが実際にどのようにしてわたしの鎖をこぼちたもうていかれたか」の過程を述べ、それによって、どのようにして最終の回心が成就したかを語る部分です。それゆえ、本巻で述べられていることは、神の言葉がだんだんアウグスティヌスの内にしみわたり、胸もとまできてしまっていたことが、どのようにおこったかを、今振り返って、一つ一つの段階を思い起こしながら、一番重要と見えるものを拾い上げているのだと考えます。第八巻全体は、そういうものとして優れた宗教文学になっています。

これが第八巻第七章一八までに描かれています。そこで、そのことの要点を次に挙げてみたいと思います。

まず、第一は、長老シンプリキアヌス（Simplicianus）を訪ねたことです（第二章）。ミラノの教会の長老の一人であるシンプリキアヌスを尋ねてみようかという気持が、その頃、なんとなくアウグスティヌスの内に起こったのですが、この気持は、実は、神が私に送りこんだものなのだとアウグスティヌスは述べています。

《あなたは私の心の中に、シンプリキアヌスを訪れようという気持を送りこみになりました。》

et immisti in mentem meam uisumque est bonum in conspectu meo pergere ad Simplicianum

(VIII, i, 1)

そして、つづいて、「あなたの恵みは、この人のうちに光り輝いていました（lucebat in eo gratia tua）」と書かれてあります。lucebat の lux は「光」を意味します。「シンプリキアヌスのうちにあなたの恵みが光り輝いていた」ということですが、これは不思議な言葉だと思います。このようなことは私たちの宗教体験においてもあることではないでしょうか。聖徳ある方がおられる場所でそれは起こります。でも、この方も人間であるかぎり弱い人間であるのは変わりがないのです。でも、そういう方と道を求めているもの（＝求道者）とが向かい合っている、ある「場」において神の光が輝くのです。それが「宗教」の現実性ということだと思います。もっとも基本的な場所で言えば、イエスがこの世におられ、弟子たちがイエスに出会った時に起こりました（＝弟子の召命の場面）。イエスのうちに神の栄光があらわれていることを弟子たちは見たのです。だからペトロは網を捨てて従ったのです。キリスト教信仰の原点はここにあります。ペトロにその時すべてのことが分かったわけではないのです（そうでなければ、ペトロはどうしてその後何度も間違いをするのでしょう。福音書とは、イエスの在世中、いかに弟子たちがイエスを誤解し続けていたかの記録ではないでしょうか）。でも、「不思議な仕方で（miris modis）」ひかれるものがあって、ペトロはイエスについていったのです。こういう「場」に宗教の事柄のもっとも根本的なものがあるのではないでしょうか。

アウグスティヌスの場合、シンプリキアヌスはアウグスティヌスにマリウス・ウィクトリヌスの回心の物語を聞かせました。ウィクトリヌスについては以前触れたことがありますが、彼は弁論術の達人としてローマでは著名な人であり、ローマ市内に彼の彫像が建てられるほどの人でした。ですから、アウグスティヌスにとっては憧れの人だったと思います。この話で面白いところは、自分はもうキリスト教信者なのだと言うウィクトリヌスに、シンプリキアヌスは、教会の中でその姿を見ない限りそれを信じないと言ったところ、ウィクトリヌスは「それじゃ、壁がキリスト信者を作るというわけかい？（ergo parietes faciunt Christianos?）」と冗談をいって切り返したというのです。でも、その後、彼は教会の門をくぐりました。当時の習慣として入信した人は信仰告白を信者たち一般の前で行うということがありました。しかし、人によってはしなくてもよいとされていたのですが、ウィクトリヌスは信者会衆の面前で堂々と信仰告白をしました。この話をシンプリキアヌスはアウグスティヌスにしたのです。第五章までこの話は続けられ、そこで、この話を聞いた折のアウグスティヌス自身の反応が述べられています。

《さて、あなたのしもべシンプリキアヌスが、ウィクトリヌスについてそのような話をしたとき、私は彼にならいたい思いに燃えあがりました。（exarsi ad imitandum）》（VIII, v, 10）。

――同じように弁論術の教師であり、ローマにおける最高の栄誉を与えられ、アウグスティヌスの憧れの人であったとも考えられるウィクトリヌスが栄光に満ちた信仰宣言を信者公衆の面前で堂々としたというのです。どうして、それを模倣したいという熱望がアウグスティヌスのうちに燃え上がらずにいなかったでしょうか。しかし、彼はそれをしなかった、あるいは、できなかったのです。その後、つけ加えられています。

《しかし、そのあと彼がつけ加えて、皇帝ユリアヌスの時代、キリスト教徒が文学や雄弁術を教えることが法令によって禁ぜられたとき、ウィクトリヌスはよろこんでこの法律に服し、あなたのことば――それによってあなたは幼児の舌を雄弁ならしめたもう――をすてるよりはむしろ、冗舌の学校をすてるほうをえらんだと聞くと、私は彼を、勇気ある人と思うよりはむしろ、幸福な人だと思いました。なぜなら彼は、あなたに完全に仕える機会を見いだしたのですから。》

――アウグスティヌスはここでウィクトリヌスを幸福な人だと述べていますが、この後言われていることが大事です。

《私もそれを渇望していましたが、縛られていたのです。それも、他人からうけた鉄鎖でなく、自分自身の鉄の意志によって。敵は、私の意志のはたらきを抑え、それによって鎖をつくりがんじがらめにしてしまいました。じっさい、転倒した意志から情欲が生じ、情欲に仕えているうちに習慣ができ、習慣にさからわずにいるうちにそれは必然となってしまったのです。これらのものは、いわば小さな鎖のように互いにつながりあって――だから鎖と呼んだのです――私をとらえ、拘束してつらい奴隷の状態にしてしまいました。》(ibid.)

――ウィクトリヌスの話を聞いて心は燃え上がるが、同時に、身動きのとれない状態にある、これが最終の回心に至るまでのアウグスティヌスの状態でした。第八巻は何が彼を妨げていたのかをそこからながながと述べています。そして、懊悩の果て、とある庭園にあったとき、「取れ、読め。取れ、読め(tolle, lege.)」と繰り返して唄う少年か少女の歌声が隣家から聞こえてきて、いそいで戻って聖書を引っつかんで(arripui)開いたところ、『ローマの信徒への手紙』の章句、「宴楽と泥酔、好色と淫乱、争いと嫉みとをすてよ。主イエス・キリストを着よ。肉欲をみたすことに心をむけるな」が目にはいり、そこで決定的な回心に至ったというのです（VIII, xii, 29）。とすれば、アウグスティヌスをこれまで捉えていたのは「情欲」だったことになり、回心は禁欲的な慎みのある生活に入ることであり、回心は禁欲的な回心であることになるのですが、果たしてそうなのか、という疑問を私は抱いておりました。今日はそのことについてみなさまと一緒に考えたいと思います。

本当は何が障害だったのでしょうか。それはウィクトリヌスの記事を見れば分かるように思います。アウグスティヌスに何ができなかったかといえば、それは弁論術の教師をやめることではないでしょうか。(5)弁論術の教師は、すでに前にもお話したように、末期ローマ帝国における栄誉ある地位でした。この栄職についていることによって、場合によっては地方長官に任命される可能性もありました。アウグスティヌスはそのような栄誉ある職をえる野心に燃えていたと考えられます。カルタゴからローマに来て、ローマからミラノに来るまで彼はそういう野心に燃えていました。(6)この世俗的な野心に燃えていたことがアウグスティヌスを捉えていた本当のことではなかったでしょうか。回心直後、ミラノの近郊で、或る知人の別荘を借りて友人と一緒に哲学的な観想の生活を暮らした時に書かれたカッシキアクムの著作と呼ばれる著作群があります。(7)その文体は『告白録』とはまったく違います。カッシキアクム著作における言葉の動きは弁論術の教師のものです。普通の人にはとてもついてゆけないような精密な議論をそこでは行っています。今日で言えば分析哲学者と言われる人たちがしているような議論がそれらの著作では行われているのです。アウグスティヌスはそのように学生を教えることを常としていたと思えます。それが回心の際のアウグスティヌスの枷になっていたのではなかったでしょうか。性的な情欲もその中に含まれていたと思いますが[8]、それよりも世俗的なこと、立身出世を夢見る生活の方がアウグスティヌスにとっては容易にとりのぞくことができなかったものだったのでしょう。「情欲（concupiscentia）」とは、神にではなく、この世に向かう心のことを意味しています。この心の情欲のゆえに陥るつらい奴隷の状態について、アウグスティヌスは次のように述べています。

《このようにして私は、かって読んだ「肉はいかに霊にそむいて欲求し、霊は肉にそむいて欲求するか」ということを、自分自身の内なる体験によって、内面から読みとりました。》（VIII, v, 11）。

——そこには『ガラテアの信徒への手紙』が引用されています。アウグスティヌスはパウロの書簡で言われていることを自分の身の中で体験したと言っているのです。これはいま申し上げたことの裏側にあたる部分ではないかと思います。アウグスティヌスが引用している『ガラテアの信徒への手紙』五・一七の前後の記述を見てみましょう。一三節ではこう言われています。「兄弟たち、あなたがたは、自由を得るために召し出されたのです」。こうして、隷属と自由が対比されています——パウロ神学について私は詳しくありませんが、アウグスティヌスがパウロ書簡をどのように読んでいたかを学ぶことを通じてパウロを読むことも一つの読み方ではないかと思います——「ただ、この自由を、肉に罪を犯させる機会とせずに、愛によって互いに仕えなさい。律法全体は、「隣人を自分のように愛しなさい」という一句によって全うされるからです」（一三―一四）とあります。パウロはモーセの律法が隣人愛によって完全なものになるのであり、それは隣人愛に尽きると理解しているのです。十戒のような箇条書きではない隣人愛によって完全なものになるというのです。一六・一七節はこうなっています。「わたしが言いたいのは、こういうことです。霊の導きにしたがって歩みなさい。そうすれば、けっして肉の欲望を満足させるようなことはありません。肉の望むところは霊に反し、霊の望むところは肉に反するからです。肉と霊とが対立し合っているので、あなたがたは自分のしたいと思うことができないのです」。肉と霊のはたらきの対立が述べられています。「霊（spiritus）」と「肉（caro）」、これはパウロ的な用語だといってよいでしょう。それはギリシャ的な心身二元論とは直接には結び付かないものです。さきにも述べたように、ギリシャ語では、「身体」と「物体」とは同じひとつの言葉（*soma*）で言い表されていました。ラテン語でも同じでcorpusという言葉がそれです。この「物体（＝身体）」のうちに魂があることによってこの物体は生物体になります。ところが、霊と肉は、「霊によって支配される」、「肉によって支配される」というように、人間を一つの全体であると考える時、互いにせめぎあっている二つの力なのです。これが、パウロが言っている霊と肉です。アウグスティヌスは、それを自分の内なる体験から読みとったと言っています。また、この記述の少し手前で「二つの意志」ということが言われています。

《しかし他方では、ただあなたのためにあなたに仕え、あなたを享受したいという意志が——神よ、ただあなたのみが確実なよろこびです——、心のうちにおこりはじめていましたが、この新しい意志は、古さによって強固になったはじめの意志を克服するだけの力をまだもっていませんでした。かくて二つの意志が、一方は古く他方は新しく、一方は肉的で他方は霊的な二つの意志が、衝突し争いあって、魂をずたずたにひきさいてしまったのです。》(VIII, v, 10)

これが、マリウス・ウィクトリヌスの話を聞いた時、アウグスティヌスが体験したことでした。つまり、ウィクトリヌスの話を聞いてすばらしいと思い、それにまねたいと願いながら、それができなかったのです。

《私は、内なる人によってはあなたの法を心からよろこんでいましたが、やはりだめだった。肢体のうちにあるもう一つの法が精神の法にさからって、肢体のうちにある罪の法のうちに私をとりこにしてしまったのです。罪の法とは習慣のもたらす暴力であり、その力によって心は、いやいやながらひきずられ抑えられますが、これは当然です。なぜなら、心はみずからの意志で習慣におちいるのですから。このあわれな私を、死のからだから、だれが救いだしてくれることができたでしょうか。われらの主キリストによるあなたの恩恵のほかに。》(VIII, v, 12)

——ここで言われていることは上述したこととほぼ同じです。ただ、言葉の使い方はパウロの別の箇所によっています。『ローマの信徒への手紙』第七章にも律法への言及があります。『ガラテアの信徒への手紙』では、パウロは律法を愛の掟として理解していました。ここでも「律法は聖なるものであり、掟も聖であり、正しく、そして善いものなのです。それでは、善いものがわたしにとって死をもたらすものとなったのだろうか、決してそうではない、実は、罪がその正体を現わすために、善いものを通してわたしに死をもたらしたのです。このようにして罪は限りなく邪悪なものであることが、掟を通して示されたのでした。わたしたちは、律法が霊的なものであると知っています。しかし、わたしは肉の人であり、罪に売り渡されています」（『ローマの信徒への手紙』七・一二－一四）。律法とは霊的なもので、霊的なものへとわたしたちを向けてくれる、ところが、律法があるから、私たちは霊的なものに向かうことが出来ず、惨めな隷属状態にある自分を見いださざるをえない。「わたしは自分のしていることが分かりません。自分が望むことは実行せず、かえって憎んでいることをするからです」（『ローマの信徒への手紙』七・一五）。これはちょうどアウグスティヌスが言っていることと同じです。自分はそれをやりたいと望んでいるわけではないが、そこから離れることができない。名声・地位・結婚への欲望を捨てることができない。「そして、そういうことを行っているのは、もはやわたしではなく、わたしの中に住んでいる罪なのです。わたしは、自分の内には、つまりわたしの肉には、善が住んでいないことを知っています。善をなそうという意志はありますが、それを実行できないからです。わたしは自分の望む善は行わず、望まない悪を行っている。もし、わたしが望まないことをしているとすれば、それをしているのは、もはやわたしではなく、わたしの中に住んでいる罪なのです。それで、善をなそうと思う自分には、いつも悪が付きまとっているという法則に気づきます。「内なる人」としては神の律法をよろこんでいますが、わたしの五体にはもう一つの法則があって心の法則と戦い、わたしを、五体の内にある罪の法則のとりこにしているのが分かります」（『ローマの信徒への手紙』七・一七―二三）。アウグスティヌスが「魂をずたずたにひきさいてしまった」（VIII, v, 10）と言っているのは、『ローマの信徒への手紙』の中で言われている、まさにそういう状態に自分があるということです。ですから、パウロの言葉が不思議な仕方で分かってきて、分裂状態にある意志としての自分を見いださざるを得なかったのです。それはとても惨めなことでした。それは自分が自分を支配できないでいる状態でした。何がそのような状態にしたのかというと、パウロの場合には律法でした。律法が分かるようになったから、自分が罪の状態にあることを認めざるを得なくなっていたのです。「わたしはなんと惨めな人間なのでしょう。死に定められたこの体から、だれがわたしを救ってくれるでしょうか。わたしたちの主イエス・キリストを通して神に感謝いたします」（『ローマの信徒への手紙』七・二四―二五）。新共同訳ではこうなっていますが、アウグスティヌスが読んでいた聖書ではこうなってはいませんでした。「あわれな私をこの死の体から解き放つものは、私たちの主イエス・キリストによるあなたの恵みの他に一体だれがありうるでしょうか（miserum ergo me quis liberaret de corpore mortis huius nisi gratia tua per Iesum Christum, dominum nostrum）」（VIII, v, 12）となっています。ここでは、「イエス・キリストを通じて与えられる父の恵み（gratia）以外に罪の虜になっている体から私を解放してくれるものはない」と言っているのです。ここに回心の根本があります。このことが分かった時点で、回心は成立していたといえるでしょう。しかし、アウグスティヌスには、「イエス・キリスト以外に」ということがなかなか分からなかったのです。二つの掟、あるいは意志が争っていて自分を罪の奴隷状態においていることだけは分かっていて、苦しい状態がつづいていたのですが、庭園の場面で宴楽と泥酔、好色と淫乱、争いと妬みをすてて、「イエス・キリストを着よ（induite dominum Iesum Christum）」（VIII, xii, 29）という言葉を目にすることによって心が開かれ、その時、イエス・キリストを身にまとう者になったのです。

第八巻の描く回心の物語は肉体の欲望を捨てて神だけを観想する荒れ野の隠者のような禁欲的な生活を求めるものではなかったのではないでしょうか。もしそうだったとすれば、カッシキアクムで友人たちやお母さんと一緒に、キケロまがいの真理を求める哲学的観想の生活を送ることもなかったでしょう。アウグスティヌスには、「イエス・キリストを着る」ということの意味が分からなかったのです。イエス・キリストによる恵みが何であるのかが分からなかったのです。二つの掟が自分のうちで争っている、しかし片方の掟を捨てて、もう一つの方に簡単に行ってしまうことはできないでいたのです。このことは第七巻で「御言が肉となった」ことの意味が分からなかった（VII, xix, 25）というのと同じです。つまり、アウグスティヌスの回心とは、「御言が肉となった」ということの意味がだんだんしみとおり、分かってきたということです。

また、『ローマ人への手紙』第七章はアウグスティヌスにとって非常に根本的なものであったと思います。『告白録』第八巻第六章には、アウグスティヌスがポンティキアヌスという人の訪問をうけたことが書かれています(VIII, vi. 14–15)。ポンティキアヌスは宮廷で高い地位をもっている人でした。そこでは、こう書かれています。

「たまたま彼は、われわれの前の遊戯机の上に一巻の書物がのっているのに目をとめ、それをとり、めくってみて、使徒パウロの書であることを知りました。これはまったく思いがけないことでした。」(VIII, vi, 15)

そして、そこからアウグスティヌスがいま一番知りたいのはパウロの書であると言ったことをきっかけに話がはずみ、エジプトの隠修士アントニウスの話になりました。アタナシウスという人がアントニウスの伝記を書いたのですが、彼はアレクサンドリアの司教です。アタナシウスはアレクサンドリアを追放された時にガリアのトリーアに行きました。これがポンティキアヌスの話の内容につながってゆくのですが、話はトリーアの宮廷の高官たちの話になります。彼らは小屋の中でこの『アントニウスの生涯』を見つけて、心がすっかり変わって、ポンティキアヌスを残して修道生活に入ってしまった。この話をポンティキアヌスがしてくれたのです。その時、アウグスティヌスがどうであったかというと、

《このようなことを、ポンティキアヌスは物語ったのです。ところが主よ、あなたは、彼が話しているあいだじゅう、自分を直視するのがいやさに身をかくしていた自分の背面から私をひきはがして、自分自身にむけなおし、自分が何と醜く、何とねじくれて不潔であり、汚らわしくできものだらけであるかを見るように、私を自分の顔前に立たせました。私はそれを見てぞっとしましたが、自分から逃げてどこへゆくところもありません。》（VIII, vii, 16）

――隷属状態にある自分の醜さが自分の目の前にいやというほど突きつけられてしまった、このことがアウグスティヌスの回心の最後のきっかけになっていると思われます。自分の醜さに直面せざるをえないこと、葛藤、あるいは闘いといってもいいでしょう。このようなことが第十一章まで続きます。第八章では、「庭にかけこんで」自分自身と闘ったとあります（VIII, viii, 19）。実際の庭なのか、それとも「心の庭」なのか、いわゆる「庭園の場」とはアウグスティヌスのフィクションであるのか、事実そうであったのかは学者のあいだで意見が分かれていますが、とにかく、第七章以降は、アウグスティヌスの心の中で起こった闘いがそのまま描かれています。第八章の冒頭は

《そのとき、「心」という密室の中で、自分の魂にたいしてはげしくひきおこされた「内なる家」の大乱闘のために》（VIII, viii, 19）

となっています。ここでの「心」はラテン語でcorです。自分の心の奥底で自分の魂（anima）と闘ったということです。魂とはげしい闘いをしたとはどういうことでしょうか。これ以降の箇所では、

自分の心の中に二つの掟があるとみとめざるをえないと言われています。どのようにこの闘いが終わったのかを見てみましょう。

《しかし、深い考察によって、魂のかくれた奥底から、自分のうちにあったすべての悲惨がひきずりだされ、心の目の前につみあげられたとき、恐ろしい嵐がまきおこり、はげしい涙のにわか雨をもよおしてきました。……私はというと、どのようにしてであったかおぼえていませんが、とあるいちじくの木陰に身を投げ、涙のせきをはずしました。すると目から涙がどっとあふれでましたが、これはあなたによみされるいけにえだった……。》(VIII, xii, 28)

「はげしい涙のにわか雨」は「あなたへの捧げもの」でしたと書かれています。涙がはげしく流れることによって心が解けていきます。心が打ち砕かれたその時、アウグスティヌスには「取れ、読め、取れ、読め (tolle lege, tolle lege)」という子供たちの声が聞こえてきて、アリピウスのところへ戻って、パウロの書を「ひっつかみ、開き、読んだ (arripui, aperui et legi)」のです。そこで、目に入ったのが「イエス・キリストを着よ」という言葉でした。

《私はそれ以上読もうとは思わず、その必要もありませんでした。というのは、この節を読み終わった瞬間、いわば安心の光とでもいったものが、心の中にそそぎこまれてきて、すべての疑いの闇は消え失せてしまったからです。》(VIII, xii, 29)

――「安心の光」と訳されている lux securitatis の securitas とは、「確固として動かないこと」

「動揺のないこと」を表します。「確固さ（securitas）」と「明確性（certitudo）」とは違う言葉です。後者は認識によって確かになること、「明確性」を意味しています。しかし、明確さだけでは確固としてとどまることはできません。securitas（確固さ）によって人間のあり方が定まるのです。それが定まるということが、「イエス・キリストを着る」ということなのです。また、第十章では、意志の分裂は原罪の結果であると言われています。

《ですからこの分裂を生ぜしめていたものは、じつは私ではなくて、もっと自由な状態にあった人が犯した罪の罰として、私のうちに住まうようになった罪こそは、この分裂の原因でした。じっさい私は、そのアダムの子であったのです。》（VIII, x, 22）

ここでも『ローマの信徒への手紙』が引用されています。罪とはアダムの罪であって、罪の状態にあるというのは原罪によってひきおこされたのであり、したがって、人間の力によってはそのような状態から離れることはできません。意志によっても無理だということが体験された末、「イエス・キリストが人間としてここにある」ことによってその状態が消えるのです。回心の成就の場面に戻りますと

《それから私は、指か、あるいは何かしるしになるものをはさんで書物をとじ、もうおだやかな顔つきにもどって、アリピウスにすべてをうちあけました。……それから私たちは母のところへ行き、うちあけました。》（VIII, xii, 30）

とあります。ここに友人アリピウスの名前が出ています。アウグスティヌスにとって、信仰の道、歩むべき道に友人がいないことはありません。そして、母モニカはアウグスティヌスにとって信仰の母港、帰るべき港なのです。放蕩息子の譬えでは、帰るところは父親の家ですが、アウグスティヌスにとってはそれは母親だったのです。ここで言われていることは、回心は信仰共同体のうちにおいて共同にもたれるということです。それは放蕩息子の譬え話で表されている「父の家に帰る」ということと同じです。教会共同体も信仰共同体ですが、ここではもっと身近な信仰共同体のことが言われているように思えます。回心後のカッシキアクムでは母と友人達との共同生活を送りながら受洗準備の日々を送りました。アウグスティヌスにとって親しい友人たちは信仰共同体の核になっています。そして、母はその中心にいます。

最後にもう一点触れておきたいと思います。第十一章二六で言われる「愚劣の極致（nugae nugarum）」、「虚妄の極致（vanitates vanitantium）」、「昔からのわたしの女友だち（antiquae amicae meae）」という言い方のことです。

《わたしをとらえてはなさなかったもの、それはおろかな中でもおろかなもの、むなしい中でもむなしいもの、つまり古なじみの女どもであり、私の肉の衣をこっそりとひっぱって、ひそかにこうささやくのでした。……》（VIII, xi, 26）

と書かれています。ここではいかにも性的な誘惑が書かれているように見えます。そういうものがなかったわけではないと思われますが、しかし、ここでは、「愚劣の極致」「虚妄の極致」のことが「昔からのわたしの女友だち」と呼ばれていると私は考えます。そして、「愚劣の極致」とは、やはり、「この世への欲望」のことだったと思います。「虚妄の極致」はその典拠である『コヘレトの言葉』一・二でもそういう意味で用いられています。そして、それに対して、アウグスティヌスの中では《でもその声はもう、ごく弱々しいものにすぎませんでした。というのは、私がそのほうに顔をむけながら、しかもそちらへとびうつるのをためらっていた方面から、きよらかな威厳にみちた「貞潔」が、すがたをあらわしてきたのです。》（VIII, xi, 27）

と言われています。ここで「貞潔」と訳されているのは continentia であり、これを「貞潔」と訳しますと独身であることを指すことになるのですが、しかし、ラテン語の continentia は古典ラテン語では「貞潔」という意味をもっておらず、「慎み」と訳すことができるだろうと思います。そもそも、continentia とは、con-teneo つまり「しっかりと持つ」という意味であり、「自制する」という意味なのです。そして、その continentia が清らかな威厳（casta dignitas）をもってやってくるのです。したがって、それはここでは性的欲求から自由になることだけではなく、結婚生活を含むこの世での安定した地位、名誉への執着から自由になることを意味していると思います。(9)

第十講　救いの平安・カッシキアクム（第九巻その一）

今回と次回で『告白録』第九巻を読みます。第九巻には二つのことが述べられています。まず、回心後、受洗を準備する間のことが描かれ、ついでアフリカへの帰郷の途次に起こった母の死と母の想い出が綴られます。こと（=回心）が成就したという平安と、何かがこれからはじまってゆくという期待が混じり合い、本巻には不思議な静けさと荘重の気がみなぎっています。したがって、第八巻のような劇的な場面はありません。たしかに、母の死は劇的な出来事であったとはいえ、それはある静けさのうちに語られており、本巻全体は神のもとにある自分のあり方を述べた第一巻から始まり、彷徨の過程を経て、神の憐れみの業が自己においてどのように実現されたかを述べる自伝的部分を結ぶのにふさわしいものです。

まず今回は受洗までのことをお話したいと思います。

冒頭に置かれた救いの成就についての、格調高い文章を味わうことからはじめます。

《おお主よ。われは汝のしもべ、汝のしもべ、汝の婢女の子なり。汝はわが枷を断ち切りたまえり。われ讃美のいけにえを、汝にささげん。わが心、わが舌よ、主を讃えよ。わがすべての骨よ、語れ。「主よ、だれか汝に似たる者ありや」と。語れ。しかして汝、われに答え、わが魂にいいたまえ。「われこそは汝の救いなり」と。》

O domine, ego seruus tuus, ego seruus tuus et filius ancillae tuae. dirupisti uincula mea; tibi sacrificabo hostiam laudis. laudet te cor meum et lingua mea, et omnia ossa mea dicant: domine, quis similis tibi? dicant, et responde mihi et dic animae meae: salus tua ego sum (IX, i, 1).

冒頭の「主よ」(domine) は第一巻の冒頭の呼びかけと引き合っています。ついで、「あなたのしもべであるこの私」(ego seruus tuus) と続けられます。ラテン語では、人称代名詞は文法構成上は必要ないものです。動詞の活用、語尾変化によって人称が分かるようになっているからです。ですから、「私」(ego) と述べられているのは強意を表しています。また、ego seruus tuus は二度繰り返されていますから、この部分ははなはだ強調されていると考えなくてはなりません。また、山田先生の訳していらっしゃる「われは……なり」の動詞にあたるもの、ラテン語では sum ですが、それが第一文では省かれ、「あなたのしもべであるこの私、あなたのしもべであるこの私」とただ並列されて繰り返されています。それが何を意味しているのかよく分かりませんが、ともかく大きな強調の置かれていることは間違いありません。そして、これに「あなたのはしための子」(et filius ancillae tuae) と続けられます。ここですでに自分が「あなたのはしため」、つまり母モニカの子であることが告白され、その自分が「主よ」と呼びかけているのです。ですから、ここで「主よ」と呼びかけている自分と共に母モニカもそこにあり、続く讃美の言葉はアウグスティヌスと母モニカが共にあげている讃美の言葉なのです。アウグスティヌス自身の喜びと共に母モニカの内に広がる静かな喜びが感じられる書き出しです。

つづいて、「あなたは私の鎖をこぼちたもうた（dirupisti uincula mea）」と完了形で言われています。「私はあなたに向かって讃美という捧げもの(1)をささげよう（tibi sacrificabo hostiam laudis）」。「私の心の奥底があなたをほめたたえますように（laudet te cor meum）」。laudet は laudat の接続法の形で、事実ではなく心の中のことを述べます。「そして私の舌がほめたたえますように（et lingua mea）」。この冒頭は、第八巻で述べられた回心の成就をもう一度確認するところからはじめられていると言ってよいでしょう。「そして私の骨々が語り出しますように（et omnia ossa mea dicant）」。ここでも dicant と希求をあらわす接続法が使われています。「主よ、あなたに似ている者が誰かありましょうか（domine, quis similis tibi?）」（この章句の働きについては先に述べました(2)）。そしてさらに、「そう言いますように」（dicant）と繰り返されています。「そして私に答えて下さい（et respon-de mihi）」。「そして私の魂に言って下さい（et dic animae meae）」。「我こそがあなたの救いである（salus tua ego sum）」と続けられています。

この冒頭の箇所に関する山田先生の註を見て下さい。『詩篇』一一五・一六―一七となっています。新共同訳では番号が一つずれますので一一六を御覧ください。

わたしはあなたの僕。

わたしはあなたの僕、母もあなたに仕える者。
あなたに感謝のいけにえをささげよう

ラテン語の『詩篇』一一五では、O domine, quia ego seruus tuus, ego seruus tuus et filius ancillae tuae. dirupisti uincula mea; tibi sacrificabo hostiam laudis となっています。これは、アウグスティヌスがこの第九巻の冒頭で quia を除いたこの『詩篇』一一五・一六－一七をそのまま引用していることが分かります。(3) アウグスティヌスは『詩篇』を底の底まで読み切っていたのですから、何かを語り出そうとする際、『詩篇』の言葉が口をついて出てくるのです。『詩篇』の言葉によって織りなされているもの、それが『告白録』です。

現行の通常の『告白録』のラテン語原典を見ますと、O domine, ego seruus tuus, ego seruus tuus et filius ancillae tuae. dirupisti uincula mea; tibi sacrificabo hostiam laudis までは少し文字間隔が広くなっています。これはアウグスティヌスがこのようにしたというのではなく、校訂者が聖書の引用であると思われる箇所を示すためにしたものです。しかし、それに続く文、laudet te cor meum et lingua mea では文字間隔があいていません。つまり、校訂者はさしあたってこの箇所に相当する『詩篇』の章句を見つけていないということです。これは、この部分はアウグスティヌスの言葉であるということです。動詞の形からすれば、アウグスティヌスの言葉である laudet は接続法、『詩篇』からの引用の sacrificabo は未来形です。つまり、『詩篇』の言葉を唱和した後でアウグスティヌス自身の心の中から生まれてくる言葉が laudet te cor meum et lingua mea なのです。

また、前にお話しましたが、cor とは「心臓」であり「心の奥底」であり、時には自分でも気がつかない自己の中心部分であり、そこに神の言葉が入り込むことによって、私が神に向けられた者になるのです。lingua は「舌」ですから語るものであり、cor は神の救いに触れて叫び出すのですが、同時にそれを外部に表現するために舌も語り出すのです。つづいて、et omnia ossa mea dicant は文字間隔があいていますので、『詩篇』からの引用ということになります。この部分は第八巻の冒頭と非常に似ています。第八巻においては、「私の骨々（ossa mea）」から叫びが上がり、語り出すのは、「誰かあなたに似た者があろうか（domine, quis similis tibi）」ということでした。これに続いて「あなたは私のいましめをこぼちたもうた。私は讃美のささげものをささげましょう（dirupisti uincula mea: sacrificem tibi sacrificium laudis）」となっており、この言葉は『詩篇』一一五に対応し、ossa mea は、『詩篇』三四・一〇に対応しています。新共同訳ではこれは『詩篇』三五になります。

わたしの魂は主によって喜び躍り
御救いの喜びを楽しみます
私の骨はことごとく叫びます
「主よ、あなたに並ぶものはありません。
貧しい人を強い者から

貧しく乏しい人を搾取する者から
助け出してくださいます」

第九巻に戻りましょう。《語れ。しかして汝、われに答え、わが魂にいいたまえ。「われこそは汝の救いなり」と》と続きます。これは、『詩篇』三四・三（新共同訳三五）に対応しています。ラテン語ではdic animae meae, salus tua ego sumです。アウグスティヌスは先に同じ『詩篇』三四（三五）・一〇を引用して、いままた締めくくりにこの第三節を引いているのです。

こうして、『詩篇』一一五（一一六）の「あなたのしもべである私」という章句と『詩篇』三四（三五）・一〇の「あなたに似た者が誰かありましょうか」という章句と『詩篇』三四（三五）・三の「私こそが、あなたの救いである」という三つの句がここで強く結び合いこのような順序で並べられているのです。これはアウグスティヌスの『告白録』の言葉の一つの典型といってよいでしょう。『詩篇』の言葉が湧き上がってくるのですが、それらはすべてアウグスティヌスの心の中で組みかえられ、アウグスティヌスの言葉となって湧きだしてくるのです。そして、湧きでてきた時には非常に美しい構成をそなえ、完全な均整をもった一種の詩のような言葉となっているのです。これは驚くべきことです。わたしたちが自分で『詩篇』を読んでいるだけでは抜け落ちてしまうものが、アウグスティヌスの心の奥底に一度入りますと、溶鉱炉の中にいれられたように溶融され、神の愛の火によって燃え上がり、言葉はそれぞれ適当なところに配置されるのです。これがアウグスティヌスの言葉であり、『告白録』の言葉です。これを典型的に示している箇所をさらに細かく見てゆきましょう。

第九巻第一章一に戻ります。

《しかも主よ、あわれみ深くめぐみにあふれるあなたは、全能の右手をもって、私の死の深さをみそなわし、心の奥底から腐敗の淵をくみつくしてくださいました。そのため私は、自分の欲していたことをもはや欲せず、あなたの欲したもうことを欲するようになったのです。》

tu autem, domine, bonus et misericors et dextera tua respiciens profunditatem mortis meae et a fundi cordis mei exhauriens abyssum corruptionis. et hoc erat totum nolle, quod uolebam, et uelle, quod uolebas, (IX, i, 1)

「そのため私は、自分の欲していたことをもはや欲せず、あなたの欲していたことを欲するようになった(et hoc erat totum nolle, quod uolebam, et uelle, quod uolebas)」という言葉は驚くべき言葉です。でも、それが「魂の救い」ということなのです。それは神の中で神の手によって成し遂げられることで、そこでは人の意志は神の意志、あるいは望みと一つになっているのです。それがまさに「救い」ということでしょう。アウグスティヌスがこの時点で一挙にそうなったとは言えないだろうと思います。けれども、そこに「救い」というものの根本の何であるかが示されています。すなわち、救いとはある意味で自己が神と一致することです。そこで、「自分がかつて欲していたことをもはや欲しなくなった、神が欲していたことを私は今欲している」ということが起こるのです。パウロの言葉にも「もはや自分が生きているのではなく、キリストが私のうちにあって生きているのです」という言葉があります。(4) それは同じことです。

《それにしても、この長い年月のあいだ、私の自由意志はどこにいたのでしょうか。それは何という深く沈んだひそやかなかくれ家から、一瞬にして呼びだされ、わが助け主、贖い主なるイエス・キリストよ、うなじをあなたのやさしいくびきのもとに、肩をその軽い荷のもとにゆだねるようになったのでしょうか。》

sed ubi erat tam annoso tempore et de quo imo altoque secreto euocatum est in momento liberum arbitrium meum, quo subderem ceruicem leni iugo tuo et umeros leui sarcinae tuae, Christe Iesu, adiutor meus et redemptor meus? (IX, i, 1)

――「自由意志」と訳されているのは liberum arbitrium という言葉で、「自由選択」と訳してもよい言葉です。ですから、ここでは私が自由な選択によって私のうなじをあなたのくびきの下に置くようになったと言われているのです。また、そのような自由意志はあなたが隠れたところから引き出したものだと言われているのです。これは第八巻の「二つの意志」、「相反する意志」という問題と関連しています。ここで「自由意志」とは人間が本当の意味で「自由なものになる意志」あるいは「自由なものにされる意志」のことです。「自由選択」というと何でもいいから「何かを選ぶこと」(5) だと思われがちですが、そうではありません。それは「真理があなたを自由にする」と言われる場合の

「自由」です。第八巻に述べられている「肉の意志」と「掟の意志」の対立があるところでは「自由」はなく、「隷属」があるだけです。それゆえ、第八巻に述べられているように、神に従おうとする意志とそれとは逆に向かってしまう意志との葛藤があるところ、すなわち「意志の分裂」があるところでは、アウグスティヌスには「自由」がなかったのです。そのような状況では何をやっても、「自由」はありません。そのような状況では「自由意志」は隠れてしまっているのです。そこでいま、あなたによってこの自由意志が引き出され、その結果として私はそのような自由な者として今ここにあるのだと言われるのです。これが「救い」という状態だと言えます。

訳文では、「わが助け主、贖い主なるイエス・キリストよ」は真中になっていますが、ラテン語原典を見ますと最後に置かれています。そこでは「キリストのくびきを担う者になった」と言われています。ですから、ここでも「回心」とか「救済」は「キリストのくびきを担うもの」となることであり、そこに本当の「自由」があると言われているのです。

第二章に移ります。ここには弁論術の教師を辞任する決意のことが述べられています。

《さて私は、自分の弁舌の職務をおしゃべりの市場から、騒々しくひきぬくのではなくて、おだやかにひきさってゆくのがよいと、御前において、決心いたしました。それは、あなたの法のことも、あなたの平和のことも思いめぐらすことなしに、ひたすら欺瞞にみちた気狂いざたや法廷

闘争のことばかりを考えている少年たちが、私の口から、彼らの狂暴に役だつ武器を買うことのないためでした。》

et placuit mihi in conspectu tuo non tumultuose abripere, sed leniter subtrahere ministerium linguae meae nundinis loquacitatis, ne ulterius pueri meditantes non legem tuam, non pacem tuam, sed insanias mendaces et bella forensia mercarentur ex ore meo arma furori suo. (IX, ii, 2)

——この記述を読みますと、先に述べたことの繰り返しになりますが、やはり回心を妨げていた最大の要因は弁論術の教師であることだったのではないかと思われます。栄職を投げ打つことは大変なことでした。しかしながら、「弁論術の教師であること」は回心後のアウグスティヌスにとっては「虚偽を教えるもの」に他ならないのです。

つづいて次のように述べられます。

《さいわいなことに、葡萄収穫の休暇までごくわずかな日数しかのこっていませんでしたから、それまでがまんして、そののち正式に辞職し、あなたにあがなわれた以上、もう二度と、自分を売物にするためもどるようなことはしまいと決心いたしました。

そこで、私たちの計画は、御前にはあきらかに知られていましたが、人々の前では、ごく内輪の者にしか知られていませんでした。私たちはお互い同士のあいだで、まわりのだれにもうちあ

けまいと約束していたのです。》(IX, ii, 2)

——このように自分の辞職が世間の評判になることなく、静かにしりぞきたいと決意していたようです。

ついで、第九巻第二章三は次のように始まっています。

《あなたは私たちの心を、愛の矢で貫かれました。そこで私たちは、はらわたにつきささったあなたのことばを身に帯びました。》

sagittaueras tu cor nostrum caritate tua, et gestabamus uerba tua transfixa uisceribus (IX, ii, 3)(6)

——ここでは「私たちの心(cor nostrum)」と言われています。回心の場面で、アウグスティヌスは庭園でアリピウスと一緒にいたと描かれていました。アリピウスや他の何人かの親しい人たちもアウグスティヌスと一緒にキリスト教徒になることを決心したので、ここで「私たち」と言われているのです。(7)

《それにしてももしかし、全地にわたってあなたが聖なるものとなしたもうたその御名のゆえに、私たちの希望や意図は、もし発表されたならば、賞賛する者もたしかにあったことでしょうから、もしも私がそんな間近に迫った休暇の時も待ちきれず、公職から、しかも万人注視のまとであった公職から休暇前にしりぞくならば、何かえらぶっているように思われたかもしれません。》

(ibid.)

——回心が目立って評判になるようなことはしたくないと言っているのです。当時の皇帝もキリスト教徒でしたが、反対勢力もあったでしょうから、キリスト教徒になると公言することはミラノの人たちから賞賛を勝ち取ることでありえたでしょう。しかし自分はそのようなことをしたくないと言っているのです。結局は、胸の病気で声がうまく出せないということを理由にして教師を辞職するということになりました。(8)

この章の終わりには次のように言われています。

《そして、ああ、ついに、学校で教える日は終わったのです。じっさい、心の底から「わが心は汝にいえり。われ汝の顔をもとめたり、と。主よ、われ汝の顔をもとめん」と唄うための、自由な閑暇の日を熱望していた私にとって、それまでの日々はじつにたくさんで長く思われたのでした。》

cum ecce euoluti sunt dies illi tandem. nam longi et multi uidebantur prae amore libertatis otiosae ad cantandum de medullis omnibus: tibi dixit cor meum, quaesiui uultum tuum; uultum tuum, domine, requiram. (IX, iii, 6)

——ここで言われる「自由な閑暇の日」という表現に注目したいと思います。ラテン語では libertas otiosa (字義どおりには「閑暇のある自由」) という言葉です。otium は「閑暇」を意味します。

アウグスティヌスに強い影響を与えたキケロは一時、政治の世界から身を引いてローマの近郊にあるトゥスクルムにある別荘で時を過ごし、『トゥスクルム論叢』（*Tusculanae Disputationes*）という書物を著しました。[9] そこでは魂の不死などが主題化されているのですが、さまざまな哲学的観想がこの別荘ほかのナポリ湾の近傍で行われました。キケロはアウグスティヌスから見れば三百年以上も前の人ですが、[10] アウグスティヌスが学校で学び、また教えていたものの中でキケロの書物は重要であり、キケロはアウグスティヌスにとって精神的に大変身近な人であったと言えるでしょう。従って、「閑暇のある自由」とは哲学的な研究に没頭し、それ以外のことはしないことであり、アウグスティヌスはそのような生活に憧れていたのです。

そこで、「カッシキアクム」とは何であるのかという問題が持ち上がります。第九巻第四章冒頭を見て下さい。

《さて、思いにおいてはすでにときはなれていた修辞学の教職から、現実にもとかれる日がきました。それは実現され、すでに心が救いだされていたそのところから、あなたは私の舌をも救いだしてくださったのです。そこで私はあなたを讃えながら、よろこびいさんで仲間のみなとともに、別荘へおもむきました。

そこで私がどのような学問上の仕事をしたか、それはもはやあなたに仕えるものではありましたが、しかしあたかも断末魔の息をつくように傲慢の学派を吐いていたことは、そこにいあわせ

た人々と行なった討論の書と、御前において私がただ一人自分自身とした討論の書とが証明するところです。》

et uenit dies, quo etiam soluerer a professione rhetorica, unde iam cogitatu solutus eram. Et factum est, eruisti linguam meam, unde iamerueras cor meum, et benedicebam tibi gaudens profectus in uillam cum meis omnibus. ibi quid egerim in litteris iam quidem seruientibus tibi, sed adhuc superbiae scholam tamquam in pausatione anhelantibus testantur libri disputati cum praesentibus et cum ipso me solo coram te. (IX, iv, 7)

——この二段落目には「カッシキアクム」ということを考える上で大変に重要なことが書かれています。アウグスティヌスはヒッポの司教としてこの文を書いているわけですが、すでに述べたように、「カッシキアクム著作」と呼ばれるアウグスティヌスの初期作品があり、それはアウグスティヌスの最初の哲学的著作ですが、カッシキアクム著作と『告白録』とでは、書き方が非常に違っています。そのことにもとづいて、『告白録』で描かれている回心の記述はフィクションであり、三八六年の回心はカッシキアクムの生活のような哲学的な生活への回心であったとする説が提出され、それをめぐってやかましい論議が交わされたのが二十世紀前半のことでした。その論争はいまも続いているといえます。しかしながら、この論争は不毛であり、必ずしもそのようにはいえない部分もあるのです。それを示しているのがこの箇所です。ここで「傲慢の学派(superbiae schola)」と言われているものが何を指すのかは解釈上問題です。山田先生の註2を見て下さい。そこには、カッシキアクムで書かれた三つの作品『アカデミア派駁論』『幸福の生』『秩序論』が挙げられ、「この三書は、実際にそこで行われた討論を速記し、アウグスティヌスが整理したものである。全般的に新プラトン哲学の影響が強く、キリスト教信仰が表面にあらわれていないので、それを根拠として彼のミラノの回心の事実そのものを疑う人もある」と述べられています。「新プラトン哲学の影響が強い」という理解の仕方と「傲慢の学派」という記述が調和するかどうかについては私は疑問に思っています。「傲慢の学派を吐いていたことは、そこにいあわせた人々と行なった討論の書と、御前において私がただ一人自分自身とした討論の書（『ソリロキア』のこと）とが証明する」とアウグスティヌスは言っています。つまり、カッシキアクム著作のうちに「傲慢の学派」がはっきりと現れでていると言っているのです。「傲慢の学派」とは新プラトン哲学なのかどうかという点には注意が必要です。そこには難しい問題もあります。このように申しますのは、最近私自身が「カッシキアクム著作」を読んでいて感じるのは、新プラトン主義、プロティノスの哲学がそこには必ずしもいつも表にはでてこないということです。むしろ、弁論術の教師としてアウグスティヌスが教えていた「討論の仕方」がそのまま出てきているという感じが強いのです。そして、そのような討論の際に持ち出されてくるのは、キケロやアカデミア派などの非常に煩瑣な議論をする人たちです。それらの人たちが問題としているのは、「真理を認識できるか」ということであり、「真理は認識できない、探究できるだけである」と結論づけるのですが、カッシキアクム著作の中にもそのような議論の筋が確かにあります[11]。しかし、そのような議論の筋は新プラトン主義哲学にはありません。アウグスティヌスも、たとえば『神の国』でプラトン哲学について言及する際、「プラトンとプラトンの哲学に従う人々は神についてただしく考えていた」という言い方をしています[12]。従って、このような言い方と「傲慢の学派」という記述が結びつくかどうかは問題であり、むしろカッシキアクム著作における「傲慢の学派」とは新プラトン主義というよりも弁論術の学校的な何かであると言うのがふさわしいのではないかと私は思っています。

同じ第四章七のすこし後には、

《はじめのころアリピウスは、キリストの御名が私たちの著作のうちにはさまれることに反対していました。というのは彼は、私たちの著作の中に、蛇の毒を防御する教会の薬草の香りよりはむしろ、学校の香柏の香りのただようことをのぞんでいたからです。》

quod [nomen.. Iesu Christi] primo [Alypius] dedignabatur inseri litteris nostris. magis enim eas uolebat redolere gymnasiorum cedros, (IX, iv, 7)

——ここでは、アウグスティヌスの一番親しい友であるアリピウスがキリスト教徒的な言い方はやめて、いかにも学者らしい話をしましょうと主張したので「カッシキアクム著作」はこのようなものになったのだと言われているのです。「カッシキアクム著作」における「傲慢の学派」をこのように考えますと、つづく第四章八の冒頭も重要な意味を持つことになります。そこでは言われています、

《神よ、信仰の歌であり、たかぶりの精神がはいりこむ余地のない敬虔のひびきであるダビデの『詩篇』を誦したとき、何という声をあなたにむけてあげたことでしょう。》

quas tibi, deus meus, uoces dedi, cum legerem psalmos Dauid, cantica fidelia, sonos pietatis excludentes turgidum spiritum. (IX, iv, 8)

「傲慢の学派」と「たかぶりの精神がはいりこむ余地のないダビデの『詩篇』」の対比がここには見られるのです。

さらに、

《ダビデの『詩篇』を誦したとき、何という声をあなたにむけてあげたことでしょう。私はまだあなたのほんとうの愛には初心者で、洗礼志願者のアリピウスと、別荘に休んでいました。》

rudis in germano amore tuo, catecumenus in uilla cum catechumeno Alypio feriatus (IX, iv, 8)

と続けられており、別荘にいた時に『詩篇』に触れて打たれたということがここには書かれているのです。しかし、このことは「カッシキアクム著作」の中にはあまり読み取ることができません。[13] したがって、『詩篇』に心震わせたアウグスティヌス自身の経験とカッシキアクム著作の内容の間にはずれがあるということがここで言われていると考えてよいのではないでしょうか。

つづいて、母モニカもカッシキアクムの別荘に一緒にいたことが述べられています。

《母もいっしょでした。彼女は外観は女でしたが、雄雄しい信仰の持主で、老女の静けさと、母の慈愛と、キリスト教徒の敬虔とをかねそなえていました。》

matre adhaerente nobis muliebri habitu, uirili fide, anili securitate, materna caritate, christiana pietate (ibid.)

――第九巻の冒頭に「おお主よ。われは汝のしもべ、汝のしもべ、汝の婢女の子なり」とありました。山田先生はアウグスティヌスが「汝の婢女の子なり」を「母モニカの子」という意味で引用していると註をつけておられますが、これは正しい読みだと思います。次回に触れますが、第九巻の後半では母モニカの死、そして母の思い出が語られていて、本巻は母モニカに捧げられていると言ってよいものです。

先ほどの箇所（第四章八）のつづきに戻ります。

《私は、あの『詩篇』を読むたびごとに、何という声をあなたにむけてあげたことでしょう。読みながら何とあなたにむかって燃えあがったことでしょう。熱心のあまり、できるならば、人類の傲慢に反対して、全地上に『詩篇』を誦したいと熱望したほどです。》

quas tibi uoces dabam in psalmis illis et quomodo in te inflammabar ex eis et accendebar eos recitare, si possem, toto orbi terrarum aduersum tyfum generis humani! (ibid.)

とあります。このあとも『詩篇』を読んだことが語られてゆくのですが、そこで「私はその閑暇の間に『詩篇』四を読んだとき……」と言われていることに注目していただきたいと思います。新共同訳の『詩篇』四・二―三を見て下さい。

2 呼び求めるわたしに答えてください
わたしの正しさを認めて下さる神よ。
苦難から解き放ってください
憐れんで、祈りを聞いてください。
3 人の子らよ
いつまでわたしの名誉を辱めにさらすのか
むなしさを愛し、偽りを求めるのか。

アウグスティヌスの『詩篇』四の引用は次のようになっています。

2 御身を呼びもとめしとき、わが義なる神よ、御身はわが祈りを聞きいれたまえり。
主よ、われをあわれみ、わが祈りを聞きいれたまえ
苦難のうちにありしわれを、くつろがせたまえり。

3　人の子らよ。いつまで重い心でいるのか。何のためにむなしいことを好み、虚偽をもとめるのか。（IX, iv, 8-9）

このように比べてみますと、アウグスティヌスの引用と新共同訳とでは一致していないところがあるのに気が付きます。「ヴルガータ」と呼ばれるラテン語聖書を見ますと、これはアウグスティヌスが『告白録』で引用しているものとほとんど同じです。また「七十人訳」と言われる『ギリシャ語聖書』を見てもこの通りになっています。前に述べたように、『七十人訳ギリシャ語聖書』が教父の時代には大切にされていた正典『聖書』であり、それがラテン語に訳されたものをアウグスティヌスも用いていたと思われます。その当時、『七十人訳ギリシャ語聖書』の原本になっているヘブライ語の『聖書』があったと言われています。ヘブライ語の旧約聖書は三つくらい存在したと言われていますが、ある段階で聖典とされたマソラ版はだいたい紀元頃の成立と言われています。『七十人訳』は紀元前三世紀頃から始められたものと言われていますが、教父たちはマソラ版ではなく、『七十人訳』を大事にしていました。パウロもこのギリシャ語聖書を読んでいたようです。パウロが読んでいたヘブライ語聖書も七十人訳に近いものであったかもしれません。ですから、現在の旧約聖書のもとになっているマソラ版『聖書』を唯一の正式な旧約聖書の原典であったと考える必要はありません。教父の思索がその上にもとづいていた『七十訳ギリシャ語聖書』は非常に大事なものでありえたのです。

『告白録』の記述に戻りますと、『詩篇』四からの引用が長くなされていますが、これはすべて「ヴルガータ」と一致しています。さらに引用の順序も『詩篇』の節番号順になっています。したがって、『告白録』のこれらのページは『詩篇』四についてのアウグスティヌスのコメンタリーであると言ってもよいものです。『詩篇』四の引用の間にパウロの書簡や『ヨハネによる福音書』の言葉がこれを補うために入ってきています。この箇所はアウグスティヌスの聖書解釈の一つの模範と言ってよいでしょう。それは『詩篇』四をアウグスティヌスがどのように読んだかをよく示しています。第四章一一には『詩篇』四・九—一〇が引用されています。

《それから私は、ひきつづく詩句を読んで、心の奥底からのさけび声をあげました。「おお、平和のうちに、おお、まさにそれ自身なるもののうちに！（o in pace! o in id ipsum!）——おお、それから何といったでしょうか——「われは眠らん、まどろまん」（obdormiam et somnum capiam?)》

「おお、平和のうちに、おお、まさにそれ自身なるもののうちに！　われは眠らん、まどろまん」は『詩篇』四・九の引用です。これに続いてアウグスティヌスはこれに注釈を付けています。

《じっさい、「死は勝利にのまれた」と記されたことばが成就するとき、だれが私たちにさからうことができましょうか。あなたこそはまさに「それ自身なるもの」[14]にてましまし、変わることがありません。人はあなたのうちに、すべての労苦を忘れて憩うのです。そこにはあなたよりほか

にだれもいませんし、あなた以外の多くのものを追求する必要もなく、主よ、ただあなたが私を希望のうちに定めたもうのです。》

quoniam quis resistet nobis, cum fiet sermo, qui scriptus est: absorta est mors in victoria? et tu es id ipsum ualde, qui non mutaris, et in te requies obliuiscens laborum omnium, quoniam nullus alius tecum nec ad alia multa adipiscenda, quae non sunt quod tu, sed tu, domine, singulariter in spe constituisti me. (IX, iv, 11)

「主よ、ただあなたが私を希望のうちに定めたもうのです」は『詩篇』四の終りの第一〇節からの引用です。それゆえ、『詩篇』四・九―一〇がこのくだりの結語に置かれ、これがアウグスティヌスの心に深く突き刺さった言葉なのだと思います。「死は勝利にのまれた」はパウロ書簡からの言葉ですが、(15) キリストの十字架のことを言っています。したがって、ここでは『詩篇』がキリスト論的に読まれていることを示しているのであり、それはまた回心の体験でもあったと言えるでしょう。

第五章には、アウグスティヌスが弁論術の教師を辞職し、これから何をすればよいかをアンブロシウスに手紙でたずねたところ、預言者イザヤを読みなさいと助言してくれたという記述があります。しかし、アウグスティヌスは『イザヤ書』を読んだけれどもよく分からなかったとそこで言っています。最初に読みかけた部分がわからなかったので、最後まで読まなかったと書いています。これはアウグスティヌスがこのとき、『聖書』のかなり主体的な読み方をしているのではないでしょうか。アンブロシウスがせっかく教えてくれたのに、最初の部分を読んでみても分からなかったので、終りまで読もうともしなかった、それでやめたというのです。もちろん、『告白録』を書いている時点では、『イザヤ書』をもう読んでいるのです。でも、この記述は、この時期（＝カッシキアクム期）にアウグスティヌスが『詩篇』を徹底的に読んだということをむしろ逆にすなおに表しているのではないでしょうか。

第六章では受洗のことが書かれています。でも、アウグスティヌスの子供であるアデオダトゥスのことばかりが述べられています。「かくて洗礼をうけ、過去の生活についての思いわずらいは、私たちのもとから逃げさってしまいました」（IX, vi, 14）とあるのですが、この記述では誰が洗礼を受けたのか分かりません。前の部分から読んでいますと、洗礼を受けたのはアデオダトゥスであるかのように思ってしまいそうです。ところが、ラテン語原文で見ますとそうでもありません。いま引用した箇所と第六章の終りの部分に洗礼のことが書かれていて、非常に言葉が少ないのですが、よく読んでみますと味わい深いことが分かります。アウグスティヌスは洗礼のことについて長々と書いていません。長々と書けなかったのだろうと思います。この部分のラテン語を見てみましょう。

et baptizati sumus et fugit a nobis sollicitudo uitae praeteritae. nec satiabar illis diebus dulcitudine mirabili, considerare altitudinem consilii tui super salutem generis humani. quantum fleui in hymnis et uantiuis tuis suaue sonantis ecclesiae tuae uocibus commotus acriter! uoces illae influebant auribus meis et eliquabatur ueritas in cor meum et exaestuabat inde affectus pietatis, et currebant lacrimae, et bene mihi erat eum eis. (IX, ix, 14)

はじめに et baptizati sumus とあります。sumus は一人称複数の形ですので「そこで私たちは洗礼を受けました」となります。「すると過去の生活の思いわずらいが私たちから去ってゆきました(et fugit a nobis sollicitudo uitae praeteritae)」。「その不思議な甘さに私は飽くことがありませんでした（nec satiabar illis diebus dulcitudine mirabili)」。「人類の救いのための」あなたのはかりごとの深さに思いをめぐらせながら（considerare altitudinem consilii tui super salutem generis humani)」――これらの言葉は、神のあわれみの業がどのように実現したかを述べる『告白録』全体のことを言っているといってよいでしょう。ついで山田先生の訳を引きますと「讃美歌や聖歌を聞きながら、甘美にひびきわたるあなたの教会の声に感動し、何とはげしく泣いたことでしょう（quantum fleui in hymnis et canticis tuis suaue sonantis ecclesiae tuae uocibus commotus acriter)」となっています。教会に集う人たちの歌声にはげしく衝き動かされながらどれほど泣いたことでしょうというのです。これが洗礼に関する記事です。つづいて、「それらの声は私の耳に流れ入って来ました（uoces illae influebant auribus meis)」、「そして真理が私の心のうちに注がれていきました（et eliquabatur ueritas in cor meum)」。「真理（ueritas)」という言葉はアウグスティヌスでは「神」を呼ぶ言葉で、「キリスト」とほぼ同じ意味で使われることは前にも触れました。ここではその「真理」

の甘美さというものが讃歌を聞いているうちに心の中にどんどん注がれていったということです。「敬虔の熱情がそこから燃え上がっていった（et exaestuabat inde affectus pietatis）」、「涙が次から次へと流れおちていった（et currebant lacrimae）」、「私は幸福でした、その涙とともに（et bene mihi erat cum eis）」。ラテン語ではこのようにわずか九行だけでしか洗礼のことには触れられていません。ですが、この少ない言葉の中にアウグスティヌスの心を揺り動かしたことの全体が描かれています。

第七章では、アンブロシウスとミラノの教会において、典礼聖歌がラテン教会の中で確立したことが述べられています。この背景にはアリウス派との闘争があって、教会で信者たちがアリウス派に対抗するために一種の応援歌のように歌ったということがありますが、『告白録』のこの箇所では「そのとき東方の流儀にしたがって讃美歌と『詩篇』とがうたわれるように定められた（tunc hymni et psalmi ut canerentur secndum morem orientalium partium, ...institutum est.）」とあります。私たちが、いま、教会で歌う典礼聖歌は『詩篇』を中心にした歌で、讃歌をその間に交えているものですが、このラテン教会の伝統はミラノの教会ではじまり、それが洗礼の時にアウグスティヌスの心に沁み入ったのです。私自身も典礼聖歌をとても大事なものと考えています。(16)

第十一講　救いの平安・母の死　(第九巻その二)

（前回に）ひきつづき第九巻の後半部分を読みます。第九巻の後半は母モニカの死とその追憶に捧げられています。母へのアウグスティヌスの細やかな情愛と聖徒に約束された幸いな安らいへの希望によってつづられ、感動的です。多くの解説を要しないと思います。

第九巻第八章一七から第九章二二までは、母の追憶、その忠実な生涯について書かれています。そのはじめ第八章一七には次のように記されています、

《私たちは、あなたに仕えていちばんお役にたつことができるにはどこに住んだらよいかと思案して、いっしょにアフリカにもどることにいたしました。》

この数行は母の死とはさしあたって関係はないのですが、何を意味しているのか詳しくは書かれていません。ですが、アウグスティヌスはミラノの弁論術の代表的な教師でした。しかし、受洗後「あなたに仕えるにはどこに住んだらよいか」、それはミラノではないと考えたということをこの文は表していると思います。

《そしてティベル河の河口のオスティアまで来たとき、母はなくなったのです。私はいまたいへん急いでいますので、たくさんのことを省略します。神よ、数えきれない多くのことがらについて、たとえ沈黙のうちに行われるにしても、私の告白と感謝とをうけたまえ。それにしても、あのあなたの婢女《はしため》について心にうかんでくることだけは、省略するわけにはゆきません。》

――ここから母の記憶が語られてゆきます。つづいて、

《彼女は、肉身に関しては時間的光のうちに、心に関しては永遠の光のうちに誕生させるべく、この私を産んだのです。》

quae me parturiuit et carne, ut in hanc temporalem, et corde, ut in aeternam lucem nascerer. (IX, viii, 17)

とあり、母が私を産んでくれたというのが主文ですが、「肉身に関しては」「心に関しては」の両方は原文を見ますと母にかかっています。つまり、「肉身に関しては」、わが子にこの世の光を受けさせるために、そして「心（cor）に関しては」、つまり「心の奥底では」自分の子を永遠の光のうちに誕生させるために産んだということです。これはモニカが信仰において生きていて、自分の子供が神のいのちを受ける者になることを心の奥底においてはじめから願い、最後まで願っていたということを言っているのです。少し飛びますが、モニカが亡くなる直前の言葉が述べられています。

《わが子よ、私はといえば、この世の中にもう自分をよろこばせるものは何もない。この世でまだ何をすべきか、何のためにこの世にいなければならないか、知らない。この世ののぞみはもう十分にはたしてしまったのですもの。この世にまだしばらく生きていたいとのぞんでいた一つのことがありました。それは死ぬ前に、カトリックのキリスト信者になったおまえを見たいということだった。神様はこの願いを十分にかなえてくださった。おまえが地上の幸福をすてて、神さまのしもべとなったすがたまで私は見たのだもの。もうこの世の中で何をすることがありましょ

う。》(IX, x, 26)

この最後の言葉を予示しているものとして先に引用した部分は考えられるでしょう。

さて、第八章一七の途中からモニカが育った時代のことが描かれています。モニカはあるキリスト教的な雰囲気の中で、モニカの父親も育てた老女によって育てられ、また、モニカの飲酒の悪癖についても触れられていますが、モニカの結婚についての記述を見てみましょう。モニカの夫、すなわちアウグスティヌスの父であるパトリキウスは、キリスト教徒ではないローマ人であって、当時、妻に暴力をふるう夫が多くいた中で、パトリキウスはモニカに手をあげなかったということも述べられています。さらに、モニカは姑にもよく仕え、最終的には大事にされたということも書かれています。また、信者でなかったパトリキウスもモニカの感化によって最後にはキリスト教徒になったことも記されています(IX, ix, 22)。そして、「最後に」と言ってアウグスティヌスが締めくくる言葉を見てみましょう。

《最後に、主よ、私たちすべてのために——あなたはそれを「あなたのしもべたちのために」と呼ぶことを、賜物によってお許しになりました——その私たちは、すでに母が永眠する以前、洗礼の恵みをうけ、あなたにおいて一つの仲間となって生活していましたが、その私たちのために彼女は、これらすべての者が自分の腹を痛めた子どもであるかのように世話をし、また、彼女自身がこれらすべての者から生まれた娘でもあるかのように、私たちすべてのために奉仕してくれ

たのでした。》（IX, ix, 22）

とあります。これに関連しまして、第九巻の最後の節（第十三章三七）に次のような文があります。

《わが主よ、わが神よ。あなたのしもべたち、私の兄弟たち、あなたの子どもたち、私の主人たちに――これらの人々に私は、心と声と文字とをもって仕えているのです――、霊をふきこみたまえ。》

et inspira, domine meus, deus meus, inspira seruis tuis, fratribus meis, filiis tuis, dominis meis, quibus et corde et uoce et litteris seruio, (IX, xiii, 37)

この部分については山田先生の註がついています。「「あなたのしもべたち」、「私の兄弟たち」、「あなたの子どもたち」、「私の主人たち」はみな同じもの、すなわち、教会の信者。いまアウグスティヌスは司教として、これらすべての信者のために奉仕している」。アウグスティヌスは司教なのですが、信者たちをここで「自分の主人（dominis meis）」と呼んでいます。このことはまさに「仕える者になりなさい」というキリストの教えに従う者であったといえるでしょう。司教は信者の僕であり、それが本来の教会のあり方だということです。そして、母の死とその生涯のことを語るにあたって、これら信者共同体のすべてのひとびとが、この書物を読むのちの人々すべてをも含めて、母モニカとその夫のことを主の祭壇のまえで思い起こしてくれるようにと願っているのです。これらの言葉はこの『告白録』の自伝的部分が何のために書かれているかをよく表わし、これを結ぶにふさわしい言葉になっていることを示しているのではないでしょうか。

第九巻第十章に戻ります。ここでは、永遠の生命について母と語らう観想のひとときが描かれています。オスティアでアフリカへの船出のために元気を養っていたとあるのですが、ここで少し不思議だと思われるのは、「そこで私たちは、長い旅路の労苦の後（post longi itineris laborem）」と言われていることです。ローマからオスティアは近いですし、ミラノからローマへ、そしてオスティアというのもそんなに長いとは思われないからです。ですから、私としましては、長いこの世の旅路の後、母モニカの永遠の国への船出のために元気を養っていたという意味が込められているのではないかと考えます。

そして、これに続く箇所で『フィリピの信徒への手紙』三・一三が引用されています。該当箇所の前後を見ておきましょう。

《私たちは二人だけで、ほんとうに楽しく語りあいました。そして過去を忘れ、未来にむかって思いをはせながら、真理なるあなたご自身のまします御前において、聖者たちが未来においてうける永遠の生命とはどのようなものであろうかと、たずねあっていました。》

conloquebamur ergo soli ualde dulciter et praeterita obliuiscentes in ea quae ante sunt extenti quaerebamus inter nos apud praesentem ueritatem, quod tu es, quails futura esset uita aeterna sanctorum, (IX, x, 23)

『フィリピの信徒への手紙』三・一三の引用は「過去を忘れ、未来にむかって」という部分です。これは『告白録』第十一巻において展開される時間論においても頻繁に引用される、非常に重要な聖句です。何が言われているのかというと、「過ぎ去ったこと（praeterita）」を忘れて、つまり自分がキリストの道から外れていた過去のことは忘れ去って、「前にあるものへと全身をさしのべて（in ea quae ante sunt extenti）」ということです。この言葉は過去と未来を「流れてゆく」時間として、あるいは、いつかやってくる不確定な未来として捉えるものではありません。自分の前に置かれているものへと向かうこと、時間のうちにおいて定められたあるべきものへと向かって自己を構成してゆくという構造において過去と未来が考えられているのです。

さらに、ここで「現前する真理において（apud praesentem ueritatem）」と言われています。praesens は現在を意味する言葉ですが、過ぎ去ってゆく現在ではありません。とどまっている現在です。また、「真理」とは神であると同時にイエス・キリストのことを言っています。したがって、「現前する真理」とは、「イエス・キリストとして示されたあるがままの神の姿」が「真理」であり、それは変わらないし、過ぎ去ることもないと言っているのです。そして、この真理はその場その場において、いつも私たちに現前しているのであり、それはキリストがそこにあるということなのです。先に述べた『フィリピの信徒への手紙』三・一三と関連させて言うならば、このとどまっている現在においていまの私の身の振り方が決まってくるということです。

「永遠の生命（uita aeterna）」は聖なる人々にやがて与えられるべきものとして考えられています。それについてアウグスティヌスとモニカは話し合っています。「神そのものへと燃え上がる熱情によって私たち自身を持ち上げながら（erigentes nos ardentiore affectu in id ipsum）」、そして、感覚的なものを超えて、「欠けるところがない豊かさの場所へと達しようとしました（attingeremus regionem ubertatis indeficientis）」、「そこで、あなたはキリスト信者たち（イスラエル）に真理という食べ物を永遠に食べさせてくださる（ubi pascis Israel in aeternum ueritate pabulo）」。つまり、「永遠の生命（uita aeterna）」とは聖なる人々が真理によって養われる場所であると言っているのです。その場所では、「過ぎ去るということはもはやない、それはまさにあるというものであるから（quin potius fuisse et futurum esse non est in ea, sed esse solum）」ということも続いて言われています。「神の真理の永遠の現在」などと言いますと分かりにくい感じがいたしますが、キリストとして示された神の真理とは、過ぎ去らないものとして常にあるということです。そして、そこにおいて私たちは過去を忘れて来るべきものへと向かってゆくのですが、それは真理そのものにおいてある者になる、あるいは過ぎ去る者にならない――これが「永遠の生命（uita aeterna）」です。

では、母モニカの死についての記述に移ることにしましょう。第十一章は「病んで九日目、母の五六歳、私の三三歳のとき、その信仰深い敬虔な魂は、身体からときはなたれたのでした」と結び、第十二章の冒頭は「私は母の目を閉じてやりました」とあります。第十二章の記述は非常に感動的なものです。それはプラトンが『パイドン』篇の中で書いたソクラテスの死の場面の記述と似かよったところがあります。ソクラテスは毒杯を飲む時に、これから自分は神のところに行くのであって、「よい人には生きている間も死んでからも悪いことは起こらない」ということを皆よく考えてくれと言って死んでゆくのです。彼は従容としてその毒杯を飲んだ、その時まわりにいた人は堪えきれなくなって泣き出したのですが、ソクラテスは何で取り乱すのかと言って泣いた人たちをたしなめました。死の前の静けさ、この二つの場面はよく似ています。アウグスティヌスの記述の中で面白いのは、彼も泣きたくてしょうがないのですが、それを何とかこらえます、ところが少年アデオダトゥスは泣き出してしまい、まわりの人がこれをとどめるのです。その部分が描かれている第十二章の冒頭をラテン語で見ることにしましょう。「母の目を私は閉じてあげました（premebam oculos eius）」、「そうすると、わっとあふれ出てきました（et confluebat）」、「私の胸元に（in praecordia mea）」、「果てしない悲しみが（maestitudo ingens）」、「そしてそれは涙となって外に溢れ出てゆきました（et transfluebat in lacrimas）」、「そこで私の目は（ibidemque oculi mei）」、「精神の厳しい命令によって（uiolento animi imperio）」、「もう一度飲んでしまいました（resorbebant）」、「涙の泉を（fontem suum）」、「かれるまでに（usque ad siccitatem）」。つまり、涙があふれてきたのですが、外にあふれさせないように全部飲み込んでしまったというわけです。ここで「精神の」といわれる animus とは「雄々しい心で」ということです。

続いて母の葬儀のことが書かれていまして、同時にアウグスティヌスの悲しみについても描かれています。悲しみをいやすために入浴したということも述べられています。そして、その後、アンブロシウスの作った詩を思い出したと言われています。ラテン語では以下のようになっています。

deus, creator omnium
polique rector uestiens
diem decoro lumine,
noctem sopora gratia,
artus solutos ut quies
reddat laboris usui
mentesque fessas alleuet
luctusque soluat anxios.

この詩に関して言えることは、まず、子音と母音の重ね方が大変美しいことです。ラテン語の詩——これは古代ギリシャの詩に関しても言えることなのですが——長短のリズムがとても厳しいものです。この詩は短・長・短・長のリズムを持っています。

すべてのつくり主である神

天の極をすべて治めている者
日を輝かしい光によって、
夜を眠りの恵みによって装おう神よ、
ゆったりと解放してしまった四肢を
安らいがその日のいたつきから解放してくれるように
疲れ果てた精神を軽くしてくれる
そして気がかりな悩みを解放してくれる

夜が来て眠りという恵みによって安らいを与えてくれる、これは母モニカの死、そして人生の終りに重ねられていると思われます。安らいが与えられるということでアウグスティヌスの心も鎮まってゆきます。アンブロシウスの詩の引用の直前に、「あなたのアンブロシウスの本当のことを言っている詩句を思い出しました（recordatus sum ueridicos uersus Ambrosii tui）」とあります。アンブロシウスの詩のとおりに、あなたは私たちを夜の恵みによって安らわせてくれるのですね、と言っているのです。しかし、心は和らいでいたにもかかわらず、続く第十二章三三では、「そこであなたの前で思いのまま泣く気分になった（et libuit flere in conspectu tuo）」と述べられ、泣いたことが述べられています。

第十三章では母のための祈りが書かれています。

以上で、第九巻が終わります。自伝的部分の終りです。以前申し上げたように、第十巻以降では、アフリカへ帰って何をしたかなどは一切書かれていません。『告白録』は伝記を書いているのではありません。母モニカの涙によってはじまり、母の死によって自伝的部分は閉じられています。自伝的部分はそのような構成になっています。ついで、第十巻では司教となった今、神は私にとって何であるのかを考える哲学的反省に移ります。そこで考えてゆくうちに、自己の上にあるものとしての神を見いだし、ついでこの神が『聖書』の中でどのように示されているのかを見るために、神と人間の関係を明らかにしている『創世記』を顧みることになります。そこで最初に問題になるのは、永遠と時間の問題であり、第十一巻でこれが時間論として展開されます。それ以降、第十三巻の末尾に至るまで、創造の働きがどのようにして同時に救済論的な意味を含むかが述べられ、創造論と救済論が一つのこととして述べられる、独特な『創世記』解釈になっています。

第十二講　メモリアの内での神の場所の探究（第十巻その一）

第十巻は、第九巻までの叙述、すなわち自己の歩みのうちに顕わされた神の憐れみの業と、その成就としての回心の過程の叙述を前提したうえで、

（1）現在、司教としての自分が教会共同体のうちでの兄弟である信徒に対して、今このように告白することがいかなる行為であるか、また、それがどのようなものであるとき有意義なものであるかを反省します（X, i, 1－v, 7）。

（2）ついで、現在の自己の意識（＝memoria・記憶・メモリア）のうちで、「愛（amor）」としてかかわっている、あるいは「愛」としてかかわらされている神がどこに求められるかを探究します（X, vi, 8－xxvii, 38）［メモリア論］。

（3）さらに、この探究を通じて「自己の上（supra me）」なるものとして示された神を知るために、自己がどのようにして「奥底において心の清いもの（mundo corde）[1]」であるかが求められます（X, xxviii, 39－xliii, 70）［浄化論］。

今回は、（1）について、「教会共同体のうちでの告白という行為——愛と真実——」という題でお話したいと思います。

第一章一をラテン語で見てみましょう。

cognoscam te, cognitor meus, cognoscam, sicut et cognitus sum. uirtus animae meae, intra in eam et coapta tibi, ut habeas et possideas sine macula et ruga. haec est mea spes, ideo loquor et in ea spe gaudeo, quando sanum gaudeo. cetera uero uitae huius tanto minus flenda, quanto magis fletur, et tanto magis flenda, quanto minus fletur in eis. ecce enim ueritatem dilexisti, quoniam qui facit eam, uenit ad lucem. uolo eam facere in corde meo coram te in confessione, in stilo autem meo coram multis testibus.

「あなたを知りたいのです、私を知りたもうものよ。知りたいのです、いま私があなたに知られているのと同じように。（Cognoscam te, cognitor meus, cognoscam, sicut et cognitus sum.）」

山田先生の訳では「御身を知らしめたまえ」となっていますが、私としては「あなたを知りたいのです」と訳したいと思います。cognoscam は一人称の接続法のかたちで心を表しているからです。心の中から沸き上がってくる魂の叫びだといってよいでしょう。cognitor は「知るもの」、meus は「私を」、そしてふたたび、「知りたいのです（cognoscam）」と繰り返されます。その上で、sicut et cognitus sum といわれます。cognitus sum は受身のかたちなので「私は知られている」という意味になりますから、これは「いま私があなたに知られているような仕方で」という意味になります。最初からもう一度繰り返してみましょう。この一文は、こうして、

「あなたを知りたいのです、私を知りたもうものよ。知りたいのです、いま私があなたに知られているのと同じように。」

となります。つづいて、uirtus animae meae といわれます。uirtus は「力」を意味しますが、ここ

では「私の魂を生かしているものよ」の意味です。「その魂の中にはいって来て下さい (intra in eam)」、「そして、この魂をあなたにぴったりと合わせるようにして下さい (et coapta tibi)」、「あなたがこの魂を保ってくださるように (ut habeas)」、「そしてあなたがそれを所有するように (et possideas)」、「汚れや皺なしに (sine macula et ruga)」——これはもう「愛の告白」の文だと言ってよいでしょう。「汚れや皺なしに」というのは、上述の (3) の「心の清いもの」を表しており、したがって、「心の清いものとしてあなたが私を所有してくれますように」という意味になります。「これが私の希望です (haec est mea spes)」、「そういう希望を持っているからこそ、私は語るのです (ideo loquor)」と続けられます。あなたが私の中にはいってきて私を所有してくださるという希望があるからこそ、私は語り出すのです、そのような希望なしにはとても語ることはできないという意味です。「その希望において私は喜びます (et in ea spe gaudeo)」、「それは健やかな喜びです (quando sanum gaudeo)」——これも「愛の讃歌」と言えるでしょう。ついで「この人生のそれ以外のことは (cetera uero uitae huius)」、「よりわずかに嘆かれるべきです (tanto minus flenda)」といわれ、「より多く嘆くほど (quanto magis fletur)」、つまり、この世のことに関しては、たとえばお金がないといったことを嘆けば嘆くほど、嘆くに値しないのだ、嘆くべきではないのだということです。さらに、「この世のもののうちにおいて私たちが嘆くことが少なければ少ないだけ、実は嘆かなければならない (et tanto magis flenda, quanto minus fletur in eis)」と言われます。つまり、わたしたちがこの世のものに満足してしまって嘆かないとすれば、それこそ嘆かわしいことだというのです。「ご覧ください、というのもあなたは真理をお愛しになったのです（ecce enim ueritatem dilexisti）」、「なぜなら、真理を行うものは光のもとにくるのですから（quoniam qui facit eam, uenit ad lucem）」——これは『ヨハネによる福音書』三・二一のイエスの言葉です。[2]「私はその真理を行いたいのです（uolo eam facere）」、「私の心の奥底では（in corde meo）」、「あなたの御顔の前において（coram te）」、「告白をしているはたらきの中で（in confessione）」——「私の心の中ではあなたの御顔の前で、告白するはたらきにおいてわたしは真理を行いたい」、「けれども、私のペンにおいては（in stilo autem meo）」「多くの証人の前で（coram multis testibus）」真理を行いたい」といわれているのです。

第十巻冒頭の箇所をこのように直訳に近いかたちで訳してみました。つづいて、この部分をいっそう詳しく考察します。

（a）cognoscam について。カッシキアクムで書かれた著作『ソリロキア』の中に有名な一文があります。「わたしは神と魂とを知りたいと欲します（deum et animam scire cupio）」。[3] ここで注目したいのは「知る」という動詞 scire です。この『告白録』第十巻冒頭の言葉である cognoscere は『ソリロキア』の scire とは違います。何が違うのかが問題です。cognoscere はフランス語の connaître、名詞形では connaissance, 英語の cognition と同じ成り立ちの言葉です。connaisance の

naissance は「生まれること」を表しています。ラテン語では genus は「種族」などの意味があり、この gen- あるいは gn- はインド・ヨーロッパ語の「生まれる」の語根に近いと言われます。cognoscere には co-（一緒に）という接頭辞がついていますので、「生まれが等しいという仕方で知っていること」、すなわち「熟知していること」を意味します。その熟知は、たとえば、親や兄弟を身近な人として知っているというような知り方のことだと思います。したがって、第十巻の冒頭は、私は神によっていわば身近なものとして知られている、そのように、私も神を身近なものとして知りたいと願っているということなのです。パウロの『コリントの信徒への手紙一』一三・一二の「わたしたちは、今は、鏡におぼろげに映ったものを見ている。だがそのときには、顔と顔を合わせて見ることになる」という一文は神認識に関わるアウグスティヌスにとっての最終の言葉となるものですが、「顔と顔を合わせて知る」ことがこの cognoscere には最終的には含意されています(4)。

これに対して、scire は英語では science となる言葉で、科学的認識、すなわちものごとを分節して知ってゆくことを意味します。AとBは違う、BとCは違う、AとBを合わせるとどうなるのか、BとCを合わせるとどうなるのかなど、それぞれの要素を分けて、それを複合してゆくことによって知ることです。しかし、これは神を認識する仕方にふさわしいものでしょうか。『告白録』を書いている時点ではアウグスティヌスはもうそのように考えてはいないようです。『ソリロキア』では神と魂を哲学的に認識する仕方で scire を考えていたのですが、このような知り方は神や魂をいわば向こう側におく対象的認識となります。ところが、ここではそうではなく、自己よりももっと近いものとしての神、自己のうちを越えるものとしての神にどのように近づいてゆくかが問題なのです。それは回心の過程で自分を把えた神とのかかわりの問題です。

（b）「真理を行う（ueritatem facere）」について。先ほども申し上げたとおり、これは『ヨハネによる福音書』にでてくるイエスの言葉です。一般的な理解としていえば、「真理」とは認識の対象であって、「真理を知る」という言い方が通常の意味では普通の言い方です。それに対して「真理を行う（ueritatem facere）」とはどういうことなのでしょうか。行為の対象としての真理というのは通常の言い方ではよく分かりません。しかしながら、アウグスティヌスにとっては、「真理を行う」ことはとても大事なことでした、アウグスティヌスにとってというよりも、『ヨハネによる福音書』にとってそれはとても重要なことだったと思います。そのように大事なことである「真理を行う」ことをアウグスティヌスは二つの仕方で行うのだと言っています。一つは、「心の奥底における告白（in corde meo coram te in confessione）」という仕方です。つまり、私がどんなにむなしいものであるのか、しかし、その私にどのように神の業が顕われたのかをはっきりと公言するという仕方です。語ることによって真理が顕われてくる仕方で「真理を行う」ということです。もう一つは、「多くの証人の前で筆で書くことによって（in stilo autem meo coram multis testibus）」という仕方です。心の奥底における告白は人には見えません。神の前で告白することと人に見えるような仕方で告白することとは別のことです。この部分は修辞的にも美しい表現になっています。「告白において（in confessione）」と「筆において（in stilo meo）」が対応し、「わたしの心の奥底において、あなたの前で（in corde meo coram te）」と「多くの証人の前で（coram multis testibus）」が対応しているのですが、その語順が転置されて逆の順序になる「キアスムス」といわれる修辞文体を取っています。

（c）真理を行うことを「願う」（uolo eam facere）ということについて。uoloを「願う」と訳しましたが、先に挙げました『ソリロキア』の一文ではcupioが使われています。cupioは「欲望」につながる言葉ですが、uoloは心の奥底で願っていることを意味する言葉です。

次に第三章を見ることにしましょう。「では、私に何のかかわりがあって、人々は私の告白を聞こうとするのでしょうか」（X, iii, 3）。私は告白しているのですが、人々はなぜ私のことを知りたがるのでしょうか。「彼らは、私の口から私自身について語るのを聞くとき、真実を語っているか否かを、どうして知ることができるのでしょう。「人間のうちに起こっていることを知る者は、その人のうちにあるその人の霊よりほかにはない」（『コリント人への手紙第一』二・一一）というではありませんか」。いまアウグスティヌスは自分自身のことについて語っているのですが、どうしてそれが本当のことであると人には分かるのでしょうか、自分にしか分からないことをいま話しているのだから嘘をついていると思うこともできるのに、どうして本当のことを自分が言っていると分かるのかと問うています。

「それにしても「慈《いつく》しみ（charitas）はすべてを信じる」（『コリント人の信徒への手紙一』一三・七）といわれますし、すくなくともこれは、お互いに慈しみによって結ばれて一つになっている人々のあいだではほんとうですから、主よ、私はまた、人々も私の告白を聞くことができるようなしかたであなたに告白したいと思います。もっとも私は、自分のする告白の真実性をその人たちに証明してみせることはできませんが、慈しみをもって私のことばに耳をひらいてくれるほどの人ならば、いうことを信じてくれるでしょう。」

sed quia caritas omnia credit, inter eos utique, quos conexos sibimet unum facit, ego quoque, domine, etiam sic tibi confiteor, ut audiant homines, quibus demonstrare non possum, an uera confitear; sed credunt mihi, quorum mihi aures caritas aperit. (X, iii, 3)

――ここでは「慈《いつく》しみ（caritas）」という言葉が使われています。アウグスティヌスにおいて「愛」を表す言葉には caritas と amor の二つがありますが、caritas は神にもとづく「慈しみ」を指し、amor はより人間的なものを表しています。[5]「慈しみはすべてを信じる（caritas omnia credit.）」という言葉はパウロの『コリントの信徒への手紙一』一三・七からの引用ですが、ここでアウグスティヌスははっきりとした意図をもってこの言葉を引用しています。ギリシャ語のアガペー（*agape*）にあたるカリタスによって教会共同体が潤わされているのならば、神が自分にとって何であるのか、神の前で自分は何であるのかを自分が語りあらわしている時に、自分の語っていることをこの共同体の中では人々は信じてくれるでしょう、逆にもしも自分が嘘を言っているとすれば、自分は神の前で、嘘つきになってしまいます。つまり、信仰共同体の中でこそ「告白」は本当の意味を持ちうるのだと言っているのです。ですから、カリタスによって結ばれていない人々が自分のことを非難したとしてもそれは意味のないことだということになります。

《そこで彼らは、目も耳も精神もとどくことのできない内心においてこの私がいかなる者かということを、私の告白を通じて聞こうとします。彼らはその告白を信じようと身がまえていますが、はたしてほんとうの意味で知ることができるでしょうか。彼らはその有する慈しみゆえに善良な人々ですが、まさにその慈しみが彼らに教えます。自分自身について告白するとき、私はうそをつかない、ということを。そして彼らは、心のうちにいだいているこの慈しみによって、私のいうことを信じるのです。》(X, iii, 4)

——これも、カリタスによって結ばれている教会共同体においてこそ告白が意味をなすのだということを述べる言葉です。

第四章六に移ります。ここはここから第十巻の重要な部分が始まる箇所ですが、まずこう言われています。

《これこそはこの告白、すなわち、過去において自分がいかなる者であったかではなく、現在いかなる者であるかについての告白がもたらす善い効果です。私はその告白を、ただ御前において、恐れおののきつつひそかによろこび、希望のうちにひそかにかなしみつつするのではなくて、あなたを信ずる人の子ら、私とともによろこび、死の性《さが》を共有し、同じ国の市民であり、旅の道づれである人々、私に先だって生き、後に生き、同じ時代に生きるすべての人々の耳にも聞こえるように、しようと思うのです。》(X, iv, 6)

——ここに述べられる言葉、「信ずる人々である人の子ら、私の喜びをともに分かつ人々、私の死すべき性を共有している人々、私の同市民、私とこの世の旅を共にする人々、私の生涯に先だつ人々、後にくる人々、共にある人々 (in auribus credentium filiorum hominum, sociorum gaudii mei et consortium mortalitatis meae, ciuium meorum et mecum peregrinorum, praecedentium et consequentium et comitum uitae meae)」という言葉の内に「教会共同体とはどういうものであるか」が述べられています。すなわち、教会共同体とは、本当の喜びをわかちもつ者、私は死ぬ運命にあるのですが、その同じ本性を担っている者、神の国の同市民、この世を一緒に旅している者、使徒たちも含めた私たちより先にあった人たち全員、私の後に続いてくる人々すべて、すなわち私と生涯を共に歩んでいる人々のことであり、その人たちの前で「真実を行う」ことが『告白録』を書いている私の現在のあり方なのだとここでは述べられているのです。

この部分に続いて、驚くべき一文があります。

《この人たちはみな、あなたのしもべであるとともに私の兄弟です（hi sunt serui tui, fratres mei)》

——これは当然な言葉でしょう。でも続けて

《彼らがあなたの子であるとともに私の主となることをあなたはおのぞみになり、もし私があなたとともにあなたによって生きようと思うのならば、彼らに仕えながら生きねばならないとお命じになりました（quos filios tuos esse uoluisti dominos meos, quibus iussisti ut seruiam, si uolo tecum de te uiuere)。》(X, iv, 6) と書かれています。(6)

「あなたの子（filii tui）であり、私の主人（domini mei）であるもの」——この言葉が驚くべきことに司教であるアウグスティヌスが信者共同体に向かって言っている言葉なのです。なぜ、彼らが私の主人なのかといえば、神がそのようにお望みになったからだと言っています。さらに、「この御言は、ただ語られ命ぜられるだけで、実行による範をお示しにならなかったならば、私にとってたいした意味がなかったかもしれません。しかし、実行によって範をお示しになりましたから、私もまた、ことばと行ないとをもって実行するのです」とも述べています。これはイエスの十字架のことを言っていると考えてよいでしょう。

次の文も私は驚きをもって読みました。「私は小さい子どもにすぎませんが、わが父は常に生きたまい、申し分ない保護者です。私を生んでくださった方が、まもってくださるのですから（paruulus sum, sed uiuit semper pater meus et idoneus est mihi tutor meus; idem ipse est enim, qui geuit me et tuetur me」(X, iv, 6) において、「私の父 (pater meus)」と言われているのは神のことです。神のことを「私の父」とはっきりと呼んだのはイエスです。『告白録』の中でアウグスティヌスが神を「私の父」と呼んでいるのは、ここまででは、ここだけではないかとわたしは思います。[7] つまり、ここでアウグスティヌスはイエスのような者として語っているのです。さらに、「私を生んだもの (qui genuit me)」とも言っています。これも驚くべき言葉です。これも他の箇所では使われていない表現だろうと思います。「私を造ったもの」という言い方が普通されていると思います。このように、驚くべきことが言われているのですが、アウグスティヌスは教会共同体を本来そのようなものであると信じていましたし、おそらくそのような場所と、そのような行いにおいて神の真実が明らかにされると考えていたのだと思います。

《そこで私はこの人たちにむかい、すなわち、あなたが仕えるようにと私に命じたもうその人たちにむかい、自分が過去において何者であったかではなく、現在すでに何者であるか、また現在もまだどのような者であるかということを、ありのままにうちあけようと思います。けれども私は、自分自身を裁きません。》

indicabo ergo talibus, quailbus iubes ut seruiam, non quis fuerim, sed quis iam sim et quis adhuc sim; sed neque me ipsum diiudico.. (ibid.)

と続けられます。私はありのままを語るのだが、それが真実であるか否かを自分で言うわけにはいかないというのです。第五章第七節はこれをうけて、「まことに、主よ、私を裁きたもうのはあなたです (tu enim, domine, diiudicas me)」(X, v, 7) と言われます。つまり、これが真実なのだということは神しか知らないのです。

《「人間のうちにおこっていることを知る者は、その人のうちにあるその人の霊よりほかにない」といわれますが、人間のうちにある人間の霊にすら知られていない何かが人間のうちにはあります。》

etsi nemo scit hominum, quae sunt hominis, nisi spiritus hominis, qui in ipso est, tamen est aliquid hominis, quod nec ipse scit spiritus hominis. (ibid.)

――この部分も非常に重要です。自分のうちに何があるのかということを、自分はある程度は知っています。しかし、その自分でさえも知らないことがあるのではないかとここでは言われているのです。

《ですから私は、あなたをはなれて遍歴の旅をつづけているかぎり、御前にあるというよりはむしろ自分自身の前にいます。》

at ideo, quamdiu peregrinor abs te, mihi sum praesentior quam tibi (ibid.)

――これは神の前にいるということは自分ではなかなか分からない、せいぜい自分の前にあるものしか見えていないということです。あるいは、ひとは自己意識を持っているけれども、神の意識を自分が持っているとは言えないということです。第五章の最後ではこう言われています。

《ですから私は、自分について何を知っているかを告白するとともに、自分について何を知らないかをも告白しようと思います。じっさい、私が自分について知ることも、あなたの照らしによって知るのであり、自分について知らないことも、知られないのは、御顔の前で、私の闇が真昼のようにあかるくなる日がまだ来ないからなのです。》

confitear ergo quid de me sciam, confitear et quid de me nescian, quoniam et quod de me scio, te mihi lucente scio, et quod de nescio tamdiu nescio, donec fiant tenebrae meae sicut meridies in uultu tuo. (ibid.)

——自分自身について知らないことがある、それはこの世を旅している状況の中で認めざるをえないことだろうと思います。信仰のうちにおいて歩んでゆくとは、最後の日に明るくなるだろうということを信じることなのです。

とびますが、自己の内に神を尋ねることが終わった後の第二十七章三八をご覧下さい。有名な箇所です。

「あなたを愛するのがなんとおそかったのでしょうか。それほどにも古い、それほどにも新しい美よ、あなたを愛するのがなんとおそかったのでしょうか。」

Sero te amaui, pulchritudo tam antiqua et tam noua, sero te amaui!

アウグスティヌスの心の奥底から迸り出ている愛の告白の言葉です。

しかしながら、次の第二十八章では、地上の人間の生は間断ない試練に他ならないことが述べられています。

《この世の順境はわざわいなるかな。しかも、一つならず二重の意味で。すなわち、順境のうちにはいつか逆境が来はしないかという恐れがあり、また、順境の喜びはいつかは滅びるという二重の意味で。この世の逆境はわざわいなるかな。それも、一つならず二つならず三重の意味で。すなわち、逆境においてはたまらなく順境が恋しく、また、逆境そのものがつらく、また、いつか逆境にたえきれなくなる危険があるという三重の意味で。》

uae prosperitatibus saeculi semel et iterum a timore aduersitatis et a corruptione laetitiae! uae aduersitatibus saeculi semel et iterum et tertio a desiderio prosperitatis, et quia ipsa aduersitas dura est, et ne frangat tolerantiam! (X, xxviii, 39)

――一人一人の生の歩みにおいてこのようなことに出会っていることは誰も認めざるをえないでしょう。けれども、教会共同体の中ではそういうことはあまり表立っては言われないように思われます。私にとって今年の復活祭あるいは受難祭はとても心に残る時でした。それは聖土曜日、闇の中でキリストの光が灯されるときのことです。この前みなさんとお会いしたのは二月のことでした。けれども、この数年耐えられない犯罪がこの日本には多発してきています。私は一体これは何なのだと問いかけずにはいられません。問いかけないのはおかしいとすら思うのです。犯罪を犯した少年たち、その犯罪に巻き込まれ人々は大きな苦痛のうちに置かれていると思うのですが、その苦痛をどうしたらよいかという時、教会として、また、信者として祈るしかない。それはもちろんそのとおりです。けれども、さらにキリスト信者はキリストの光がどこでどのように示されるのかということを具体的に示さなければならないと思うのです。どこに救いがあるのかをこの人々に示すことができなければ、わたしたちキリスト信者はいったい何をしているのでしょうか。「世の光」とか「地の塩」だとか言ってみてもしょうがないのではないでしょうか。日本の社会がいわば火で燃えているのに手を拱いて何もしないのでしょうか、おかしいのではないでしょうか。みなさんにもお考えいただきたいと思います。もちろん、多角的な方面から、たとえば心理学、社会学、社会心理学などが果たすべきこともあります。しかし、そういう対症療法ではなくて、一体何が原因でこういう恐ろしいことが起こるのかということをわたしたちは認識しなければならないと思います。それは、決して単純な原因によるものではなく、複合的な原因があるでしょう。今この日本の社会全体が病んでいるのです。そのような状況の中で、信仰が理性的な判断をつくり出してゆかないとすれば、信仰も役に立たないのではないでしょうか。信仰は「本当の理性」を回復するものでなければなりません。

第十三講　メモリアの内での神の場所の探究（第十巻その二）

メモリアの内での神の場所の探究は、『告白録』第十巻の中心部分であり、哲学の文献としても古典的な箇所ですが、はじめに、アウグスティヌスの神探究とはどのようなものであるかを、一般的に考えておきたいと思います。

「神とは何か」ということについて、それぞれの方は、それぞれの場所、ご自分の生涯のさまざまな過程の中で嚙みしめ、想いを深めてこられたことと思います。また、キリスト教会が成立して以来、古代・中世・近世・現代と教会がその歩みを辿る過程で、教会は「神とは何か」について教えてきましたし、その教え方には、一つの展開、歴史があったといってよいでしょう。ここにいらっしゃる方々も世代は多様であり、みなさまと教会との出会いもまたさまざまであったと想像します。私自身についていえば、わたしがカトリック教会と出会ったのは大学の頃でした。ほぼ六十年前、一九四五年の頃で、戦後といえるでしょう。それから、現在に至るまで日本のカトリック教会も世界のカトリック教会もさまざまな歩みを辿りました。とりわけ第二バチカン公会議を境に大きな変化が起こりました。その変化が何をもたらしたのか、またその変化によってこれから何が展開されるのかについては、まだ一つ一つの筋道が辿り尽くされているとはいえないでしょう。これまでカトリック教会にかかわってこられた皆さま一人一人がこれにこれからどのようにかかわられるかによって、教会そのものがその形を新しく開いてゆくのだと思います。それが二十一世紀の教会のすがたです。ところが他方において、制度は一つの形を持つものであって、一つの制度がつくられると、形は一定の持続性を持ちます。制度は制度を持つものをなんらか固定したものにするのです。これは人間社会の制度としては当然のことです。ですから、第二バチカン公会議により大きな変化が起こったとしても、教会にはまだ変わっていない部分が大きく残っています。歴史とはそういうものです。そこで、私自身が六十年間かかわってきたことにも関係しますが、「神とは何か」という問題についてもこれまでさまざまなかかわり方があったことを、いま、あらためて考える必要があります。『告白録』の第十巻は、アウグスティヌスの神へのかかわり方がもっとも率直に述べられている箇所です。ここでアウグスティヌスの神へのかかわり方を学ぶことは私たちには教えられるところが大きいと思います。同時に、これまでの教会が固定したものとして持っていた形がどういうものであったかをここで振り返っておくことも、アウグスティヌスの神へのかかわり方を理解するために必要です。

アウグスティヌスは紀元後四世紀から五世紀を生きた人です。その後、中世ヨーロッパ世界において中世ヨーロッパ教会が展開してゆく過程で、アウグスティヌスの著作はもっとも大切にされ、読みつがれたものの一つです。それゆえ、『聖書』を読む上でも、アウグスティヌスの著作が重要な役割を果たし、その後のヨーロッパ・キリスト教思想を形成してきたことも確かです。しかし、アウグスティヌスが生きていた古代世界、およびその古代世界の中で成立した古代キリスト教会が持っていた形と、古代世界が終わって中世ヨーロッパ世界に移りゆくとき、中世キリスト教会として展開した形の間には違いがあるのも確かです。その違いは小さいものではなく、大きいものであったかもしれません。私たちはそのことを意識する必要があります。そこで、古代キリスト教会の中でキリストの福音がどういう形で人々によって生きられていたのかをここで味わってみることが大切だと思われます。そのためには、アウグスティヌスにおいてそれがどういう形をもっていたかを学ぶことが有益です。

「神の探究」と一般的に申しましたが、その中で「神は何であるか」という探究はいつも重要な問題でした。ラテン語では神の quid est（何であるか）の問題といいます。これはギリシャ哲学からはじまっている問題で、古代キリスト教世界、中世キリスト教世界はこれを受け継いでいます。つまり、哲学の伝統を受け継ぐことによって教会は「神とは何であるか」という問いを持っているのです。quid est（何であるか）を名詞にしますと、文字通り quidditas（何であるかということ）となります。これは普通「本質」と言われるものです。esse（ある）という動詞から作られた名詞形の essentia も同じように「本質」という意味で用いられます。英語ではこれはそのまま essence という言葉になります。したがって、「神は何であるか」という問題は神の「本質論」なのです。しかし、それと並んで、神について「神はどこにいるのか（ubi Deus est）」という問題を考えることができます。これをわたしは神の「場所論」と呼んでいます。この二つの問題を区別しましたのは、『告白録』第十巻では、メモリア、すなわち人間の意識とか記憶の中で「神がどこにいるのか」という神の場所を探究しているからです。つまり、第十巻は基本的には「神の場所論」という性格を持つのです。これはかなり重要なことです。というのは、神にかかわる場合、神の本質をたずねるのと神の場所をたずねるのとでは大きな違いがあるからです。ヨーロッパ中世でキリスト教神学が成立していった過程で、そこにはギリシャ哲学の影響もありますが、神の本質論が神学の中心を作っていたのは事実として認めなければなりません。それに対して、神の場所論は中世の神学の中では必ずしもはっきりした位置を占めていたとはいえません。ところが、私たち、東洋の伝統に生きている者にとっては、神は何であるかという本質論も重要ですが、それよりもわたしたちが「どこで」神とかかわっているかという神の「場所論」の問題の方がいっそう切実な問題であると思えます。そういう意味で、中世神学よりもアウグスティヌスの神探究の方が私たちの問題に近いところにあると私には思われるのです[1]。

「場所」の問題が哲学・神学の伝統でどのような位置を占めるかを考えてみますと、ヨーロッパ神学の伝統の中ではそれははっきりしていないように思われます。ところが、イエスの福音にかえりますと、『ヨハネによる福音書』の告別説教の中で、「私は父のもとにあなたがたのために場所（ギリシャ語で「トポス（*topos*）」）を備えにゆく」とイエスは言っているのです[2]。神のもとにおける安らいの「場所」というのは、『ヨハネによる福音書』の告別説教の中でとても重要な部分であると思えるのですが、ヨーロッパ神学ではこれはあまり展開されていないといえるでしょう。ところが、アウグスティヌスにとっては、「神の場所」こそが重要な問題です。余談になりますが、この問題に関係して、私は一九七七年にドイツのボンで行われた国際中世哲学会でアウグスティヌスについてのある論文をドイツ語で発表したことがあります[3]。その際、日本を出発する前に、尊敬するあるドイツ出身の神父さんにこの論文を読んでいただいたところ、「神には場所がありません」といわれてしまったのです。つまり、神は空間とは関係がないということです。ヨーロッパ神学では、神はむしろ「遍在(ubiquitas)」するのであり、空間のうちに一定の場所をもたないのです。このような考え方がヨーロッパ神学を形成し、ヨーロッパ精神史を形成しています。神を空間的な場所を通じて考えるのではなく、むしろ時間を通じて、「永遠」にかかわる「時」の問題のなかで考えるのがヨーロッパ神学の伝統です。どうしてそういうことになるかというと、「場所」とか「空間」とかは私たちが身体としてかかわりを持つものです。そういう身体との関係を切り捨てて、魂そのもののうちへと還ってゆく、「場所」をもたない精神へと還ってゆくという方向で神が尋ねられたのです。精神のあり方は時間です、それは永遠にかかわる時間です。このように、ヨーロッパ神学では神の「場所」の問題は切り捨てられるという構造を持っています。しかし、私はここに神にかかわる根本問題があると思います。この根本問題を考え抜いた人の一人として西田幾多郎先生がおられました。西田先生の哲学では「場所」の問題は根本の問題として考えられています。私たちも自分自身にかえってごく自然に考えると、結局は「場所」の問題に突きあたります。神を探究する上でも神の場所論が根本的な問題であると思います。もちろん、このような考え方は、わたしの中ではアウグスティヌスに導かれて育ってきた考え方です。しかし、それは私たちが信仰を生きてゆくあり方として大切であると考えています。

教説としての神学と探究としての神学

つぎに、「神学（theologia）」ということについてすこし一般的に考えておきたいと思います。theologia の -logia はギリシャ語の「ことば」とか「論」を意味する *logos* から派生する言葉で「言葉を用いて論拠を述べ、論じてゆくこと、論を立ててゆくこと」を意味します。そこでそれは一般に「学問」を意味することになります（psychologia, zoologia, sociologia など）。そこで theologia は「神について言葉を用いて論じてゆくこと」、あるいは「神を語る語り方」といってもよいものです。それが「神学」という言葉のもとの意味です。(4) そこで、「キリスト教」を「一つの宗教」としてその歴史的展開という点から見るとき、この「神学」という言葉には「二つの使い方、または、あり方」があったように思えます。これを「教説としての神学」と「探究としての神学」という二つのあり方と考えておきたいと思います。宗教が一つの制度としての形を整える時、そこには信じられるべき「信条」が何であるかを定める手続きが求められ、これが教会制度の中で「信仰箇条の確定」という形をとります。そして、これが定まる時、それは「教会の教え」の枠組みを定めるものとなり、この枠組みにあった考え方とこの枠組みから外れる考え方が判別され、裁定されることになります。枠組みに合ったものが「正統」であり、外れるものが「異端」です。正統と異端がこのようにして判別され裁定される時、教会は正統を教え、異端を排撃する制度として機能します。「教会の教え」を伝えるべきものとして「教職制度」が整えられ、司教、司祭のヒエラルキア（位階制度）が確立されます。

このように「教会の教え」として「教えられるべきもの」としての「神学」をここで「教説としての神学」と呼んでおきたいと思います。これはキリスト教が一つの宗教として制度を確立していった過程でもった歴史的過程ですが、同時にこの「信ずるべきこと（＝信条）」を確定し、「正統」と「異端」を判別・裁定してゆく過程でも、「神とは何であるのか」、「神と人間との関係、および、人間がそのうちに置かれている世界と神との関係」が何であるかという問題がいつも問題として立てられ、探究されていったのも事実であり、この「探求の過程」にもとづいて「信条」が確定され、「正統」と「異端」が判別され裁定されていったのです。そこで、この「神とは何であるのか」、「神と人間との関係、および、人間がそのうちに置かれている世界と神との関係」は何であるかを探求する過程を「探究としての神学」と呼ぶことにします。キリスト教会の歴史でこの「探究としての神学」を担ったのは原初では「使徒たち」であり、ついで主として「教義公会議」を導いた教父たち、およびその後の神学者たちですが、これらの教父たち、神学者たちと共にそれぞれの時代を生きた一般信者の信仰がそれを支え、導いていたといわなければなりません。教父、神学者たちもそれぞれ一人の信者であり、同じ信仰をともにする一般信者の信仰に支えられて生き、思索していたからです。

稲垣良典先生はある論文の中で、(5)「キリスト教は常に、一貫した仕方で、神を「問題」として探求せざるをえないように人間に迫る宗教であった」と述べて、「神学」を持つ宗教であることをキリスト教の特徴の一つとしておられます。これはとても重大な指摘です。キリスト教が成立して以来、人間は「神が何であるか」について考えざるをえなかったのです。それがキリスト教の歴史であったのは本当だったと思います。(6)たしかに「神」という言葉は日本の伝統の中では「八百万の神」として古くから神道の伝統として伝えられていますが、そこで祀られている神が何であるかという問いはあまり立てられてはいなかったと言えるでしょう。平田篤胤という人は神道の伝統の中で神とは何であるかを問題化した人だといわれていますが、彼はキリスト教の伝統に影響されて神道にもそのような神学が必要と考えたのだと思います。稲垣先生の言葉をさらに引きます。

「いうまでもなく、人々の心の奥深いところには、万物の第一の始源、究極の実在、あるいは世界の最高の理法――それを「神」と呼ばないにしても――についての何らかの観念が宿っており、それについての深い思索や考察は行われていた。その意味では、東洋においても人々は神の現存を感じとり、それに様々の仕方で応答してきたといえるかもしれない。しかし、確かなことはそこには神を「問題」として探求することを迫る宗教はなかったし、それと結びつく「問題」としての神の探求や考察を中心課題とするような哲学の歴史も見い出されなかった……。われわれは東洋のキリスト信者として、このように根源的に異なった宗教・哲学的伝統が交わるところに身を置いているのであり、安易にこれら異なった伝統の統合ないし総合を夢みるべきではないにしても、「問題」としての神をめぐる探求と考察において新しい局面をきり拓くことは可能であるかもしれない。(7)」

これは稲垣先生の見解ですが、日本の伝統を十分に汲みとった上での「神学」がどのようなものでありうるのか、それを考えるべき場所がどこにあるかを教えるものとして重要です。

ジョン・ヘンリー・ニューマンという人は、イギリス国教会の司祭として出発した人で、惰性的に慣習化していた当時の教会と一般信徒の信仰のあり方に心を痛め、友人たちと一緒に一般信徒を巻き込む宗教の革新運動（「オックスフォード運動」と呼ばれる）をイギリス国教会の中で起こした人ですが、その頃、イギリスの一般の人々に行った説教の中で、キリスト教徒は成人してから自分の信仰が何であるのかをあらためて考え直し、それが自分に納得できるように反省する必要があると言っています。それはそのとおりで、わたしたちにとても身近なことだと思います。みなさまのご家族も子どもの頃、キリスト教的に養育されているのですが、神が何であるかを正面きって考えたことがあったかというとそうでもないでしょう。しかし、ニューマンの言うとおり、大人になったら真面目に考えてみることが大切です。とりわけ日本のような非福音的な世界の中に生きるものにとっては、自分の生命である信仰が何であるのかを自分に対して明らかにしてゆく必要があります。自分にとって大切なものであることを明らかにすることは、それが他人にとっても大切であることを明らかにすることにならなければなりません。それが信仰の光を明らかにしてゆくことだと思います。信者の一人一人がそれをしなければならないのです。

神学とは遠いところにあるものではなく、神についての自分の証しを明らかにするところにあります。それが神学なのです。信仰の恵みが何であるかを自分の言葉で言いあらわすことが必要であり、これをお互いに語り合うことによって、一つの信仰共同体を作り上げることが大切です。アウグスティヌスの『告白録』とはまさにそのような書物でした。それは教会の伝統を汲むものでなければならないし、イエスの福音を生かすものでなければならないでしょう。それが「信仰の理解（Intellectus fidei）」といわれることです。

アウグスティヌスは、「神は人間の理性では摑み尽くすことのできないものである、しかし、神が何であるかを少しでも理解しようとすることが、人間に理性が授けられていることの意味である」と言っています。(8) つまり、「人間の理性」とは、神が何であるかを考えようとするそのためにあるのです。また、このように願い求めることによって人間は「善いもの」になるのだと言っています（『三位一体論』第一五巻二・二）。これが古代教会における神学のあり方でした。そこから教義も形成されていったのです。そういう神学をいま取り戻すことが大切です。その時代、地中海世界に、キリスト教のモノポリはありませんでした。多くの宗教が併存していました。多くの宗教が併存する中で、イエス・キリストによって告げられた福音がすべての人にとっていかなる光であり、生命であるかを明らかにすることに教父たちの仕事は捧げられていました。そこから教父の神学が生まれました。いま多くの宗教の併存を事実として受けとめるべき時代がきています。この多文化、多宗教の並存する地球化時代において、わたしたちがキリスト教のあり方として学ぶべきものが教父の中にはたくさん

あると思います。この生命をいま復元すべきです。(9)

仏教には「不立文字」という考えがあり、言葉で神について語ることをしない方が日本人には受け入れられやすいという点が強調される傾向がありますが、アウグスティヌスの場合はちがいます。アウグスティヌスの場合には、人間の言葉が神について語り、最後まで語って、その言葉が尽き果てるところに神の現存があるということになるのです。私もそう思います。


ここで、『告白録』第十巻に戻ることにしましょう。第十巻は神を「メモリア（＝記憶・意識）」のうちに求める探究です。自己が自己のメモリアのどこで神にかかわっているか、あるいはむしろ自己のメモリアのどこに神がかかわってきているかを尋ね、自己のメモリアのうちにおける神の場所を尋ねてゆく探究としての神の場所論が第十巻です。

「メモリア（memoria）」という言葉は、英語でいえばmemoryにあたり、「記憶」と言う意味ですが、この言葉に関係するラテン語の形容詞memorには、「こころに思い浮かべて」という意味があります。ですから「メモリア」は「意識」と訳してもよい言葉です。それゆえ、自分自身が心に思い浮かべる場所の中で神はどこにあるのかをたずねてゆく探究が第十巻なのです。

この探究の出発点は、第六章八にあります。

「主よ、私は揺れ動く思いによってではなく、確固とした思いによって、あなたを愛しています。」

Non dubia, sed certa conscientia, domine, amo te. (X, vi, 8)

――conscientia とは英語では conscience であって「意識」ということです。右の訳では「思い」と訳しました。わたしがあなたを愛していることが私の思いのうちでは「はっきりしている、間違いがない、疑いがない（non dubia, sed certa conscientia）」というのです。「私は愛している（amo）」という動詞は現在形です。ですから、これは「現に私はあなたを愛しています」という意味です。ついで、

「わたしがあなたを愛している時に、私はいったい何を愛しているのでしょうか。」

quid autem amo, cum te amo?

と問われます。私が神を愛していることはわたしの意識における疑いのない事実ですが、この愛においてかかわっているものが何であるかを尋ねるところからこの探究は出発するのです。

「あなたは私の心の奥底をあなたの言葉で刺し貫かれました。そこで、私はあなたを愛してしまいました。」

percussisti cor meum uerbo tuo, et amaui te.

――「あなたは刺し貫いた（percussisti）」、「私の心の奥底を（cor meum）」、「あなたの言葉で（uerbo tuo）」、「そこで（et）」、「私はあなたを愛してしまいました（amaui te）」というのです。最

後の動詞amauiは完了のかたちですが、これは現在完了の意味で「愛してしまって、現に愛している」という意味です。ここには、古代の恋愛文学の常套語である「愛する（amare）」という言葉が用いられています。キューピッドの愛の矢に刺し貫かれて「愛に陥る」というのがヨーロッパ文学の伝統ですが、ここではキューピッドの矢によってではなく、「あなたの言葉によって（uerbo tuo）」指し貫かれたといわれています。「あなたの言葉」とは、ここでは、具体的にはこれまで『告白録』の中で語られてきた神のあわれみの業のさまざまのことだといってもよいでしょう。(10)それゆえ、ここで「わたしはあなたを現に愛しています。疑いのないことです」と言っているのは、回心の過程を通じて自分がかかわった神、いやむしろ自分にかかわってきた神、回心の過程を通じて自己の全体を摑み、心の奥底を刺し貫いた神のあわれみの業の確固とした記憶・意識、つまりメモリアがわたしの内に現前しているということです。こうして、第一巻から第九巻までに展開されてきた神のあわれみの業の告白を前提にして第十巻ははじまっています。「自分がかかわった神」というよりむしろ「自分にかかわってきた神」というのが適切だと申しました。神の方がむしろ主体的なのです。それゆえ、ここは、自分にそのようにかかわってきた神とは何であるのかという問いから出発するのです。このように探究は「何であるか」という問いからはじめられています。「あなたを愛している時に、私はいったい何を愛しているのでしょうか」という問いはある意味では愛しているものが何であるかを問う「本質論の問い」です。しかし、ここで、探究は「何であるか」の問いから「どこにあるか」の問いに転じてゆきます。つまり、自己のメモリア（＝意識）のなかで神がどこにおられるかという、神と自己のかかわりの場所を尋ねてゆく問いに転ずるのです。

どのように転ずるのか、その道程は次のように展開されます。まず、探究は自己を取り巻く外的な世界に向けられます。それは何なのかと大地と海と空に尋ねられます（X, vi, 9）。大地も海も空も自分たちは「あなたの神」ではないと答えます。アウグスティヌスはさらに尋ねます。「では、あなたがたがわたしの神ではないならば、どうぞ「わたしの神」について何かを語ってください」。すると彼らは大声で叫んだといいます。

「その方が私たちを作った。」

ipse fecit nos. (X, vi, 9)

ここにアウグスティヌスはコメントをつけ

「私の問いは私の視向、彼らの答えはかれらのかたちの美しさだった。」

nterrogatio mea intentio mea et responsio eorum species eorum. (ibid.)

――これは非常に美しい文章です。けれどもすこし難しいところもあります。その説明はすこし後に回すことにして、そのつづきを読みましょう。アウグスティヌスはつづけます、

「そこで私は私を私自身へと向け、お前は誰なのかと私に語ります。私は答えます。「私は人間だ」。では「人間とは何か」。「人間は魂と身体からなる」。」

et direxi me ad me et dixi mihi: “tu quis es?” et respondi: “homo”. et ecce corpus et anima in me mihi praesto sunt, unum exterius et alterum interius. (X, vi. 9)

――このようにしてわたしがその一人である人間が「魂と身体」からなるものであることが認められ、つぎにこの内なる魂のうちに神の場所をたずねてゆく探究がはじまります。これが内なる魂による内なる神の探究の出発点ですが、この探求のはじまる転回点であるこの最初の部分は興味あり、重要なものを含んでいますので、先に残しておいた問題を、いま、ここでもうすこし詳しくお話したいと思います。

内なる神を求める、「内面化」ということがアウグスティヌス的な精神だといわれています。これはそのとおりです。「内面への還帰」とも「自己自身への帰向 (reditio in se ipsum)」ともいわれます。これはどのようにして起こるのでしょうか。第十巻ではそれはどのように語られているのでしょうか、「自己の内」とはそこでどのように語られているのかを、もう一度始めにかえって、考えてみましょう。

この探究は「私はいま神を愛している」という自己の内における意識の確かさから出発するものでした。そして、この「わたしの神」について大地や海や空に尋ねているのです。すると、彼らは「わたしたちはあなたの神ではない」と答えます。こうして、神は自己の外に求めることができないことが初めに示されます。アウグスティヌスはそこでさらに「では私の神について何か言ってくれ」と追求します。すると彼らは「その方が私たちを作ったのだ（ipse fecit nos.）」と大声をあげて叫んだ（exclamauerunt）というのです。大地や海や空気という自然物が「大声をあげて叫ぶ（exclamare）」とはどういうことでしょうか。みなさんはムンクの「叫び」と題される絵を御存じだと思います。それは「声のない叫び」を表しているのではないでしょうか。物は沈黙しながらも叫んでいるのです。こういう「叫び」は聞こえるものではないのです。叫びは「響き」とは違います。風の吹く音や火が燃える音は「響き」です。「声（uox）」は人間の耳に聞こえる音声で、人間の言葉を伝えるものです。では「叫び」とは何でしょうか。それは「響き」でも「声」でもなく、ものそのもの自体が人に何かを語りかけてくるものです。福音書の記述に、イエスのエルサレム入城の際に群集は歓呼して迎えた、ユダヤ人の長老たちがそれをやめさせようとした時、イエスは「もしこの人たちが黙れば、石が叫びだす」[11]と言ったと述べられています。これはまさにこの「石の叫び」なのです。存在そのものの底が裂けて、そこから響きが上がってくる、そういう存在そのものの声としての耳に聞こえない響きが叫びなのです。

ここで自然物はそういう叫び声をあげ、自分たちが作られたものであること、あなたの神が自分たちを作った方だと叫んだというのです。自然物の叫びとは、ここで、そういう自然物そのものの自己証言なのです。ここには「創造（creatio）」の問題があります。トマス・アクィナスの神学では、神について、人間は理性によって「神がある」ことは知ることができるけれども、「神が何であるか」、

「神が世界を創造した」ということを知ることはできないとしています。神が世界の第一原因としてあることは分かるが、神が創造主であるとはいえない、「創造（creatio）」は信仰の対象であり、啓示を通じてだけ告げ知らされるものだといわれるのです。ここで「啓示神学」と「自然神学」が分かれるのですが、アウグスティヌスの場合にはそのような分け方はしません。自然物の「叫び」によって「創造」のことが語られているとするのがこの箇所です[12]。

ここで、この自然物のあげる叫びについてアウグスティヌスのつけているコメントは興味深いものです。

「私の問いは私の視向、彼らの答えはかれらのかたちの美しさだった。」
interrogatio mea intentio mea et responsio eorum species eorum. (X, vi, 9)

——「私はかれらに問いかけて（interrogatio mea）、かれらを見つめた（intentio mea）。かれらの答え（responsio eorum）はかれらのかたちの美しさ（species eorum）だった」というのです。species は「種類」という意味もありますが、この場合は「かたち」を意味します。「かたち」とは「美しいかたち」です。「その方が私たちをつくった」という叫びはこの「美しいかたち（species）」が語っているのです。これはプラトン哲学に基づくと言ってよいでしょう。ものが「かたち」を持つとはどういうことでしょうか。かたちとは一つのまとまりを持っているものです。一つのまとまりがあるところには必ずそこに一つの美しさがあります（たとえば、松には松の美しいかたちがあるように）[13]。反対に、かたちを持たないものは醜いのです。プラトン哲学ではかたちをもつことが「ある」ことで、「ある」と「ない」の区別はかたちを持つか持たないかによります。かたちを持たないものは「ある」とは言えないのです。では、かたちを与えたものは何なのでしょうか。かたちを与えたものは「あなたの神」であると大地や海や空は言ったというのです。これはすこし難しい問題です。でも続く箇所を見てみましょう。

《そこで私は、自分を自分自身にむけて、自分に向かい、「おまえはいったい何者だ」とたずねると、わたしは答えて、「人間だ」といいました。》

et direxi me ad me et dixi mihi: “tu quis es?” et respondi: “homo”.

——ここで、大地や海や空など自分の外に向けられた自己のまなざしは、反転して自己自身に向けられ、「おまえはいったい何者だ」という問いに転換します。この転換がこの文脈の中でどのように起こるのか考える必要があります。「お前自身はいったい何者だ」という自己自身に向けられた問いは、いったい、どこで起こるのでしょうか。この問題は教父一般にとって、またプロティノスにとって、さらに哲学一般にとって根本的な問題です。この第十巻の文脈が示唆していることは、この問題には「美」ということが関係しているということです。「美」とは何でしょうか。私たちのまわりにはさまざまな美しいものどもが事実としてあります。この問いは、それらの美しいものを美しいものとしている「美しさ」とは何かを問う問いです。それが「美とは何か」という問題です。これはプラトン哲学の根本問題です。プラトンはこれを「美そのもの」あるいは「美のイデア」と呼んだのですが、さまざまな美から美のイデアへの目の向け変えがどこで起こるかというところにプラトン哲学のはじまりがありました。すこし分かりやすく説明して見ましょう。みなさんは人生の歩みのどこかで忘れることの出来ない美しいものを経験しておられると思います。それはある時出合った山の紅葉の美しさでも夕照の美しさでも、あるいはある人の美しい行為でもよいのです。心を揺り動かされるような美を経験されたことがあるのではないでしょうか。そういう美は忘れることのできないものです。それが忘れることができない美しさとして迫ってくるのです。山の紅葉や一つの行為の経験はやがて過ぎ去るのですが、そこに宿っていた「美しさそのもの」は変わることがありません。この変わらない美しさは美しさそのものとして残っているともいえるし、また、その美しさを体験した人の心の奥底にメモリアとして残っているともいえます。「自己」とはどこにあるのでしょう。「自己」とは何でしょうか。それはさまざまな欲望の主体ではありません。もしそうであれば、さまざまな欲望によって自己は切り裂かれ、ばらばらに崩壊してしまいます。ところが、忘れがたい美に出会った時の自己は決して消えないものとして残るのです。この自己の記憶の底層に消えないものとして残っているものが本当の「自己」です。美に出会った経験は忘れることができず、それが人を養うのです。美とは自己の底をつくるものなのです。「美」を知ることにおいて人は本当の「自己」を知るのです。

大地と海と空が「あなたの神が私たちを作った」と叫んだ時、アウグスティヌスは自分自身に目を向け、「おまえは、いったい、何者なのだ」と自分に尋ねたといいます。それはなぜでしょうか、これは不思議議です。そして、自分自身に目を向けることによって、自分が「人間であること」をあらためて確認し、この人間である自分には身体(corpus)と魂(anima)の二つのものがあり、それが今自分自身を見つめている自分のまなざしに対して二つのものとして現前していることを確認します。そして、一方、すなわち身体は外側に(exterior)あり、他方、すなわち魂は内側に(interior)にあります。自分自身に外側と内側があり、外側の身体によって外なる自然物に関わっていること、内側の魂によって自己の内なるものに関わっていることがここで確認されているのです。「内面化」、「内面への還帰」、「自己自身への還帰」ということがここで起こっています。これは興味深いことであり、重要なことです。外なる自然物が、自己が自分のうちに大切にし愛している神ではないことが明らかになり、その自然物のうちに備わる「美」を見つめて、わたしの神であるものがそれらを作ったものであることが確認されたところで、自己の外面と内面の分別が明らかになり、「内面」の場所がそれとして示され、「内面への道」が開かれるのです。それは「変わらない美」に関わっている本当の「自己」の場所であり、「わたしがあなたを愛していること」がそこで確認される「自己の内面」です。

さらに、問いはここで同時に自分は「人間」であるものとして、肉体と魂からなり、外側の世界と内側の世界にかかわっていることへの確認へと進められます。魂は美にかかわっているものですが、肉体は必ずしも美にかかわっているとは言えません。自分のかかわっている美に比べたら自分の肉体などみすぼらしいものにすぎません。しかし、私たちがこの肉体の内におかれていることも事実であり、この肉体において世界にかかわり、また人々とかかわる者としておかれている、そういうものとしての自己がここで発見されているのです。

これまで見てきたところから分かるように、この箇所は、プラトン哲学、さらにプロティノスの「美について」という論文[14]につながるところの大きい部分です。プロティノスの哲学では「美」は根源的なイデアへと立ち還る入り口です[15]。また、この第十巻第二十七章二八では、神に向かって「古くて新しき美よ」と呼びかけています。これは教父の伝統だと言うことができますが、根源的なものとしての美、美としての神は、この世界の美しいかたちを見ることによって自己へと投げ返されてくる時、自己が関わらされるものです。自己へと投げ返された時、自分の外なるものとしての身体と自分の内なるものとしての心、精神、意識が分別され、この自己の意識の中で私が愛しているものである「わたしの神」が何であり、どこに見いだされるかの探究が始まります。この後、探究はメモリア論として意識の広がりを論究してゆきます。意識の中には外部からはいってきたものもありますが、意識にもともとあったものもあり、神とはそのようなものなのかが問われます。そして、そういう内なるものとしての意識をも超えるものとして神の場所が定められるところで意識論は終わります。では、自己を超えるものである神をどのようにして尋ね求めるのかが問題とされるところで『聖書』を通じて神をたずねるという第十一巻以降の探究が始まります。

今日は第十巻の内容をかいつまんでお話しするよりも、神の探究、神へのかかわりというものが私たちにとってどういうかたちで行われるのかということについてお話しました。それは、わたしたちは長い教会の歴史、神学の歴史の内におかれており、そういう中でわたしたちがどのように振舞ってゆくことが大切であるかを考えるためでした。

第十四講　メモリアの内での神の場所の探究　（第十巻その三）

前回につづき、第十巻について今回はさらに哲学的な考察を加えたいと思います。なかでもとくに、第六章九の

《そこで私は自分自身にむけて、自分にむかい、「おまえはいったい何者だ」とたずねると、私は答えて、「人間だ」といいました。そして、どうです、私のうちには肉体と魂とが私のもとにあり、一方は外側に、他方は内側にあります。》

et direxi me ad me et dixi mihi: "tu quis es?" et respondi: "homo". et ecce corpus et anima in me mihi praesto sunt, unum exterius et alterum interius. (X, vi, 9)

という数行に焦点を当て、その読解を試みたいと思います。この箇所はアウグスティヌスの思考を特徴的に表している部分であり、メモリア論を理解する上でとりわけ大切な箇所です。

「外へ」から「内へ」の視向の転向

「私の神（deus meus）」の場所を外である自然物に尋ねる探究は、「私たちはあなたの神ではない（non sumus dues tuus.）」……「あなたの神が私たちを作った（ipse fecit nos.）」という自然物そのものの叫びによってはね返されて、外へと向かう視向は内へと向かう視向へと転換されます。

この「内への転向、自己への還帰（reditio in se ipsum）」というアウグスティヌスの思考の特性とされているものについて、前回に加えてさらにコメントをつけ加えておきたいと思います。前回は自

然物が「私たちはあなたの神ではない」と言って、「その方こそが私たちを作った」と叫んだ、そして「それを見つめる目」が私の問いであり、「彼らのかたちの美しさ」が彼らの答えであったという部分についてすこし詳しく考察しました。ここでさらに考えてみたいことは、どうしてそこで「外へ」の視向が「内へ」の視向へと転換するのかという問題です。神を自己の内に求めるということがここで起こっており、それが人間精神の「内面性（interioritas）」を形成するものであり、それがまたヨーロッパ・キリスト教の根幹をなすものであることはよく知られています。

最初の出発点は、自分自身の確かな意識によって、自分があなたを愛してしまっていることを確認するところにあるのではないかと思います。それは、回心を通じて自分を貫いたものへのかかわりを否定することができないという確証、何ものかが自分自身の内奥を貫いたことを否定することができないという自己の確証です。アウグスティヌスはそこで、その神を求めるためにまず「外へ」と目を向けました。なぜでしょうか。それは、人間の目はもともと外に向かっているからです。視向の外向性ということが人間精神の本性のうちにはあります。人間の存在は世界のうちにおかれていますので、人間の目はおのずと外なる世界の方に向かっているのです。したがって、アウグスティヌスが「自分の神」の場所を求めるのにまず自己を外に向け、大地や海や空に自己の神のことを尋ねたのは自然なことです。しかし、自然物は「私たちはあなたの神ではない」と答えました。その時、探究の視向はおのずと内へと転換されています。それは作られたものである「自然物」の本性が語りだすことでした。古代宗教（＝呪術宗教）の一般的な構造に、ある特別なものを「聖なるもの」とすることがあります。自己の外側にある何ものかに聖なる力が宿っていると考えるのです。人間を越える力を持っているもの、山、川、嵐、雷、あるいは力ある生きものがそれです。これは後に成立する世界宗教のうちにもその残滓がとどまるものです。イスラーム教でもメッカの石が特別なものだとみなされるようなことです。キリスト教でも聖遺物崇拝が起こり、聖遺物への巡礼が盛んになったように、キリスト教がその成立の時点で、より古い古代宗教のある種の形を許容するものとして成立していったのは事実です。しかし、イエスがサマリアの女との会話で「あなたがたは、この山でもエルサレムでもない所で、父を礼拝するときが来る」（『ヨハネによる福音書』四・二一）と言った時、キリスト教の新しさがありました。パウロの説教にも同じことがあるといえるでしょう。(1) つまり、キリスト教では自己の外側の世界のどこか一定のところに特別に聖なるものがあり、それが神である、または、それが神に特別に聖化されたものであるということがなくなるのです。それは一般的に言えば、偶像崇拝の廃棄ということでした。しかし、偶像崇拝をきびしく禁止していたユダヤ教でも、契約の石は特別に大切なものでした。イエスはそういうユダヤ教に対立するものとしてあったのであり、パウロもはっきりとそうでした。そういう意味で、キリスト教はユダヤ教の一種のアンティテーシスでした。アウグスティヌスがまず目を外に向けて自然物に尋ねたのは、この古代宗教一般の線にそったことだった(2)といってよいでしょう。ところが、自然物はそれを拒否したのです。外なる自然物に拒否されたとき、目はおのずと内へ向くのです。

（a）　探究の出発点は、「私はあなたを愛しています（ego te amo）」というアウグスティヌスの自己のうちに確認された、疑うべからざる明確な意識（non dubia, sed certa conscientia）（X, vi, 8）としての神への「愛（amor）」であり、「愛」としての「情態（affectio）」でした。「愛情」とも訳すことのできるaffectioはad「～に向かって」という前置詞とfacio「作る」という動詞からできています。つまり、「～に向かって作る」「～にはたらきかける」という意味を持ちます。そして、affectusというのが完了分詞として受身のはたらきをもちますので「はたらきかけられている」という意味となり、その名詞形がaffectioなのです。つまりそれは「はたらきかけられてある情態」なのです。したがって、ここでは、神がはたらきかけたことによって起こっている自分自身の情態のことが言われているのです。このaffectioを通じてかかわってきているものが「私の神（deus meus）」と呼ばれるものです。それゆえ、自然物が「私たちはあなたの神ではない」という叫び声によって答えた時、アウグスティヌスの探究の視向はおのずと内へと転換されるのです。あるいは、自分のaffectioからはじまった問いが、一度外へ向かい、その問いがはね返され、切断されることによって、視向は内へと向かうのです。(3)「私の神」はまず私の内にその場所が求められるべきだからです。こうして「内化」、「内面性（interioritas）」の成立はアウグスティヌスの思考の要《かな》めとなります。それが

「メモリア memoria（記憶、意識）」という場所の開けなのです。なぜここで「私たちの神（deus noster）」と言われないのかについては説明を要しないでしょう。それはアウグスティヌスという個の内面で起こっていることだからです。「回心」という、どこまでもアウグスティヌス一個人の体験から出発していることだからです。そして、このことについて信仰共同体である同信の人々に真実を語り明かすことが「告白」という行為なのであり、それが「真理を行う（ueritatem facere）[4]」ことなのです。この行為によって信仰共同体の共同性が形成されるのです。

（b）外への探究の視向を打ち返されたアウグスティヌスは、「己れみずからへと向かい、「おまえは何なのか」と問います（et direxi me ad me et dixi mihi: tu quis es?）」。それは、このようにして内へとかえることは、最初の出発点であった affectio に戻ることにはならないことを意味しています。自然物に尋ねるに先立ちアウグスティヌスは「あなたを愛するとき、私は何を愛しているのでしょうか（quid autem amo, cum te amo?）」と自分自身に問いかけ、それは「物体の美しい形ではなく、過ぎゆくもののおびる魅力でもありません。肉眼に親しまれる光の輝きではなく、あらゆる種類の歌曲がもっている甘美なメロディでもありません。（non speciem corporis nec decus temporis, non candorem lucis ecce istis amicum oculis, non dulces melodias cantilenarum omnimodarum）」（X, vi, 8）と感覚的なものとのかかわりを否定するのですが、「それにもかかわらず、神を愛するとき私は、一種の光、一種の声、一種の香気、一種の食物、一種の抱擁を愛しています」（et tamen amo quandam lucem et quandam uocem et quandam odorem et quandam cibum, et quendam amplexum, cum amo deum meum）（X, vi, 8）と付け加えています。これはとてもアウグスティヌス的な表現です。つまり、アウグスティヌスが最初に問題としていたのは、自分が affectio を通してかかわっている「神」とは何かということでした。繰り返しますが、affectio が探究の出発点なのです。ところが、自然物の「それは私たちではない」という答えによって、アウグスティヌスは内へとかえるのですが、かえるところはもう初めの affectio ではないのです。これは、affectio 自体を明らかにすることによっては、その affectio によってかかわっているものである神そのものを明らかにすることはできないということです。キリスト教の伝統には「神秘主義」といわれるものがあり、そこでは神とのかかわりは一種の香りのようなものであり、一種の光のようなものである。それは言葉によっては言い表せないものであり、祈りによってだけ近づくことができるといいます。これは一面では確かなことですが、しかし、アウグスティヌスはそれだけでは満足しません。この箇所にはそのようなアウグスティヌスの思考のあり方がよくあらわれています。

それはどういうことであるかというと、このようにして立ちかえらされた「自己の内面」がこれに続く段階で事実化され、固定されることなく、「自己の内面」は神の場所を探究してゆくべき一つの「広がり」として問題化されてゆくということなのです。それが「内的な広がり」である「メモリア」

の探究であり、「メモリア論」なのです。

次のように考えてみましょう。「自己」とは「わたし」のことだ、つまり「わたし（ego）」という一人称代名詞によってわたしに熟知され、慣れ親しみ、使用されているものだとするだけなら、そのような「自己」とは内容空虚な「不定の自己」に過ぎません。それはその場その場の欲望の主体であり、その場その場の感情の主体（主体とさえいえないもの）でしょうが、それは不定に多化し、たえず動揺しています。このような「自己」はもう「内面性」を失っているものであって、その場合その場合に事実化されているものです。「内面性」とは自己を根拠づけているものへと向かう方向性によって成立する一つのヴェクトルなのです。この方向性である内面性を自己にとっての問題として引き受け、それを根拠づけているものを問おうとせず、これを事実化し、この事実としての「自己」を「根拠」とする時、さまざまなエゴイズムの形態が生じます。頽落した形での「民主主義」、「快楽主義」、「功利主義」の諸形態がこれです。もちろん、「民主主義」、「功利主義」が絶対に間違いであるということではありません。しかし、事実化した自己を認め、これを根本前提にしてしまう時、民主主義はもう自己の外に抜け出す道を持たないものになります。それぞれの個は孤立化し、他者との内的なつながりを築く道が断たれます。他者との関係は妥協によってつけるほかなくなります。一人一人の自己が孤立化し、自閉化しているからです。ここに近代民主主義のもつ弱点があります。これに対して、アウグスティヌスの自己は神がそこで求められる探究の場所となります。これがメモリア論です。

(e)「おまえは何なのか」と問われて、アウグスティヌスは「人間だ (homo)」と答えます。これは面白いことです。ここにはギリシャ哲学全体が流れ込んでいます。「人間である」ということがその人の「本質 (=何であるか)」をなしていると考えるのがギリシャ哲学です。「日本人だ」、「ローマ人だ」というようなことはここで「人間の本質」にはならないのです。これに対して「おまえは何なんだ」と問われて、「自分は人間だ」と答える時、そこには「責任」が生じます。なぜなら、自分と同じような「人間」であるものに対して自分はどうすることが求められているかという責任の問題が起こってくるからです。これは非常に重要なことです。そこに真実の「ヒューマニズム」が成立します。ついでこの探究では、この「人間」である自己を顧み、つぎに「自己には、身体 (corpus=物体) と魂 (anima) が自己に現前している」ということを確認します。そして、さらに「一方、つまり身体は外側にあり、他方、つまり魂は内側にある (unum exterius, alterum interius)」といわれます。

「自己」とは何か。「自己」とは「精神 (Geist)」である。「精神」とは何か。精神とは「自己自身への関係である」、そしてこの「自己自身への関係は何ものかが置いたものである」。したがって、自己の自己自身への関係には、自己自身への関係と同時に、それを置いたものへの関係が含まれている。

――これはキエルケゴールが自己および精神について与えた有名な規定です。[5] このキエルケゴールの規定とアウグスティヌスのものとの違いに注目してみたいと思います。アウグスティヌスは「自己自身」へと視向を転じた時に、自己には身体と精神の二つのものが「現前してきている（praesto）」と言っています。「現前（praesto）」とは、内に帰向する視向の前に現れてきているということです。デカルトも、思考する自己の存在は疑うことができないということを根拠として、「思考する精神（res cogitans）」としての自己をその哲学体系の出発点としました。このデカルトの思考にもとづいて近代哲学は成立しました。これとアウグスティヌスとの違いに注目したいと思います。『方法序説』の中でデカルトはすべてのものを疑い、自己が身体を持っていることも疑いうると言っています。それでも、疑えないものがある、それは、疑っている自己自身である。それゆえ、ここでのデカルトの自己は身体を持っていないものです。キエルケゴールについてもデカルトについても、自己における「身体」という要素の欠如と無視が特徴的です。それに対して、アウグスティヌスでは、「自己」はまず「人間」であるものとして確認され、人間は身体と魂から成るものであることが確認されています。「自己が人間である」という事実の承認は、おそらく、人間の自己把握の根底にあります。そこにヒューマニズムの基礎があります。それは宇宙のうちにおける自己の場所の謙遜な自認であると共に、誇りです。そのことの承認は自己認識にとってとても大切なことだと思います。そこから離れる時、自己把握は真実の自己のあり方から外《はず》れます。アウグスティヌスにはこの点での的確な「自己把握」がありました。ですから、いま見たような意味でのデカルトのコギトから始まる近代ヨーロッパ哲学にはあるひずみが生じていることを認めなければなりません。

自己が人間であることを承認する時、その自己には、「身体」という要素と「魂」という要素の二つの要素があることを認めざるをえません。この地上に生を受けたものとして、自己は身体をもっていることを認めざるをえません。この身体は生き、動き、感じているこの自己であり、この生き、動き、感ずる自己を魂と呼ぶのです。それゆえ「身体」と「魂」はこの自己を構成している二つの構成要素であるのですが、この二つの要素はそれぞれ別々のものであって、それらが接合されて自己を作っているのではなく、同じ一つの人間である自己があり、「身体」と「魂」はこの自己における二つの要素なのです。「身体と魂が自己の内にあって自己に現前している（mihi praesto sunt）」とアウグスティヌスがここで言っているのはそういう意味であると理解すべきだと思います。いま身体を表すラテン語 corpus を「身体」と書きましたが、この点については、すでに前にも触れましたが、あらためて注意を喚起しておきたいと思います。ラテン語の corpus は人間の身体も表しますが、土だとか、石などの「物体」も表します。ラテン語の corpus にあたるギリシャ語の *soma* についてもこれは同じです。日本語の「からだ（身体）」は絶対に石にはなりません。物体をすべて「からだ」と呼ぶ語法をわたしたち日本人は持っていないからです。ところが、ラテン語でもギリシャ語でも「身体

（からだ）」と「物体」を別々の語で表す語法がないのです。ですから、「人間は corpus と anima から成る」といえば、「人間は物体と魂からなる」ということになり、物体と魂はそれぞれ成り立ちを異にする本性のものですから、人間はこれら成り立ちを異にするものから成っているということになるのです。そこから心身二元論という難しい問題がヨーロッパ哲学の伝統には生じ、これは今日に至るまで引き継がれています。たしかに、身体も物体であることによって、身体には外界の物体（＝自然物）と同質の部分のあることをわたしたちも認めざるをえません。身体としての物体が他の物体と異なるのは、それが生き、動き、感じているということです。そして、感じているのは魂です。ですから、この物体（＝身体）は魂でもあるのです。アウグスティヌスもここでこれを認めているのだと思います。

アウグスティヌスの自己把握のこの出発点がヨーロッパ近代を代表する先にあげた二人の哲学者と違う点が重要です。それは、アウグスティヌスは人間を全自然世界のうちに生を受けたものとして位置づけているということを示し、全自然界とつながるものとして人間の存在を位置づけているということです。アウグスティヌスの探究はそこから出発します。それゆえ、アウグスティヌスにとって、身体の感覚を通じてかかわっている外的な自然物の存在は、デカルトと異なり、自己の存在が認められうるのと同じ程度に、当然認められるべきものであり、全自然の存在事物は私たちにとって何らか生を共にする「共なる存在事物」です。ここから、これらの自然物を神の手になる被造物（creata）

として認めることはそれほど遠くかけ離れたことではありません。なぜなら、わたしたち人間がみずからの存在をみずから置いたものではなく、置かれたものであり、受けたものであることを認める時、わたしたちはわたしたちの存在をこの全自然の事物と共にその内に与えられ、受けたものであることを認めるのが自然だからです。自分が親や周囲の人たちによって生かされている者であることを認めることも当然なことです。このようにすべてが与えられたものであるということを認める時、それらが神によって与えられたのだということが認められているのです。人間はこれら全自然である「被造物のほんのわずかな一部分（aliqua portio creatturae tuae）」(I, i, 1) です。このようにして、全自然とのつながりはアウグスティヌスのものを考える出発点の起点に置かれています。そこを外したら、自己の真実も失われるのです。

以上、身体性についてその大切さを述べました。ヨーロッパ中世・近代において心身二元論の問題がなかなか解決できないものとしてあったのは事実です。そこからさまざまな歪みが生まれました。キリスト教の中にもそれが入ってくることによって、いろいろな歪みがでてきています。私たち日本人は全自然に親しみをもっていますが、そのため、それは汎神論だと言われてしまうことがあります。しかし、それはまったく違うことです。「汎神論」という言葉はヨーロッパ理念史上のある時期に出てきた言い方です。パウロも全自然は解放されることを求めていると言っています(6)。ヨーロッパ中世から近代へと移り行く展開の中でこの問題をもう一度考え直さなければならないと私は思っています。

(.iv) ついで、アウグスティヌスはこの人間の存在における二つの要素である「身体」と「魂」を、一方を「外側(exterius)」、他方を「内側(interius)」と限定しました。ここで「外側」、「内側」を意味するラテン語exterius, interiusに注目したいと思います。exteriusは「外の」を意味する形容詞exterの比較級exteriorの中性形であり、interiusは「内」を意味する副詞intusから由来する比較級形容詞interiorの中性形です。比較級ですので、これらはもともと「より外」「より内」という関係的な意味を語義上内含するのです。つまり、「外側」とか「内側」はそれぞれそれ自体として限定されるものではなく、いずれも「同じひとつのもの」に関係づけられた上で、このものの「外側の方」と「内側の方」を意味する言葉なのです。つまり、「身体」とは自己において外側に向かう一つのベクトルとしてあり、「魂」とは内側に向かうベクトルとしてあると考えるのがただしいのです。

このように考える時、わたしたちは人間という全体存在における「身体」と「魂」という二つの要素のもつ意味や、その働きをただしく理解することができます。すなわち、「身体」とはわたしたち人間がそこで外の自然事物とかかわる側を言い、「魂」とはわたしたち人間がそこでわたしたち人間よりも「より内なる」何ものかにかかわる側のことなのです。外なるものに直接にかかわるのは身体の感覚を通じてです。しかし、身体の感覚を通じて感覚されたものは、すでに、わたしたちの「内」にあるのであり、それゆえ、わたしたちは外界の影響を受けてたえず動揺させられるのですが、同時に、この感覚の力によって、外界の変化にもかかわらず、これに適当に反応することにより、自己の生存を安全に保ちうるのです。他方に、この感覚はわたしたちの心の状態によっていつも影響を受けているものです。したがって、心のあり方がどうあるかによって外界の事物をただしく判断したりも、間違って判断したりもするのです。

また、わたしたち人間よりも「より内なる」ものとは、心の中で判断を正しく導く「理性」の働きや、自己自身のことを知る働き、また、この自己の心の奥底で自己にかかわってきている何ものか(=神)のことであり、この何ものかについて一種の予感を与える霊の働きのことです。

アウグスティヌスが「内面性」と呼んでいるものはこれらのもののことです。「メモリア」の領域とはその全体を言います。それは広く、深く、重層性を持っています。第十巻の考察はこの領域に向けられてゆきます。重層性と述べましたが、そこには自己に顕在的には意識されていないものもあるということです、深層意識があるということです。

前回触れた「美(*kalon*)」とは、外への傾きを断ち切り、ひとをこの内面性へと立ち返らせる力をもつものでした。根源的な美と出会った時に「忘れられない自己」が自己に対して顕前化するのです。忘れられない何ものか、それがメモリアです。そこに自己があります。

第十五講　メモリアの内での神の場所の探究（第十巻その四）

自己のメモリアの内に分け入ってその奥底に神の場所を探してゆこうとする第十巻の探究がどのようにして導きいれられているか、それがどういう意味をもつかについて、これまでさまざまな角度から検討し、お話してきました。これらはすべて、みなさまがご自分で『告白録』をお読みいただく際の助けになるようにと願って、おこなってまいりました。『告白録』の叙述のいちいちをその細部にわたって説明するのはこの講座の意図ではありません。それはまたこの限られた範囲ではできないことです。

第十巻の探究はこのあとメモリアの内部に分け入って細かくその見取り図を与えてゆきます。この部分は『告白録』の中ではもっとも哲学的な部分であり、ここでその詳細を尽くすことはできません。ここでは、この後の部分の大筋を、極めて不完全なものにとどまりますが、すこしだけお話して今回の講座を締めくくりたいと思います。

第八章に入ります。

《それゆえ私は、自己の本性にそなわるこれらの力をもこえて、段階的に、自分を造ってくださった方のもとにまでのぼってゆきましょう。すると私は、記憶という野原、宏大な広間にはいるのです。》

transibo ergo et istam naturae meae, gradibus ascendens ad eum, qui fecit me, et uenio in campos et lata praetoria memoriae (X, viii, 12)

「自己本性にそなわる力」については第七章にこう書かれています。《しかし私は、自分のこの力をもこえてゆこう。このような力ならば、馬や驢馬でももっています。これらのものもやはり身体を通じて感覚するのですから（transibo et istam uim meam; nam et hanc habet equus et mulus: sentient enim etiam ipsi per corpus）》（X, vii, 11）。「この力」とはここで生物体一般の持っている感覚する力のことなのです。感覚することによって生物体が外側にあるものとかかわっているという意味ではこれは生物体の内にあるもの、すなわちその内側です。しかし、いま、私を造ったものへと向かってゆくには、この力、つまり生命体一般としてのこの力を越えてゆこうというのです。越えたところで何が起こるのか、それがこれから問題とすることです。越えると「記憶という野原、宏大な広間には いるのです」といわれています。前回、「外側（exterius）」、「内側（interius）」という言葉が比較級であって、それらは（あの場合には）一つのものである「人間」に関係づけられた上でその「外側」、「内側」として、一つの方向性、一つのベクトルとして規定できるものであると申しました。こういう意味での「外側」と「内側」は動物にも共通していることです。しかし、最上級でいわれる「最も内奥なるもの（intima）」[1]はそれらとは区別されます。それが「メモリア」です。アウグスティヌスはここでメモリアという広野（campi）、または宏大な宮殿（lata praetoria）に入り、その内で神の場所を探究します。そこは動物も共有する感覚という魂の力を超えるところです。「広野（campi）」という言葉は複数でいわれています。アウグスティヌスが入ってゆくのは複数の広野なのです。それは地平線の彼方まで次から次へと果てしなく繰り広げられる「広野のつながり」と解してもよいかもしれません。この後、アウグスティヌスはこの広野の分析をつぎつぎと進めてゆくのですが、この部分は普通に読んだのでは分かりにくいところです。ある広野に入ってゆくと、そこにはもう一つの広野が広がっており、別の広野に入ってゆくとまた別の広野が広がっていることが、この複数形の広野（campi）という言葉によって語られていると理解してよいと思います。つぎに「宏大な宮殿（lata praetoria）」という言葉ですが、「宮殿（praetoria）」という語は本来、「長官（praetor）の住む館」の意味です。「長官（praetor）」ははじめローマ共和制における司法長官のことをいったのですが、後にはローマ属州の長官であり、ローマの法律を代行する者のことをいっていました。『告白録』を書いていた時、アウグスティヌスはローマの属州ヌミディアのヒッポの街の司教でした。アフリカの最大の都市カルタゴにも長官の宮殿があったでしょう。ローマ皇帝の館も豪華なものでしたが、属州の長官の宮殿も立派だったと思われます。アウグスティヌスはおそらくここで、部屋から部屋へと続いて連なっている宮殿を念頭におもい浮かべていたと思います。そして、一番奥の部屋に長官、つまり神がいるということを前提にしています。自己の内面性（interiora）がこのように喩えられているところにアウグスティヌスのメモリア論の特徴があります。内面性は人間の自己を構成するものですが、それは「主観性（subjectivity）」とはすこし違うもののようです。「主観」とは「自分が自分で自分のことをそれだと思っているもの、あるいは思い込んでいるもの」だと考えられますが、メモリアはそれとは違います。自己の内面は自己自身にもしばしば気付かれないもの、忘れられていることもあるものです。それは自己の深層にあって自己を作っているものを含むものです。この自己の深層において自己の深層を突き破る彼方に神の場所はあります。自己の深層より、より深いところでの神とのつながりによって、自己の自己性、つまり自己そのものが構成されるのです。それがアウグスティヌスの人間把握です。メモリアというものは広大な広がりを持ち、深みを持っています。それは自分自身でも見透かせないものです。そういうものの上に私たちは置かれています。その一番奥の奥のところに神は住むのです。アウグスティヌスは神を「自己のもっとも内奥《うち》なるものよりさらに内なるもの、自己のもっとも高いものよりも高いもの(interior intimo meo, superior summo meo)」(III, vi, 11) と呼びますが、そこに神の場所があるのです。メモリアは「記憶」と訳してもよいのですが、自己が自己として覚えていることの総体です。記憶というと一部分であるかのように思えますが、アウグスティヌスのメモリアは自分の意識、自分が覚えているもの全部のことです。現に意識されていないことであっても過去に意識されたことを含んでいます。さらに、過去にはっきり意識されたことがなくてもどこかで意識されていることが含まれています。それは深層意識です。このような記憶としての自己の構成を一つ一つたずねてゆくことを通じて神の場所をたずねてゆくことがメモリアのうちにおける神の場所の探究です。哲学の歴史で考えますと、ギリシャ哲学は今日にまでつづく重要な問題を提起し、これを追求したのですが、人間の内面性を構成するものは何かという点に関する主題的な研究は少なかったように思います。これは主としてアウグスティヌスによって拓かれたものであろうと思われます。それゆえ、アウグスティヌスによって拓かれたこの内面性というものが何であるのかをよく見ることが必要です。

第十巻でこの後展開されるのは、感覚と記憶の違い、自由学芸のこと、自己意識、感情の記憶、忘却の記憶などです。「忘却の記憶」という一見珍しいことがここで言われていますので、すこし注目しておきたいと思います。そこで話題になっている「なくした銀貨をさがす女」の話は福音書からくるものです。(2) なくした銀貨を家中くまなくさがす女についての譬え話です。「なくしたものをさがす」ということがどうして起こるのでしょうか。この喩え話では女はなくした銀貨のことを記憶にはっきり覚えているのでしょう。でも、忘れてしまって記憶の残っていないものを探すということが起こりうるでしょうか。また、「忘れた」ということを「覚えている」ということ、つまり、「忘却の記憶」ということがそもそもありうるのでしょうか。これは面白い問題です。哲学のパズルと言ってもよい問題です。「なくした銀貨をさがす女」についてのイエスの喩え話は「天国」を探すことの喩えです。ひとは「なくした銀貨」のようになくした「天国」のことをよく覚えていて、それを夢中になって探すのでしょうか。天国についてイエスが語った時、天国は銀貨のようにすぐに分かるものではないでしょう。では、天国とは何でしょうか。よく分からないのではないでしょうか。福音書に立ちかえっていえば、「天国」とはイエスが語る言葉によって語られているもののことです。その言葉によって、何か大切なものをなくして忘れているもののあることが思い起こされ、それを一生かけて探すようになるのです。「忘却の記憶」とはなにかそのようなことです。「何か大切なものを忘れている」ということについてメモリアの底層に残されている記憶のことなのです(3)。

これにつづいて「幸福への願望の記憶」が語られています。「すべての人は幸福を願う」とはソクラテスの言葉として哲学の歴史で語られていることであり、プラトンの哲学もアリストテレスの哲学も、およそすべてのギリシャ哲学がこの命題を基本前提にしています。「幸福」とはなにか、どうすれば「幸福」がえられるのかという問題によってギリシャ倫理学は成立しています。ところが、ここにアウグスティヌスは「誤謬の可能性」の問題を持ち込んでいます。つまり、それが「幸福」だとひとが思い込んでいても、必ずしもそれがそうでない場合があるというのです。

《主よ、遠ざけたまえ。御身に告白するしもべの心より遠ざけたまえ。「いかなるよろこびをよろこぼうとも、私は至福だ」という考えを遠ざけたまえ。》

absit, domine, absit a corde serui tui, qui confitetur tibi, absit, ut, quocumque gaudio gaudeam, beatum me putem. (X, xxii, 32)

「どんな喜びでもそのひとがそれを喜んでいるのなら、それは喜びだ」というのは快楽主義の立場です。「快楽」というものは主観的なものであって、そのひとにとってそれが「快」であれば、「快」なのだという考え方です。これはいまでも英米の倫理学には強い考えです。この立場では「善」とは

「快楽」だということになります。しかし、上の言葉にあるように、アウグスティヌスにとって、「喜び」とはそういうものではないのです。

「たしかに不敬虔な者たちには与えられず、ただあなたを、あなたなるがゆえにあがめる人々にのみ与えられるよろこびがあります。こういう人々にとってのよろこびとは、あなたご自身にほかなりません。そして幸福な生き方（beata vita）とは、あなたを目ざし、あなたによって、あなたのゆえによろこぶことです。これこそはまさに幸福な生き方であり、他の何ものもそれではありません。ところが、別のものを幸福な生き方だと思っている人々は別のよろこびを追求し、真実のよろこびを追求しません。それにもかかわらず彼らの意志は、真実のよろこびの一種の似姿ともいうべきものから、完全にそむきさってしまったわけでもないのです(4)。」

est enim gaudium, quod non datur inpiis, sed eis, qui te gratis colunt, quorum gaudium tu ipse es. et ipsa est beata uita, gaudere ad te, de te, propter te: ipsa est non est altera. qui autem aliam putant esse, aliud sectantur gaudium neque ipsum uerum. ab aliqua tamen imagine gaudii uoluntas eorum non auertitur. (X, xxii, 32)

——ここには二つのことが言われています。一つは真実の喜びは神を喜ぶことであるということです。もう一つは、それでも、神を喜ぶことを知らない人であっても、「幸福であることを求めている」かぎり、完全に間違っているわけではなく、真実の喜びの一種の似姿を求めているのだということです。つまり、幸福な生き方を求めているかぎりで、ひとには何らかの仕方で、みずからの知らない「真の幸福」である神を求めていることになるのです。これは「忘却しているものの記憶」を辿ることに何らか似ているところがあります。(5)

これはしかし同時に、通常の幸福論では足りないということにもなります。

「ですから、「すべての人間は幸福になりたいと思う」ということは、確実ではありません。唯一の幸福な生き方にてましますあなたによってよろこぼうとしない人々は確かに幸福な生き方を欲してはいないのです。」

non ergo certum est, quod omnes esse beati uolunt, quoniam qui non de te guadere uolunt, quae sola uita beata est, non utique uitam beatam uolunt. (X, xxiii, 33)

これにつづいて、パウロの「肉にしたがって生きる」生き方と「霊にしたがって生きる」生き方の区別を述べる言葉がつづきます。これはアウグスティヌスにとって根本的な人間の生き方の二つの違いをいっています。「霊に従って生きる」ことが幸福に生きることです。そしてさらに次に面白いことがいわれています。

「じっさい、すべての人々にむかって、虚偽よりも真理によってよろこぶほうを欲するかとたずねるならば、何の躊躇もなく、真理によってよろこぶほうを欲すると答えます。それはちょうど、何の躊躇もなく、幸福でありたいと思うと答えるのと同様です。」

nam quaero ab omnibus, utrum malint de ueritate quam de falsitate gaudere: tam non dubitant dicere de ueritate se malle, quam non dubitant dicere beatos esse se uelle. (X, xxiii, 33)

——間違ってもいいから喜びたいという人はいないというのです。これはアウグスティヌスにとって根本的なことです。つまり、人間は間違いたくはないのです。人間は間違うことを望まないのです。これはアウグスティヌスの最終の問題でした。人間は真理をよろこぶ。そしてアウグスティヌスの帰結はもちろん「真理そのものは神である」ということです。

《私は人を欺こうとする人を多数知っていますが、人に欺かれたいと思っている人間はまだ見たことがありません。》

multos expertus sum, qui uellent fallere, qui autem falli, neminem. (X, xxiii, 33)

——ギリシャ哲学ではこのように言った人はいなかったように思います。

第二四章三五では、「あなたを知るようになってから（ex quo didici te)」という言葉が三度繰り返されています。[6] この短い章でなぜこの言葉がこれほど繰り返されるのでしょうか。この箇所を読んでいる限り、この言葉は、「真理を大切にするようになってから、神を真理として認めるようになってから」ということを言っているとしか思えません。「不滅の智慧」をもとめるようになったキケロの『ホルテンシウス』を読んだ時からという人もあるかもしれませんが、わたしには「回心」の時点を言っているとしか読めません。なぜなら、『ホルテンシウス』体験は「あなたを知る」ことではなかったからです。ですから、回心の体験以来、わたしはあなたを忘れたことがないと言っているのです。実際、ここで叙述は、第十巻の探究の出発点である「私は何を愛しているのでしょうか」に帰っています。

第二六章が結論になります。

《では知るようになるために、あなたをどこで見いだしたのでしょうか。あなたを知るようになる以前に、すでに私の記憶のうちにましましたはずはありません。ではどこで見いだし、知るようになったのでしょうか。ほかならない、「私をこえて、あなたにおいて」ではなかったでしょうか。》

ubi ergo te inueni, ut discerem te? neque enim iam eras in memoria mea, priusquam te discerem. ubi ergo te inueni, ut discerem te, nisi in te supra me? (X, xxvi, 37)

「私をこえて、あなたにおいて（supra me in te）」という言葉が結論です。記憶は自分自身のものです。自分自身の内面性を構成するものです。記憶のうちに神を探すのですが、どこにも見つけることができません。そこから、「忘却論」、「誤謬論」を経て「真理論」まできて、そこで自分自身を越えるものとして神を見いだすのです。それが自分のもっとも深いところよりもさらに深いところでした。そこで、自分を越えるものとして、あなた自身のうちにおいてある神をどのように探究していったらよいかというところで、『告白録』は第十一巻以降の聖書解釈へと向かってゆきます。

補論一　「庭園の場」への一つのコメント

『告白録』における回心の決定的な瞬間を述べる「庭園の場」（VIII, viii, 19－ xii, 30）について、本論第九講（一九〇－二一九頁）で述べたわたしの解釈を根拠づける諸点を「補論」として簡単に記しておきたいと思います。異論の多いこの箇所に関する諸説の検討は専門研究の場でいずれ呈示する機会をまちます。

（a） nugae nugarum, uanitas uanitantium, antiquae amicae meae（「ばかげたことどもの中でもばかげたことども」、「おろかなことの中でもおろかなこと」、「わたしの古くからの女友達たち」（VIII, xi, 26）

「肉の衣をこっそりとひっぱって」、回心の最後の決断をにぶらせようとしていた「わたしの古くからの女友だちたち（antiquae amicae meae）」（VIII, xi, 26）のうしろから囁く声「あなたはわたしたちを棄てるおつもり」……「そうしたらあなたはあのこともこのことも（hoc et illud）できなくなるのよ。もう永遠に。」というような言葉遣いに含まれる微妙な「性的誘惑」のニュアンスは、「心の奥底において（corde meo）」（VIII, viii, 19）「自分の魂と（cum anima mea）」たたかった「大きな闘い」といわれるこの「庭園の場」におけるアウグスティヌスの心の奥底での葛藤が主として「性的誘惑」にかかわり、これを断ち切る闘いであったという解釈を生み、これが現代人のこころに今日もっとも有力な解釈となっているように思われます(1)。

しかし、わたしは、この箇所（VIII, xi, 26）で「わたしを引き止めていた（retinebant）」ものとして、「昔なじみのわたしの女友だちたち（antiquae amicae meae）」という言葉に先立ち、「ばかげたことどもの中でもばかげたことども（nugae nugarum）」、「空しいことの中でも空しいこと（uanitas uanitantium）」という言葉が冒頭に先行していることに注目したいと思います。本文でも述べているように「空しいことの中でも空しいこと」が『コヘレートの言葉（集会の書）』の冒頭の著名な言葉であるのは誰でも知ることです。また、この言葉が『コヘレートの言葉』全巻を貫くキーワードであり、「（神から外れる）この世的なものへの執着」一般を意味しているのも明らかです。「性的執着」がそこに含まれているとしても、それはそれにだけ限られない「（神から離れる）この世的なもの一般への執着」を広くあらわす言葉なのです。とすれば、この言葉の直後に続く「昔なじみのわたしの女友だちたち（antiquae amicae meae）」という言葉はこの『コヘレートの言葉』の言いかえとしての修辞的表現なのではないでしょうか。つまり、それは「性的な執着」に限られない「（神から離れる）この世的なものへの執着」一般を、アウグスティヌスがここで擬人化して「古くからの女友だちたち」と表現していると考えるのが自然なのではないでしょうか。Serge Lancel がその近著で、この場面に関係して、アウグスティヌスはここで古典文芸作品一般に常套の「劇的」効果をねらい、「一種の人形劇的手法を用いている (manupulé comme sur un theâtre les marionettes)」と言っているのは、それゆえ、まことに適切だといわなければならないと思います。[2] したがって「あのこともこのことも (hoc et illud)」というのも、同じように性的な事柄を含んでもよいのですが、性的欲望には限定されないさまざまな「この世的な欲望」の対象全般を言っていると考えるのが自然でしょう。「この世的な欲望」がこれまでいろいろの箇所で「情欲 (cupiditates)」という名前で呼ばれていたのは前にしばしば見たところです。[3] それは、ですから、George Lawless の解釈のように、[4]『告白録』の叙述には、古典期以来のラテン文学の伝統をなす「野心 (ambitio)」、「奢侈 (luxuria)」、「貪欲 (avaritia)」という「欲望」の定型表現の三つ組がやや形をかえて「名誉 (honores)」、「結婚 (coniugium)」、「利得 (lucra)」(VI, vi, 9) として、その論述を貫く一つの筋になっていると見るのがただしいと思います。これを、この「庭園の場」に関係させるならば、それは「弁論術教授」の栄職を断念することになります。なぜなら、弁論術の教授の栄職はミラノの宮廷における栄誉ある地位、皇帝や貴族たちとの親しい関係、また、さらに高い地位への野望、安定した生活(収入)、そして、おそらくは良い家柄の子女との結婚のすべてを含むものであり、そこには、「名誉」、「利得」、「貪欲」の三つ組がすべて含まれているからです。[5] つまり、これらが、Lancel が喩えるとおり、「人形劇的効果」を用いて「昔なじみのわたしの女友だちたちの囁き」という言い方で「(神から離れる)この世的なものへの執着」一般を言っていることになります。

（b） 二つの意志の葛藤、肉の掟と霊の掟

「庭園の場」での内心の葛藤として、第八巻第八章一九から第十章二五までに長々と述べられるのは、本文第九講で述べているとおり、「魂のうちに内在する二つの意志の葛藤」の話です。これはパウロの『ローマの信徒への手紙』第七章から第八章にある「霊の律法」と「肉の律法」との内心における葛藤と（マニ教への論駁という面を含みながら）実質的には合致するものでしょう。「わたしは自分の望む善を行わず、望まない悪を行っている」（『ローマの信徒への手紙』七・一九）という「アダムの子」使徒パウロの心の奥底の嘆きを、アウグスティヌスはここで自己自身のこととして率直に告白しています（VIII, x, 22）。

しかし、アウグスティヌスがここで長々と述べる「二つの意志の葛藤」にしても、また、使徒パウロの『ローマの信徒への手紙』の「霊の律法と肉の律法の葛藤」にしても、これらがただ「性的誘惑」に限定されたものであると理解するのは無理でしょう。それは「霊に導かれて神に向かう魂の在りかた」と「肉にひかれて神からそむく魂の在りかた」の葛藤全般をいうものに他なりません。それゆえ、それに応じて述べられている庭園の場のアウグスティヌスの内心の葛藤が主として「性的誘

惑」にかかわるものと解するのは不適切だと思います。(6)

（c） continentia

「庭園の場」での心の奥底での魂との葛藤を主として「性的誘惑」に抗することだったとする解釈を支えるもう一つの理由は、この「昔なじみの女友だちたち」が後ろから囁きかけてくる「誘い」の声に対して、やはりLancelのいう人形劇の手法で、アウグスティヌスの心の奥底に姿をあらわし、その誘惑を断ち切って自分の方に歩みよってくることを勧める「continentiaの貞潔な威厳ある姿(casta dignitas continentiae)」という言葉です。もしも、このcontinentiaがここで女性との肉体関係をすべて断ち切る「独身生活（celibacy）」を意味する言葉であるとすれば、アウグスティヌスの回心の中心は、やはり、この「独身生活」への回心であり、したがって、これを引きとめようとしていた「昔なじみの女友だちたち」の囁く声は「性的誘惑」であったことになります。

この点についてはさらなる吟味を要するさまざまなことがありますが、ここでは『告白録』を一つの「文芸作品」としての「統体」とみて、これをそれ自体の中から「内在的に」「構成的に」解釈するという本書の解釈の基本姿勢に立つとき、このcontinentiaという言葉が『告白録』のなかで一般にどのような意味で用いられており、この第八巻の「庭園の場」でもそれがどういう意味で用いられているかを定めるために、最小限のことを指摘しておきたいと思います。

第十巻第二十九章以下で、試練に満ちた「この世の生」をわたしたちが神に向かって生きるために、「あなた（神）はわたしたちに continentia を命じたもう（imperas nobis continentiam）」（X, xxix, 40）と語られていますが、この場合の continentia はつづく第三十章以下で展開されているように、『ヨハネの手紙一』二・一五に言われている「肉の欲、目の欲、この世の野心（concupiscentia carnis, concupiscentia oculorum, ambitio saeculi）」を「つつしむこと（continere）」（X, xxx, 41）と動詞形でいわれる「つつしみ（continentia）」を意味するのは明らかです。この『ヨハネの手紙一』二・一五の「肉の欲、目の欲、この世の野心」が「性的欲望」に限られないもので、先ほどから述べてきた「（神から離れる）この世的なものへの執着」一般を言うものであるのは明らかです。第十巻の後半はこの「情欲（concupiscentia）」一般からの「浄化」の問題を詳しく展開するものです。

さらに『告白録』全体を通じて、continentia という言葉が「性的欲望」すべてからの脱却を意味する事例は他には見られないようですが、[7] このような事情を考慮すると、この第八巻の「庭園の場」でだけ、continentia が「性的欲望」からの脱却と「独身生活（celibacy）」を意味すると考えるのは不自然といわざるをえません。ここでも、continentia は、本文（二三五頁）に説明したように、古典ラテン語本来の用法を保つものとして用いられており、ギリシャ語の *enkrateia* と同じ意味のものとして述べられていると思います。[8] それゆえ、わたしは、これを「神から離れるこの世的欲望」一般から離れる「（心の奥底における）霊的な純潔」である「つつしみ」を意味すると解したいと思います。

さらにつけ加えるならば、「庭園の場」で continentia が差し伸べる敬虔な手に包まれている「人々の群れ」といわれ、この群れに加わるようにと continentia が促している「(善例となる) よい人々の群れ (gregibus bonorum exemplorum)」(VIII, xi, 27) は、「少年たち、少女たち、若者たち、あらゆる年配のひとたち、寡婦たち、年取った処女たち」であり、それらの人々は、continentia が主なる神を配偶として生んだ「喜びの子供たち (filiorum gaudiorum)」(VIII, xi, 27) であるといわれています。しかし、これらの人びとがすべて「独身生活」を保った人びとであるとは言われていません。この点についても Lancel が適切に示唆しているように、(9) 彼らは「最終の時」に天国に迎えられている人々であると解するのがただしいと思います。これらの人びとは霊の導きにしたがい「この世への執着」から離れて、神に向かう生き方を貫いた人々のことなのです。

(d)『ローマの信徒への手紙』十三章「主イエス・キリストを着よ。」

「心の奥底」での葛藤が極点に達したとき、隣の家から聞こえてきた少年か少女が繰り返し歌う声「取れ、読め (tolle, lege)」(VIII, xii, 29) を聞いて、それは「聖書をひらいて、最初に目にとまった章を読めとの神の命令に違いない」と理解し、いそいでアリピウスの座っている所に戻って、そこにあった使徒パウロの書物を引っつかみ (arripui)、最初に目に入った「章 (capitulum)」を読んだ。

《宴楽と泥酔、好色と淫乱、争いと妬《ねた》みとをすてよ。主イエス・キリストを着よ。肉欲をみたすことに心をむけるな》(『ローマの信徒への手紙』一三・一三―一四)

「この言葉の終わりを読むとともに、いわば「確かさの光(luce securitatis)」ともいうべきものが「わたしの心の奥底に(corde meo)」「注ぎこまれてきて(infusa)、疑いのすべての闇は消え失せてしまった。」(VIII, xii, 29)

――これが回心の最終の成就を述べる感動的な言葉です。

このパウロの言葉を冷静な目で眺めれば、これが「性的誘惑を断て」というだけの単純な勧めの言葉でないのは明瞭です。前半(一三節)がローマ的な放埒な「この世的欲望」一般の充足を求めるなという勧めであるのは明らかです。先の『コヘレートの言葉』に関係させれば、それと同じ「この世的欲望の充足」一般をいうものであるのは明らかです。また、弁論術というアウグスティヌスの職業的業務に関係させれば、それが弁論で相手を打ち負かして勝とうとする「争闘」の場から遠ざかれという勧告の意味になります。そこにアウグスティヌスのよるべき「内心の確かさの光」があったのは間違いないことです。さらに、「この言葉の終わり(を読む)とともに、ただちに(statim quippe cum fine huiusce sententiae)」という言葉にあえてこだわるとすれば、それはこの章句の終わり(一四節)「主イエス・キリストを着よ」という言葉に、それに先立つ「この世的なものへ執着の全体からの解放」を可能とする「要《かな》め」が置かれているのも疑いをいれません。そして、このことがこの

『ローマの信徒への手紙』第十三章全体の中核をなしているのは疑いのないことです。Robert J. O'Connell の新著は、この段落のはじめにある「最初にわたしの目が注がれた章（capitulum, quo primum coniecti sunt oculi mei）」の「章（capitulum）」という言葉に注目して、アウグスティヌスがここで目にしたのは『ローマの信徒への手紙』第十三章の全体であり、ことに一一－一二節、「あなたがたが眠りから覚めるべき時がすでに来ています。……夜は更け、日は近づいた。だから、闇の行いを脱ぎ捨てて光の武具を身に着けましょう。」がこの回心の決定的瞬間にアウグスティヌスの目に飛び込んできた言葉だと指摘していますが、これはただしいと思います。(10)

ここで、わたしが本文で繰り返し強調して述べている解釈に関係させれば、『告白録』において、アウグスティヌスがその「回心」の中核とみなしているものは、この「イエス・キリストを着よ」という一句に尽きるのであり、それは「受肉」の秘義、「肉となってわたしたちのうちに宿ったイエス・キリストの知慧と力」を「身にまとうこと」だったのです。それが第七巻、第八巻の全体で、理解と意志の決断という両面から述べられていたことであり、そして、いま、司教となっているアウグスティヌスの内にも、この「受肉の言葉」である「イエスのへりくだり（humilitas）」だけが、自己の内に潜む「人間としての肉の弱さ」を克服して「霊の導き」に従う「（神の）慈しみの掟」の具現として生きているのです。ですから、先に考察したように、第十巻の「浄化論」と第八巻の「回心論」は実は不可分な関係にあるとみなすべきであり、『告白録』という書物のなかで、continentia という言葉ははっきりと「(霊的) 純潔・(心の奥底での) つつしみ」を意味するものとして用いられていると理解すべきです。

(e) 『告白録』の言葉

さらに論ずべきことは多く残されています。ただ、おわりに、『告白録』の言葉には、(a) 司教としてのアウグスティヌスの言葉、(b) 過去の自己のあるがままを述べる言葉、(c) この過去の自己の在りかたに注がれていた神の憐れみの目を述べる言葉という三様の言葉が同じ文脈の前後に入り混じったまま述べられていることに注目すべきだということだけを指摘しておきたいと思います。それが『告白録』を他に見られない独特な形式の「文芸作品」にしています。しかし、そのことこそ (神の前と人びとの前で)「真理を行う (ueritatem facere)」(本文二八四―二八五頁) ことであり、それが「告白 (confessio・讃美)」という行為なのです。

『告白録』を「自伝文学」として読むことから生ずる間違いの多くはこれを理解しないところから生じています。「伝記資料」としてみるならば、そこには「意識せずに」また「意識して」あえて「述べられていないこと」(=沈黙を守っていること) が多数あります。しかし、この点について論ずるのは別の機会に譲りたいと思います。

補論二　美・正・善——第十三講末尾の質問に答えて

質問―一番根源的なものは「美」なのでしょうか。

答―いいえ。アウグスティヌスは「古くて新しき美」と言いますが、人間にとって最終的なものは「ただしさ（*dikaion*）のかたち」です。「ただしさの美」です。自然物の美、芸術品の美、さまざまな美がありますが、それらと「ただしさの美」とは違います。プラトンの『パイドロス』では、美は目に見えるが、ただしさのイデアは見ることが出来ないと言われています。[1] これをキリスト教の問題としていうならば、『ルカによる福音書』二三・四七の記述によると、イエスが十字架の上で息を引きとった折、この出来事を見ていた百人隊長が「この人はただしい人であった」と言ったと記されています。この百人隊長の言葉の「この人はただしい人（*dikaios*）であった」が一義的に決まっている「ただしさ」を示しているのです。それはイエスの存在全体が「ただしさ」の何であるかを示しているということです。アウグスティヌスが homo iustus（ただしいひと）として考えているのはまさにこのことです。アウグスティヌスはパウロを愛していますが、パウロの言葉の「私たちはキリストと同じかたちへと変えられてゆきます。そして栄光から栄光へと変えられるのです。」という『コリントの信徒への手紙二』三・一八の章句をとても大切にしています。アウグスティヌスは『三位一体論』の中で、「栄光から栄光へ」という言葉を「創造の栄光（gloria creationis）」から「義とされることへの栄光（gloria iustificationis）」へと説明し、これが聖霊のはたらきによって起こるのだと説明しています。[2] 人間が神の姿にしたがって作られたということは、人間の精神が神の栄光を映していることですが、それは罪によって汚されています。「神学」では「義化（iustificatio）」と「聖化（sanctificatio）」を区別することがあります。「聖化」とは聖人とされることであり、「義化」とは洗礼によって原罪から浄められてただしい者とされることを言います。しかしながら、ただしい人とはただしさを体現している人のことであり、それは聖人なのです。二つは本来区別されるべきではないと思います。パウロは書簡においてしばしば「聖なる者（*hagios*）へ」と書いていますが、これは「キリスト信者として召されて聖とされた人々へ」ということなのです。ここで義化と聖化を区別する必要はないのです。これはとても大事なことです。ところが、ヨーロッパでは信者のことを一般には「聖徒」とは呼びません。しかし、パウロははっきりそうと言っています。また、「善」はさらに見えないものだとアウグスティヌスもプラトンもプロティノスも言っています。「美しさ」「ただしさ」「善さ」の三つをはっきり理解することが、人間が人間にふさわしいものとして形成される根本であるとわたしは思っています。これら三つの、それ自体として値打ちのあるものである「価値」は少年・少女たちにも分かるはずのことです。ですから、これらを初等・中等教育の中で少年・少女たちに与えなくてはなりません。これら三つは同じことではありません。それぞれかたちが違います。「ただしさ」は公正・平等としてあらわれます。しかし、これは必ずしも「美しさ」ではありません。「英雄的な美」というものがあります。また、イエスの言葉の中に「なぜ私を善いものと言うのか。神ひとりの他に善いものはだれもいない[3]」という言葉があります。したがって、「善」とは内なる神においてあるもので、創造の根本において存在全体を支えているものです。イエス・キリストとして示された「ただしさのかたち（forma iustitiae）」だけが私たちを「善いもの」にしてくれます。「美」によって私たちは根源的なものの存在に気づかされます。その時、私たちは自分がほんとうに「ただしいもの」であるのかを問われます。そして私たちは「ただしさ」によってだけ「善いもの」とされます。「善」には快楽も含まれます。しかしこれはかならずしも「美しいもの」ではありません。「美」がわたしたちを醜さから引き戻すのです。これはプラトン哲学の根本であり、アウグスティヌスの神学の根本でもあります。ところが、近・現代の英米の功利主義倫理学や政治学では「善とは快である」ということが基本になっています。「快」にもさまざまありましょうが、「善」とは「快であるもの」としてしか決められないというのが今の世界の現状です。そして、そこから民主主義の原理によってなるべく多くの人に快を与えようという民主主義的な公正の原理が出てきます。しかし、そこには、本当の美は失われているのです。アウグスティヌスの場合には、イエスの福音は、「ただしいひと」である「イエスの現実」における「本当の美」にかかわり、一体化されることによって生

きられるものなのです。(4)

注

第1講 『告白録（Confessiones）』という書物

（1） 古典ギリシャ語では *phemi*（infin. *phanai*）は「言う、主張する、肯定する」を意味する語です。（ギリシャ文字はラテン文字にしてイタリックで表記。「はじめに」参照）

（2） confessio という語は（1）「信仰告白」、（2）「罪の告白」、（3）「讃美」という三つの意味で伝統的に使われてきたといわれています。cf. J. Ratzinger, "Originalität und Überlieferung in Augustins Begriff der Confessio" (*Revue des Études Augustiniennes*, 3, 1957, pp. 375-392), Bibliothèque Augustinienne; Œuvres de Saint Augustin 13, *Les Confessions*, Livres I-VII, Paris, 1962, introduction 9, note 1.

（3） 『讃美録』という訳語を日本で用いた最初の人は岩下壮一神父でした（岩下壮一『中世哲学思想史研究』岩波書店、一九四二年、一五頁および二一頁注七）。それまでは『懺悔録』という訳語が普通でした。たとえば、中山昌樹訳『聖アウグスティヌス懺悔録』新生堂、一九二四年。日本におけるアウグスティヌス研究ないし紹介の書誌学的研究は宮谷宣史「日本におけるアウグスティヌス文献―松村克己博士への感謝として―」（『神学研究』第二四号、一九七六年、三六―六三頁）、「日本におけるアウグスティヌス文献（二）」（『神学研究』第二七号、一九七九年、八七―九五頁）に尊敬すべき詳細な総覧が与えられています。なお、同氏による『告白録』の邦訳（『アウグスティヌス著作集』教文館）の下巻は近く刊行される予定であり、そこでも詳細な解説が与えられると聞いています。

（4）　生涯の終りには受洗してキリスト教徒として没したとされています（『告白録』IX, ix, 22　『告白録』の引用は以後、『告白録』という書名を省き、巻数をラテン数字大文字、章をラテン数字小文字、節を算用数字で表記することにします。「はじめに」参照）。

（5）　アウグスティヌスが生まれたこの時代の北アフリカの社会状況一般について邦語で学べるものとしてはアダルベール・アマン『アウグスティヌス時代の日常生活』上下（東丸恭子・印出忠夫訳）リトン社、二〇〇一、二〇〇二年があります。また、アウグスティヌスの伝記については、古代末期・中世・初期ヨーロッパ史の権成P・ブラウンの『アウグスティヌス伝』（新版・エピローグ付き）の邦訳が出版されています（P・ブラウン『アウグスティヌス伝』上・下、出村和彦訳、教文館、二〇〇四年）。またP・ブラウン教授の来日中の講演集は『ピーター・ブラウン　古代から中世へ』（後藤篤子編、山川出版社、二〇〇六年）として出版されています。

（6）　母モニカの育った環境とその後の生涯の一般的なことについてはIX, viii, 17-ix, 22に述べられています。

（7）　Neil Mclynn氏はアウグスティヌスの思想をidiosyncratic（＝自己流）と特徴づけます。アンブロシウスをはじめ当時の知識人の教養はギリシャ語とギリシャ的教養によるものでした。キリスト教時代になって、キリスト教的教養をリードしたものはギリシャ教父たちでした。アウグスティヌスの場合には、これは間接的な一般的教養にとどまっています。ギリシャ教父の著作に導かれ、育まれて、アウグスティヌスのキリスト教理解が形成されたのではありません。アウグスティヌスの場合には、『聖書』（ラテン語訳）を、いわば手持ちの材料で読み解くことによって、キリスト教理解が形成されています。この点にアウグスティヌスの思想の独創性があるのは間違いありません。『パトリスティカ――教父研究――』第五号（一九五五年）の McLynn 氏の英文論文 'Augustine's Roman Empire: Reaching out from Hippo Regius' pp. (1)-(23) および当日の討論 pp. 117-133 参照。

（8） ただ、母の名前 Monnica はその地方ではごく一般的な名前であって、土着の神 Monna の縮小辞であることが指摘されており、その限りで、アウグスティヌスの生まれにベルベルへのかかわりを想定することもありうるとされています（Serge Lancel, *Saint Augustin*, Paris, 1999, p. 20）。そして、アウグスティヌスがアフリカの出身であることを隠すことなく、大事にもしていたことの証しとして、土地の殉教者である Miggin と Namphamo というフェニキアの名前について、かれが最初に古典教養を受けた Madaura の地の文法学者 Maximus が示した軽蔑に対して、「アフリカ的な意識」で抗弁していること（『書簡』17, 2）や、また、『神の国』の中で（第八巻第十二章、第十四章）、Madaura の生んだ偉大な人である Apuleius の「アフリカ出自」を強調していることがあげられています（Lancel の上記の書、1999, p. 21）。ただし、ベルベル語で説教することを Alypius にゆだねたのは、かれが土地の言葉にあまり長じていなかったことを示す一事でしょう。

（9） カッシキアクムで書かれた最初の著作『アカデミア派論駁』はこの恩人 Romanianus に捧げられるものとして書かれています。

（10） アウグスティヌスが関係した「マニ教」がどういうものであったか、それは『告白録』が伝えるものから精確に推定できるのか、あるいは他にも多数あるアウグスティヌスのマニ教関連の著作（説教、書簡を含む）の伝えるものからどこまで精確に推定できるかについては、「マニ教」の『原典』が復元されるようになった二十世紀後半以後、研究者の間に激しい論争を呼ぶ問題になっています。この講義では『告白録』が何であるかを『告白録』自体から内在的に理解しようとする方法的視点にもとづき、この点には立ち入らないことにします。さしあたり、邦語文献として、「マニ教」の『原典』に直接近づきうる資料として、大貫隆訳・著『グノーシスの神話』（岩波書店、一九九九年）に含まれている「マニ教」関連の尊敬すべき論述をあげておきます。

(11) この箇所の含む諸問題、および、それにかかわる同時代的さらには現代的な問題状況に関する詳細な優れた研究としては神崎繁「〈信なき生〉をめぐって――アウグスティヌスと古代懐疑論」（『人文学報』一九九一年、五三―一二六頁）があります。また、この問題に関係してアウグスティヌスがカッシキアクムの観想生活で著した著作『アカデミア派論駁 *Contra Academicos*』については岡部由紀子氏の尊敬すべき研究『アウグスティヌスの懐疑論批判』（創文社、一九九九年）があります。

(12) この点については Pierrre Courselle の古典的著作 *Recherches sur les Confessions de Saint Augusitn*, Nouvelle édition augumentée et illustrée, Paris, 1968 があります。ただし、この事情の細部に関するクルセルの所説にはさらなる検討を必要とします。

(13) 「新プラトン派（Neoplatonists）」という呼び名は近代のもので、当時は「プラトン派（Platonici）」と呼ばれていました。

(14) それは Marius Uictorinus によるラテン語訳でした（cf. VIII, ii, 3)。

(15) 『アントニウスの生涯（*De vita Antonii*）』はアレクサンドリアの司教アタナシウス Athanasius の著作であり、アタナシウスの生前からラテン訳され、キリスト教古代において広く読まれていた書物でした『パトリスティカ――教父研究――』第三号（一九九六年）に収録されている Charles Kannengiesser 氏の講演 'My life-long Adventure with Saint Athanasius' の討論記録一〇八頁参照。

(16) それは聖書の「霊的解釈」とか「比喩的解釈」とか言われています。

(17) 畢生の大作『神の国』における「地の国」の位置づけはそのようなものであったように思います(加藤信朗⒀(二〇〇三年)一-二二頁参照)。

(18) Henri-Irénê Marrou, *Histoire de l'éducation dans l'antiquité* (English translation by George Lamb, A Mentor Book, New York 1964, 邦訳H・I・マルー著『古代教育文化史』横尾壮英〔ほか〕訳、岩波書店、一九八五年参照。

(19) Platon,『パイドロス』篇 261a7-8. しかし、これはプラトンによる定義ではなく、当時の弁論家によるものです。

(20) Aristoteles, *Rhetorica*(戸塚七郎訳『アリストテレス弁論術』岩波文庫)第一巻第三章参照。そこでは、弁論術の三つの働き、つまり民会での討論をどのようにするか、法廷での討論をどのようにするか、それから公けの式辞でもどのようにするか、その原理がそれぞれ何であるかが述べられています。民会での弁論を規定しているのは「何がよりよいか(=有利か)(*ophelimon*)」という観点であり、法廷でのそれは「何がただしいか(*dikaion*)」、式辞の場合は「何が美しい立派なこと(*kalon*)か」であるとしているのは、アリストテレスの『弁論術』の素晴らしいところです。美辞、麗句、措辞、組み立てといった技巧的なことによって弁論が規定されるわけではないのです。

(21) このアウグスティヌスの生きた時代である末期ローマ帝政期とそこでの「教養」のあり方、また、その社会へのかかわりについて明解な論定を与えたものは Henri-Irénê Marrou の古典的名著 *Saint Augustin et la fin de la culture antique* (le 4ᵉédition, Paris, 1958) であり、今日の優れた本格的なアウグスティヌス研究はすべてこの名著から始まっているといえるでしょう(この名著は近く邦訳が出版されると聞きます)。

(22) Henri-Irénê Marrou は上記(注21)の書で、アウグスティヌスを Orateur Chrétien(キリスト教弁論家)と呼びました。弁論術の教師であったアウグスティヌスは『告白録』で弁論術を「欺く術」と呼んでいます。しかし、アウグスティヌスは終生、その教養にもとづいてラテン語の達人であり、真の意味で「語るにとりわけ長じた人(vir eloquentissimus)」でした。「言葉」はアウグスティヌスを生かしているものでした。人を生かす言葉が何であるのか、そこにアウグスティヌスの終生の問題があります。わたしたちが『告白録』を学ぶのもそれを学ぶためです。

第2講　第一巻冒頭の二行について

(1) 一五九五年天草版の『羅葡日辞典』(DICTIONARIUM LATINO LVSITANICUM AC IAPONICVM IN AMACVSA IN COLLEGIO IAPONICO SOCIETATIS IESV cum facultate Superiorum. ANNO M. D. XCV)[勉誠社、一九七九年]を見ますと、たとえば、「哲学」を意味する philosophia の項目は ae とラテン語属格形が示された後、ポルトガル語で Lus. Amor, e estudo da sciencia, ou filosophia と説明され、これが日本語に訳されて、Iap. Gacumonno suqi, banmotno rio aquiramuru gacumon と記されています。この今から四百年以上も前に遡る時期に、日本のエリートたちが南蛮渡来のイエズス会宣教師たちに協力して、ラテン語の philosophia を日本語に訳して説明してくれている羅馬字表記を、わたしたちは今「学問の好き」、「万物の理をあきらむる学問」と容易に読むことができます。必ずしも十分に攻究され尽くしているかに見えないこの先人の偉業の学問的意義をいま問うことはしません。驚くこと、あるいは、当時の人には当たり前であったかもしれないことは、「学問の」は gacumonno と、また「万物の」は bannmotuno と表記され、体言と助詞が続けて一語として表記されていることです。当時の日本文の表記がどのようなものであったのかわたしには定かではありませんが、ここには格変化を伴うラテン語の名詞の働きがそのまま日本語に写し取られているように思えます。ポルトガル語ではda scienciaと「前置詞」と「名詞」の二語で記されていることがgacumonnoとして一語で表記されているのです。まるで、ギリシャ語の*philosophia*をamor sapientiaeとラテン語で訳したキケロの心をこの時代の日本人たちも学び取っていたかのようにも思えるのですが、同時に、ラテン語名詞の格変化を日本語に移すときには助詞を添えた一語として理解すべきだということをこの人びとが理解していたことを、これは示しているように思えます。

(2) これは次に説明しているように『詩篇』四七などにもとづく言葉であり、イスラエルの信仰告白の中心をなす言葉でした。イスラーム教でも、イスラーム教徒が毎日五回唱える「祈り」(サラート)のなかで、冒頭に唱えられ、節々に何度も繰り返されて唱えられる言葉はこの「アッラーフ・アクバル(アッラーは偉大)」という言葉です。

　中世キリスト教の神学者として著名なアンセルムスが「神」を特徴づけるものとして「それ以上に大きいものが考えられないもの」(『プロスロギオン』第二章)と規定し、この特徴にもとづいて「神は存在する」という結論を理性的に必然的な論証として提示したのはヨーロッパ哲学史、神学史で著名なことです。

(3) Ps. 146, 5: magnus Dominus noster, et magna virtus ejus; et sapientiae ejus non est numerus. (*megas ho kyrios hemon, kai megale he ischys autou, kai tes syneseos autou ouk estin arithmos.*).

(4) cf. Anne-Marie La Bonnardière, 'Recherches sur les antécédents, les sources et la rédaction du livre VI du De Trinitate de Saint Augustin', École Pratique des Hautes Études, V^{e} séction: Sciences Religieuses, Annuaire, tome LXXXIII (fasc. III), Compte rendues des Conférences de l'année univer-

sitaire, 1974-1975, pp. 202-211.

(5) このように考えることによって、つぎに述べる『告白録』の構成もよく理解されます。

(6) この論争はAdolf Harnackの“*Augusitns Konfessionen*”, Giessen, 1888 (Reden und Aufsätze, I, 2, 1906に収録)に端を発するとされています。この論争の概観はBibliothèque Augustinienne版のŒuvres de Saint Augusitn 13, *Les Confessions*, Paris, 1962のA. Solignacによる Introduction, II Historicité des *Confessions*, pp. 55-84に与えられています。

第3講「大いなるもの」

(1) intellectusを「理解」と訳します。わが国の中世哲学研究者の間では「知解」と訳するのが通例になっています。しかし、「知解」という言葉は日本語として普通には用いられていない言葉ですが、intelectusのほうはラテン語で「理解する、分かる」を普通に意味するintellegereの名詞形であり、「理解」という意味で普通に用いられる言葉です。また、それはギリシャ哲学の用語である「ノエイン(*noein*[理性によって理解する、分かるという意味])」という動詞の名詞形である「ヌース(*nous*)」にあたるラテン語ですので、ギリシャ哲学との連続性を保つという観点からもそのように訳すのが適切であると考えます。

(2) 己れの「存在」が「(与え主によって)与えられたものであること」を認めないこと、すなわち、自己の存在の「被造性(=被贈与性)」を認めないことは、「自己」が「自己」だけで存在するとすることであり、「己れを神と等しいものとする」「高ぶり(superbia)」です。この「高ぶり」は「存在」そのものであり、「生命」そのものである神とのかかわりから自己を断つことであり、これによって人間は「死すべきもの」という「性(natura・生まれ)」を持つものになります。これは人間のもつ「死すべき性

(mortalitas)」を説明する存在論的な解釈であり、「原罪」の存在論的な解釈です。「主は高ぶるものに抗う（Deus superbis resistit)」という『箴言』三・三四前半の句（*Septuaginta Paroimiai 3, 34: kyrios hyperephanois antitassetai* のラテン語版－アウグスティヌスが用いているもの）はアウグスティヌスにとって根幹的な意味をもっています。この点については加藤信朗⒀（二〇〇三年）五頁参照。

（3）注(1)参照。

（4）プラトン『メノン』篇 80de.

（5）『ルカによる福音書』一一・九にも同じ言葉があります。

（6）最後の時がもう近づいている時にも、ゼベダイの子ヤコブとヨハネがイエスに求める願い（『マタイによる福音書』二〇・二〇－二一、『マルコによる福音書』一〇・三五－三七）や「告別説教」のなかでさえ「御父を示してください」と求めるフィリポの言葉（『ヨハネによる福音書』一四・八）はその典型的な例です。

（7）『ヨハネによる福音書』一・一四。

（8）*De diversis quaestionibus VII ad. Simplicianum.* 1, 2, 22 ほか。O'Donnell は他にそのような例が十箇所あるとしています（James J. O'Donnell, *Augustine Confessions II Commentary on Book* 1-7, p. 17, Oxford, 1992)。

（9）冒頭部分について、さらに詳しくは、加藤信朗⑹（一九九三年）一－二四頁参照。

第4講　第一巻第二－五章

（1）プラトンの学校「アカデメイア」に始まる人間教養一般の学習体系はヘレニズム期を経て「自由諸学芸（artes liberales)」と呼ばれる七学科からなる学習体系として整備されました。アウグスティヌスも学習の過程でこれにしたがって学んだと思われます。カッシキアクム著作は基本的にはその形式にのっとっています。「自由諸学芸」とは、「算術（arithmetica）」、「幾何（geometria）」、「天文学（astronomia）」、「音楽学（musica）」の「（数学）四分科（quadrivium）」と、「文法学（grammatica）」、「弁論術（rhetorica）」、「弁証学（dialectica）」の「（人文）三分科（trivium）」からなる「自由七学芸（septem artes liberales）」のことです。この「自由七学芸」が教養の基礎とされたカロリング朝ルネッサンスから、その後のヨーロッパ中世で、これが学問探究の一般的方法論を形成していった過程についての邦語文献としては、クラウス・リーゼンフーバー『西洋古代中世哲学史』（放送大学教育振興会、一九九一年）一五一頁以下に簡明ですが、実に精確な論述が与えられていますので参照されることをすすめます。

（2）なぜ主体的というかといえば、それはこの場合、探究は自己が自己に還って、自分の理解できる言葉の範囲で、この自己を越えるもの（＝超越的なもの）をどのように考えうるかをさまざまに吟味しようとしているからです。

（3）この点については、加藤武『アウグスティヌスの言語論』（創文社、一九九一年）、とりわけその第一部第一章　声、三　喚びかけの構造、六一頁以下に傾聴すべき尊敬すべき論述がなされています。また、荒井洋一『アウグスティヌスの探求構造』（創文社、一九九七年）にも随所に傾聴すべき論述が見られます。「呼びかけているもの」が「どこで」呼びかけているのかという場所も当然そこでの重要な問題となるでしょう。

（4）これは哲学史上は通常「超越論的（transcendental）探究」と呼ばれていますが、この探究が「どこで」なされるのかという「場所論」の問題は重要です。この点については第十二講以下の第十巻の解釈参照。

(５)『告白録』における「真理を行う（ueritatem facere)」という表現の働きについては第十二講（第十巻）二六五－二六六頁参照。

(６)「esse（存在）の哲学」の問題とその伝統については第八講一八三－一八六頁も参照。

(７) XIII, xxi, 46　また『ヨハネによる福音書』八・二四には、イエスが自分自身について言う「わたしはある（*ego eimi.*)」という言葉が伝えられています。

(８)　この思弁のおわりは美しく結ばれています。

「たしかにそうなのです、主よ、たしかにそうなのです。わたしのうちにあなたがいらっしゃるのに、わたしはあなたをどこに呼び求めるというのでしょうか。それとも、あなたはどこからわたしの内にいらっしゃるのでしょうか。」

(９)『雅歌』一・三、三・四参照。

(10)　ハイデガー『形而上学入門』(Martin Heidegger, *Einführung in die Metaphysik*, 1953）ほか参照。

(11)　この諺は、もとは、『詩経』小雅・蓼莪に出る「罔極《もうきょく》」という語に依拠して、「父母の恩は、天が極まりがないように大きい」という意味で「罔極の恩」といわれたところから由来するといいます。

(12)　キエルケゴール『死に至る病』冒頭参照。

(13)『哲学論文集第四』（一九四一年）「実践哲学序論」の冒頭箇所（『西田幾多郎全集』第十巻七頁以下）参照。

(14)　第一講注(17)に引用した加藤信朗（二〇〇三年）五－六頁参照。

第５講　回心の過程（離向と帰向）

(１)　cf. II, iii, 6-7; III, xi, 19-xii, 21; V, vii, 13; V, ix, 16; VI, i, 1; VI, xiii, 23; VIII, xii, 23.

(2) To Carthage then I came./Burning burning burning burning/O Lord thou pluckest me out./O Lord Thou pluckest/burning（それから我れカルタゴに来たれり／燃える燃える燃える燃えている／オー天主よあなたは私を救い出されます／オー天主よあなたは救い出されます／燃える〔西脇順三郎訳〕T. S. Eliot, *The Waste Land* 1922. III The Fire Sermon 307-311.『荒地』創元社刊、一九五二年）。

(3) ルオーの版画集「ミセレーレ」はこのことを見事に造形化して見せてくれています。cf. *Le Miserere de Georges Rouault*, L'étoile filante aux édition du Seuil; Paris; 1952. この版画集はわが国では、「神奈川県立美術館　鎌倉」の開館記念第二回展として、一九五一年十一月十八日－十一月三十日に、原寸大の全版画五十八枚が展示されました。わたしはこの展覧会に友人井上忠氏と共に訪れ、魂を揺すられる感動を覚えました。

(4) 第一巻の冒頭（I, i, 1）でも同じ言い方がされていました。

(5) Vulgata Clementina, Ps. 34, 10, omnia ossa mea dicent: Domine, quis similis tibi?; Septuaginta, Ps. 34, 10, *panta ta ossa mou erousin Kyrie, tis homoios soi?*

(6) 雨宮慧「心身二元論をこえて――詩編が述べる人間」（『地球化時代のキリスト教――自己変成の途』聖心女子大学キリスト教文化研究所編、春秋社、一九九八年、六三－七六頁）参照。

(7) V, vi, 10では、ファウストゥスの弁舌がどれほど「快く（suauius）」どれほど「巧み（diserta）」なものであっても、だからといって、アウグスティヌスが心の奥底で求めていた「真実（uera）」をかれは教えてくれないことに気付いた。そして、そのことを教えてくれたのは、実は、神であり、神はそれを「不思議な隠れた仕方で教えてくれていた（docuerat miris et occultis modis）」と述べられています。この「不思議な仕方で（miris modis）」と言って「神の隠れた手の働き」を述べる言い方は第一巻から第九巻までの四箇所に見られますが、いずれも、自己に隠されたところで働く神の摂理の内密な働きに関係しています（V, vi, 10; vii, 13; VI, xii, 22; VII, xxi, 27）。

第6講　離向（auersio）の諸要素

（1）　加藤信朗⑾一九九九年、五一－五五頁、加藤信朗（11）（一九九九年）参照。
（2）　第一講注21に引用の Henri-Irénée Marrou, 1983 参照。
（3）　この点については荒井洋一氏の論文「泣くことはなぜ甘美であるのか」（『東京学芸大学紀要』第二部門第三二集、一九八一年参照。第四講注（2）に引用の同氏著『アウグスティヌスの探究構造』に収録）に『告白録』における「涙」との関係で美しい論述をみることができます。また、この友の死と『告白録』における「涙」の意味についてのすぐれた論述を川崎千里氏の論文「アウグスティヌスの神認識における視覚表現について」（『中世思想研究』第四四号、二〇〇二年、六七－七七頁）にみることができます。また彼女の最近の小論、田内千里「アウグスティヌスの涙」（『創文』二〇〇六年十月四九一号二三－二六頁）をも参照。

第7講　帰向（conuersio）の過程とその諸要素

（1）　第九講一九六－一九八頁参照。また第九講注（1）に引用の論文参照。
（2）　野町啓「フィロンの聖書解釈の一側面」（『パトリスティカ――教父研究――』創刊号、一九九四年、六五－九五頁）参照。
（3）　小高毅「オリゲネスのヨハネ福音書序文（ロゴス賛歌）の解釈――他のギリシャ教父の解釈と比較しつつ――」（『パトリスティカ――教父研究――』第四号、一九九七年、四五－七九頁）、久山道彦「オリゲネスにおける解釈学的原理――『原理論』と『ヨハネによる福音書注解』から――」（『パトリスティカ

――教父研究――』第四号、一九九七年、八〇―一一七頁）、秋山学「アレクサンドリアのクレメンスにおける古典学の変容――『オデュッセイア』の解釈に向けて」（『パトリスティカ――教父研究――』創刊号、一九九四年、九六―一三九頁）参照。また『中世思想原典集成』第一巻「初期ギリシャ教父」（平凡社、一九九五年）、『中世思想原典集成』第二巻「盛期ギリシャ教父」（平凡社、一九九二年）参照。

（4）荻野弘之「〈始まり〉の問いとその行方――「ヘクサメロン」の西と東」（『パトリスティカ――教父研究――』第四号、一九九五年、九三―一一七頁）、『中世思想原典集成』第四巻「初期ラテン教父」（平凡社、一九九九年）五三三―五九九頁、アンブロシウス『エクサメロン（天地創造の六日間）』（荻野弘之訳・解説）参照。

（5）柴田有「青銅の蛇の物語――予型論の意義をめぐって」（『パトリスティカ――教父研究――』第八号、二〇〇四年、一〇四―一五四頁）参照。

（6）第1講注(11)に引用の神埼繁氏の論文参照。

第8講　プラトン哲学との出会い（第七巻）

（1）第六講・マニ教、一一六―一二五頁参照。

（2）後述「光の直視」本講一六三頁以降参照。

（3）第七講・アンブロシウスとの出会い、一四三頁以下。また、第八巻第六章一四―一六のポンティキアヌス来訪の記事（後述第九講二一四頁）参照。

（4）後述第九講二一四―二一八頁参照。

（5）西洋の近代哲学はこれを「心身二元論」として問題化しました。これはデカルトに始まる探究です。でも、これは哲学者の議論で、一般の人は特に問題にしてはいないと思います。

（6） V, xi, 21; VI, iv, 6, VII, i, 1-2.
（7） VII, i, 1-2.
（8） 第八巻第二章では、アンブロシウスを導いた人であるシンプリキアヌス（Simplicianus）をミラノ在住時に訪問した折のことが述べられ、そこでマリウス・ウィクトリヌス（Marius Uictorinus）のラテン語訳でプラトン派の書物を読んだことをアウグスティヌスが話すと、シンプリキアヌスは喜んでくれて、プラトン派の書物の中には「神と神の言葉（deum et eius uerbum）」のことがあらゆる仕方で暗示されていると言ったと述べられています（VIII, ii, 3）。これは次に述べる『ヨハネによる福音書』とプラトン派の書物の照応の話（一六七－一七二頁）につながります。
（9） カッシキアクム著作の後に書かれる『自由意志論』や、ペラギウス論争に関する著作、また『恩寵と自由について』など。
（10） 後述一七七－一八〇頁参照。
（11）『真なる宗教について（*De vera religione*）』三九・七二。
（12） collyrium はギリシャ語の *kollyrion* から由来する語で、医学用語として、ヒポクラテス、ガレーノスにも見られます。ここでは「目の塗り薬・軟膏」の意味です。
（13）『告白録』には、（a）『告白録』を書いている「今」のアウグスティヌスからおのずと出てくる言葉、（b）回想されている「過去」のアウグスティヌスのあるがままを言い表す言葉、（c）「過去」の自己が真理なる「神」の目の前でどのようなものとして見えていたかを述べる言葉という三種の言葉が入り混じり、交錯して出てきていることに留意する必要があります。
（14） 山田晶『在りて在る者――中世哲学研究　第三――』四　在りて在る者　アウグスチヌスの解釈、二四九－二五三頁（創文社、一九七六年）、加藤和哉「突き放す神――アウグスティヌス『告白録』第七巻研究ノート」東大哲学研究室『論集』X、一九九二年、一三一－一四二頁参照。

(15)『ヨハネによる福音書』六、三五、四八でイエスが「自分は生命のパンである」というとき、それはこのような食物であるパンを言うのでしょう。

(16) プラトン哲学では「学習すること」が「魂を養う食べ物」とされていますが（cf. *Protagoras* 313c-314b）、これは「哲学」の場での同種のことをいう言葉として興味深く思われます。

(17) 第三巻で「真理」である神を呼ぶ「自己のもっとも内奥《うち》なるものよりも内なるもの、自己のもっとも高きものよりも高きもの（interior intimo meo, superior summo meo）」（III, vi, 11）という呼び名はこのことを表しています。

(18) ほかにも『告白録』の内には、神を「在るであるもの（qui est est）」と呼ぶラテン語文法としては破格な語法が見られます（XIII, xxi, 46）。プロティノスの哲学では最高の根拠である「一そのもの」を「存在するさまざまなもの」と区別するために「存在しないもの」と呼ぶ言い方があり、これが「否定神学」としてギリシャ教父以来一般的なものになったと考えられます。アウグスティヌスのここでの語法はこれと区別されるものです。

(19) ここには嗅覚の表象に宗教的な意味が与えられています。一般に『告白録』における感覚的表象がもつ宗教的な意味を考えてみることは、アウグスティヌスの言語使用の特徴を浮き彫りにするでしょう。

第9講　回心の成就・庭園の場・Tolle, lege.（第八巻）

(1) 加藤信朗(1)（一九六七年）。のち改稿して 'Cor, praecordia, viscera, Remargues sur quelques expressions psychosomatiques des *Confessions* d'Augustin' (Saint Augustin, Dossier conçu et dirigê par

Patrique Ranson, L'Age d'Homme, Giromagny, 1988, pp. 313-326）として発表（ドイツ語版 'Cor, Praecordia, Viscera —— Bemerkungen zu einigen psychosomatischen Ausdrückenin Augustins *Confessiones*《*Studia Ephemeridis*《*Augustinianum*》*25, Congresso internationale su S. Agostino nee XVI Centenario della Conversione, Roma, 15-20 Settembre 1986*, Atti Sezioni di Studio II-IV, S. 131-154, Institutum Patristicum《Augustinianum》, 1987）また cor についての新しい研究としては、出村和彦「アウグスティヌスにおける「心」と聴衆　三九七年『告白録』と同時期の「説教」の視座」（ノートルダム清心女子大学『キリスト教文化研究所年報』二七号、二〇〇五年、七一－九一頁や Kazuhiko Demura, '*anima una et cor unum*: St. Augustine's Congregations and his Monastic Life', in P. Allen, W. Mayer, L. Cross (eds.), *Prayer and Spirituality in the Early Church*, St. Pauls Publications Vol. 4, pp. 257-266, 2006 がある。

（2）本講注（1）に引用の加藤信朗(1)（一九六七年）六〇頁参照。

（3）John O'Meara, *The Young Augustine, The Growth of St. Augusine's Mind up to his Conversion*, London, 1954 参照。

（4）『アカデミア派論駁』II. ii. 5；『告白録』VIII. xii. 29 における回心の場面。また、『至福の生について』I, 4、『告白録』VII, xxi, 27 も参照。

（5）Pierre Courcelle は「庭園の場」の頂点をポンティキアヌスとの話に置いていますが、「回心」の頂点の実質的な核心は「弁論術教授の辞任」にあったと見ています。そして、アウグスティヌスがこの同じ一つの出来事を異なる三つの著作のなかでそれぞれ別の視点から異なる状況のものとして描いているという独特な解釈を呈示しています（第1講注（12）に引用の Courcelle 1968, pp. 188-190）。三つの著作とは

『幸福な生について（*De beata uita*）』（I, 2; 12）、『信ずることの効用について（*De utilitate credendi*）』（VIII, 20）、『告白録（*Confessiones*）』（VIII, xii）のことです。このユニークな解釈について詳論することはここでは控えますが、「回心」の核心に弁論術教授職の辞任が含まれていたとする点にはCourcelleのすぐれた眼力が示されていると思います。

（6）母モニカもアウグスティヌスの野心を抑えようとはしなかった点については、第六講一〇八、一一三、第七講一五一－一五二頁。

（7）カッシキアクムでは四つの書が書かれました。『アカデミア派論駁（*Contra Academicos*）』、『至福の生について（*De beata uita*）』、『秩序論（*De ordine*）』、『ソリロキア（*Soliloquia*）』。

（8）cf, VIII, i, 2.

（9）この点についてはさらに補論（三二九－三三九頁）を参照。

第10講　救いの平安 カッシキアクム（第九巻その一）

（1）hostiam laudisを「讃美の捧げもの」「讃美という捧げもの」と訳します。第一巻冒頭と照応し、神に人間が捧げる「捧げもの」としてふさわしいものは「讃美（laus）」だけだと考えられるからです。hostiaは『羅葡日辞典』ではtamuqe（手向け）と訳されています。

（2）第七講一三七－一三八頁、第九講一九四－一九五頁参照。

（3）Septuagintaでは Ps. 115, 7 *o kyrie, ego doulos sos, ego doulos sos kai hyios tes paidiskes sou. Dierrexas tous desmous mou, soi thyso thysian aineseos*. とあり、まったく『告白録』と同じです。アウグスティヌスの用いていたラテン語『聖書』もこれに応じたものだったのでしょう。

（4）『ガラテアの信徒への手紙』二・二〇。また、『ローマの信徒への手紙』七・一五参照。

（5）『ヨハネによる福音書』八・三二。

（6）この一文は第十巻第六章八の一文、「あなたはわたしの心の奥底をあなたの言葉で刺し貫かれました。そこで、わたしはあなたを愛してしまいました（percussisti cor meum uerbo tuo, et amaui te)」(X, vi, 8)という言葉と完全に照応しています。それはアウグスティヌスの回心の最終の成就を述べる言葉です。そこでは、「キューピッドの矢に刺し貫かれて愛に陥る」というヨーロッパ文学常套の表現が援用されていますが、第十巻では、そこから「メモリア」のうちにおける「神の場所」の探究が出発する原点となります。第十三講二八八－二九一頁以下参照。

（7）アウグスティヌスにとって信仰は「近しい人と共なる共同のもの」でなければならないものだったのです。

（8）直前（IX. ii. 2）では、「そこで私たちの計画は、御前にはあきらかに知られていましたが、（中略）、私たちはお互い同士のあいだで、まわりのだれにもうちあけまいと約束していたのです」とありました。第八巻第二章五で、シンプリキアヌスが話してくれたマリウス・ウィクトリヌスの回心の話では、ウィクトリヌスが信者会衆の面前で堂々と信仰告白したと述べられ、そこにはこのウィクトリヌスの行為への羨望の念が述べられていますが（第九講二〇五－二〇六頁参照）、アウグスティヌス自身はミラノで公けの弁論術の教授という栄職にあるものとして、ウィクトリヌスのような公衆の面前での信仰宣言はあえて行うのを避けています。それはここに述べられているように、あえてそのようにして「名声を博する」ことを避けたのだとも考えられますが、なにか、そのようにすることによって障害が起こるのを避けたいという理由があったのかも知れません。

（9）加藤信朗(12)（二〇〇二年）参照。

(10) キケロの生没年は前一〇六―四三年です。
(11) 第1講注(11)に引用の岡部由紀子氏の著作にはこのアウグスティヌスの難解な最初の著作『アカデミア派論駁(*Contra Academicos*)』の尊敬すべき邦訳、解説、訳注が見られます。訳および注参照。
(12) 『神の国』第八巻第四―五章ほか参照。
(13) 例外としては『秩序論(*De ordine*)』の一箇所(第一巻第八章二三)に、青年リケンティウスが食後、厠にたった折、そこで大声で『詩篇』の唄句を歌ったとき、母モニカが堪えかねて、そのような讃歌をしょっちゅうそんな所で歌うものではないと言ってたしなめたという挿話が載せられています。そして、そこにはリケンティウスにとってその旋律は耳慣れないものだったけれども、かれはこれを最近習い覚え、愛していたのだとつけ加えられています。これはミラノの教会で歌われていた東方風の旋律だったと考えられます。
(14) 「それ自身なるもの(id ipsum)」という言葉はここで直接には『詩篇』四にもとづいて述べられていますが、それは第四講七一―七三頁、第八講一八三―一八六頁で触れた「存在の哲学」にかかわりうる言葉です。「変わることがない」という説明がそれを示していますが、その後のヨーロッパ哲学で「自己原因者(causa sui)」と呼ばれる観念にかかわりをもちえます。
(15) 『コリントの信徒への手紙二』一五・五四。
(16) 上記注(13)にふれた『秩序論』の箇所は、この本文箇所と共に、アウグスティヌスにおける典礼聖歌の重要性を証する貴重な箇所です。

第12講 メモリアの内での神の場所の探究(第十巻その一)

(1) 『マタイによる福音書』五・八。「心の清い人々は幸いである。その人たちは神を見る」。

（2）『ヨハネによる福音書』三・二一 Qui autem facit ueritatem, uenit ad lucem. uerittatem facere については後述二六五－二六六頁参照。

（3）『ソリロキア』第一巻第二章七。

（4）加藤信朗(5)（一九九一年）一一－一三頁、また(10)（一九九九年）三九－五九頁参照。

（5）caritas は前に説明した dilectio と同じようにギリシャ語の *agape* にあたる語です。前出第六講一一〇－一一一頁参照。加藤信朗(11)（一九九九年）、注一〇八〇－一〇八一頁、および、加藤信朗(10)（一九九九年）、五三－五五頁参照。

（6）第九巻末尾にも同じ言い方がされています。第十一講二五一頁参照。

（7）なお、『告白録』では第十一巻第二九章三九にも pater meus という言葉が神を指すものとして用いられていることを荒井洋一氏に教えられました。qui genuit me という表現は他の箇所には見られないようです。

第13講　メモリアの内での神の場所の探究（第十巻その二）

（1）小野寺功氏は『聖霊の神学』（春風社、二〇〇三年）を中心とする諸著作でご自分の視点からこの問題に関わる透徹した思索を展開しておられます。

（2）『ヨハネによる福音書』一四・二。

（3）加藤信朗(2)（一九八一年）。この論文は、日本語論文として改訂され出版されています（加藤信朗(7)（一九九三年）。また、神の場所に関する論考としては、加藤信朗(4)（一九八八年）も参照されたいと願います。

（4）*theologia* という語に関する最初の用語例であるアリストテレス『形而上学』の箇所（A巻第二章、

983b29）では、theologia は「詩人たちが神々について語っていることども」のことであり、むしろ「神・話（＝神々についてのお話）」と訳すのが相応しいものです。アリストテレスで「神」について論ずる学問的探究は *theologike* といわれます（『形而上学』E巻第一章、1026a19）。これが後にラテン語で theologia と呼ばれました。

（5）稲垣良典「キリスト教と西洋」『地球化時代のキリスト教』（聖心女子大学キリスト教文化研究所編、春秋社、一九九八年）所収、二九－四三頁。

（6）上記の論文の三五頁にはつぎのような一文も見られます。「そこからして、西洋においては、人間理性による実在の全体へと向けられた根源的探求としての哲学は、神に関する探求、とりわけ神の存在論証を中心課題として取り組まざるをえなくなった。このように、神の探求を中心課題とするような哲学（ギリシャ哲学の伝統）と、神を問題として探求することを迫る宗教（啓示宗教）としてのキリスト教との結びつきを通じて、キリスト教神学（それはキリスト教的哲学を前提にするものであった）が生れた、ということができる。これにたいして、東洋の宗教的伝統ないし思想の流れのなかでは、神が問題として探求されることはなかった、といえるのではないか」。

（7）稲垣良典、前掲論文、三五－三六頁。

（8）加藤信朗(5)（一九九一年）九－一一頁参照。また加藤信朗(11)（一九九九年）の翻訳。解説、注、および、関連論文参照。

（9）「キリスト教のモノポリはなかった」に関して、確かにキリスト教がローマの国教にされてゆくというかたちでモノポリ化の問題性はあります。だが、これについてはここでは触れません。

（10）庭園の場の回心におけるパウロの言葉「イエス・キリストを着なさい」に凝縮されていると考えても

よいでしょうが、それはつまり回心の過程の全体を導いてきた神のあわれみの業の凝縮した表現なのです。あるいは第七巻で「私（=神）はある（ego sum.）」と述べられている神の言葉と考えてもよいでしょう。
(11)『ルカによる福音書』一九・四〇。
(12) ここでは「創造した（creauit）」とは言われず、「作った（fecit）」と言われていますが、問題は変わりません。
(13) これは日本人には分かりやすいことではないかと思っています。加藤信朗(3)（一九八四年）参照。
(14) アウグスティヌスもこの論文を読んでいたとされています。
(15) プロティノスでは「美（*kalon*）」という語は「呼ぶ（*kaleo*）」という動詞に関係づけられ、感覚的な事物、多なるものの内に埋没して「理性的なこと」、「根源的なこと」、「一なるもの」を忘れ去っている人々を「一なるもの」に「呼びかえすもの」であると説明されます。

第14講　メモリアの内での神の場所の探究（第十巻その三）

(1)『使徒言行録』一五、パウロのアレオパゴス説教「知られざる神について」参照。
(2) ここでのアウグスティヌスの問いは、さしあたり「初期ギリシャ自然学」の線にそってすすめられています。ギリシャ自然哲学で宇宙を構成する元は火、空気、水、土の四元であり、それらは「神的なもの」であると考えられていました。加藤信朗(8)（一九九六年）参照。
(3) 外への視向の内への転換については第十三講二九一－二九七頁参照。
(4) 第十二講二六四－二六五頁参照。
(5) キエルケゴール『死に至る病』（Søren Kierkegaard, *Sygdommen til Döden*, 1849）第一部の冒頭部分です。

(6)『ローマの信徒への手紙』八・一九－二二。

第15講　メモリアの内での神の場所の探究　（第十巻その四）

(1)　VII, x, 16. 第八講一七三－一七四頁参照。

(2)　X, xvii, 27.『ルカによる福音書』一五・八。

(3)　「忘却の記憶」とは、文字通りに理解すれば、「忘れ去っているものを覚えている」ということです。しかし、もしも、「すっかり忘れ去っている」とすれば、それを「覚えている」ということはないのではないでしょうか。それゆえ、これも「探究のパラドクス」と似たようなパラドクスです。「探究のパラドクス」については、第三講で、第一巻第一章の「あなたを知らないのに、あなたに呼び求めるものがだれかいるでしょうか」という問いかけの言葉に関係して説明しました（五七－五八頁参照）。それはプラトンの『メノン』篇に提示されている「パラドクス」のことで、「知らないものをひとは探求することがありうるか」というパラドクスです。この「忘却の記憶」のパラドクスもそれに似ています。しかし、それはここでアウグスティヌスにとってさらに根本的な問題に組み入れられて提示されています。それは、次に述べるように、「完全な幸福の追求」という、「アウグスティヌス哲学（＝神学）」にとって最終の問題の枠組みに組み入れられて提示されているからです。ここには、プラトンの「イデア論」の問題のアウグスティヌス的な「変容（modification）」を想定することができますが、これについて詳説することは省きます。『パトリスティカ――教父研究――』第十号、加藤信朗「巻頭言」（二〇〇六年）をも参照のこと。

(4)　beata vita は、山田晶訳では、「至福の生」ですが、ここでは「幸福な生き方」と訳しました。

(5)　本講注(3)参照。

(6)　nam ex quo didici te, non sum oblitus tui. ubi enim inueni ueritatem, ibi inueni deum meum, ipsam ueritatem, quam ex quo didici, non sum oblitus. itaque ex quo te didici, manes in memoria mea, 続く第二十五章三六末尾にも二回繰り返されています。

補論一 「庭園の場」への一つのコメント

（1）この解釈を支持するものとして、じっさい、「性的誘惑」だけが最後まで克服できなかったと書いている箇所も見られます（VIII, i, 2）。

（2）第1講注（8）に引用の Serge Lancel, (1999), pp. 141-142.

（3）第六講一一九－一二〇頁ほか参照。

（4）George Lawless, '*Honores, coniugium, lucra* (*conf*. 6. 6. 9): A Greco-Roman Rhetorical Topos and Augusitne's Ascetism (*Augustinian Studies* 3: 2, 2002, pp. 183-200.

（5）前の二つはもうあまり問題にならなくなっていたと言っている箇所がありますが（第一講注1に引用の箇所）、「愛欲」のことも実際はこの弁論術教授の栄職と無関係であったとは考えられません。

（6）《ですからこの分裂を生じめていたものは、じつは私ではなくて、もっと自由な状態にあった人が犯した罪の罰として、私のうちに住まうようになった罪こそは、この分裂の原因でした。じっさい私は、そのアダムの子であったのです。》（VIII, x, 22）参照。

（7）cf. John F. Harvey, *Moral Theology of the Confessiones of Saint Augustine*, The Catholic Universty of America Press, Washington, D. C. 1951, pp. 55-58.

（8）enkrateia. *Reallexikon für Antike und Christentum* Vol. V, pp. 343-365, H. Chadwick による enkrateia の項目の論述参照。

（9）注（3）に引用の箇所参照。

(10) cf. Robert J. O'Connell, s. j., *Images of Conversion in St. Augustine's Confemniono*, Fordham University Press, 1996, p. 220. O'Connell が、現在もっとも有力とみられる解釈にあえて抗して、本書で示してくれている「庭園の場」およびアウグスティヌスの「回心」一般に関する解釈は、わたしが本文に呈示した解釈と基本では同じです。

補論二　美・正・善——第十三講末尾の質問に答えて

（1） プラトン『パイドロス』篇250b。

（2） *De trinitate*, XV. 8. 14. cf. 加藤信朗⑽（一九九九年）参照。

（3） 『マタイによる福音書』一九・一六、『マルコによる福音書』一〇・一七、『ルカによる福音書』一八・一九。

（4） 加藤信朗⑼（一九九七年）一七―三五頁参照。

あとがき

本書の成立の最初の機縁は、はじめに書きましたように、ほぼ十年前カトリック松原教会で、信仰を共にする方々に、一年半にわたりお話した『告白録』第一巻－第十巻の講義「講座　アウグスティヌスに学ぶ」でした。これを文字にしたいというわたしの願いを山本芳久さん、村上晶郎さん、川崎千里さんの三人が快く引き受けてくださり、ほぼ五年前、このときの録音テープを文章にしてくださいました。あらためて、講義に加わってくださった皆様に感謝すると共に、テープを文字にしてくださった三人に感謝します。知泉書館の小山光夫氏はこれを著書として出版したいというわたしの願いをすぐに快諾してくださいました。でも、それから長い歳月が経っています。その間、さまざまな所要に妨げられたとはいえ、これをみなさまに読んでいただけるようなものにするには多くの労苦と歳月を要したのも事実です。

いま、八十歳を迎えるこの年に本書を出版できるのは、わたしのこの上ない喜びです。思えば、アウグスティヌスの『告白録』にはじめて触れたのは、中学二、三年の頃（旧制成蹊高等学校尋常科・一九四〇年－一九四五年在学）、服部英次郎先生訳の『告白』上巻、中巻（岩波文庫）を手にした時ではなかったでしょうか。戦運が急を告げはじめ、校庭に掘られた防空壕に級友たちと身をひそめていた十数メートル先にB29の投じた爆弾が炸裂し、大きな穴を掘っていったのもその頃でした。戦時下に育った多くの方々と同じように、とても長くは生きられないという覚悟の中で、「哲学」への思いがわたしの内に芽生えていったのは、おそらくその頃で、それは、同じようにその頃手にしたプラトン『パイドン』篇（岡田正三訳・第一書房）とアウグスティヌス『告白録』の内においてであったのだと思います。戦争が終わり、東大文学部哲学科に入学し（一九四七年）、「ギリシャ語初歩」と「ラテン語初歩」を神田盾夫先生から学び、わたしは古典語の魅力にとり憑かれ、プラトンをギリシャ語で、そして『告白録』をラテン語で読む喜びを味わいました。その頃、就寝時、寝床で『告白録』をラテン語原文で読むのが好きだったといったら、「衒《てら》い」としてしかお聞きいただけないでしょう。でも、わたしの中で、「哲学」と「信仰」――それはわたしにとって次第に同じ一つのことになってゆきました――が育ち、それが心の奥底に根付いていったのはそういう間のことだったと思います。

その後、教員となり、諸大学で「ギリシャ語・ラテン語」の授業、また「哲学」の授業、セミナーを担当させていただきました。定年退職後は、聖心女子大学キリスト教文化研究所の「公開セミナー」講師として、また、「朝日カルチャーセンター（東京）」の講師として今なお講義を担当させていただいています。本書は、このほぼ五十年間、これらの場所で、プラトン、アウグスティヌスの授業・セミナーをともにしてくださった学生の皆様、聴講者の皆様すべてとの、その時、その時の「共なる探究」の結実です。「哲学」も「信仰」も（わたしたちがその上に、またその内におかれている）「真なること（uera）」を願い求める真摯な「共なる探究」の絆のうちにだけ固められると信じます。まさにそのことを説き明かしているものこそ、このアウグスティヌスの『告白録』という「書物」です。わたくしのうちに長年の間に醸成されてきたこの確信を本書を通じてみなさまが共有していただければ、無上の幸いです。

また、本書を初校の段階で全部読んでくださり温かい励ましの言葉を頂いた、五十年を越えるアウグスティヌス研究の友、敬愛する加藤武先生に心からの感謝を捧げます。加藤武先生に見ていただくことなしに、本書を公けにする勇気をわたしはもてなかったとだけ申し上げます。本書が、二人の間での、また、これからこの道を継いでくださるみなさまとの、共同探究の新しい道の端初となることを願います。

さらに、全巻を読み通し、言葉遣いの不整合、不適切さを指摘してくれ、どなたにもいくらか読みやすいものにしてくれた妻、耀子の労に感謝します。

同じように全巻を読み、引用箇所をすべてチェックしてくださり、さらに著者関連文献一覧と索引を作成してくださった田内（旧姓川崎）千里さんの誠意こもった絶大なる労苦に心からの尊敬と感謝を捧げます。はじめに録音テープの大半を美しい文章にしてくださったのも田内さんでした。

そして、最後になりましたが、「近刊」という予告のまま、何年も辛抱強く待ってくださり、励ましてくださり、いまのこの「出来栄え」をとりわけ喜んでくださり、立派な書物として出版してくださった知泉書館の小山光夫氏、そして知泉書館のみなさまに言い尽くせぬ感謝の意を表させていただきます。

主の内にあって
感謝のうちに

二〇〇六年十一月
加藤信朗

(カバーに載せた写真は、第十回国際中世哲学学会が、統一後まもない一九九七年に旧東独のエアフルトで開催された際、その主会場となったアウグスティヌス会修道院聖堂内陣ステンド・グラスを耀子が撮影したものです。全三十三枚の場面から成り、アウグスティヌスの全生涯を描いたものとしては最初期の十四世紀の作だとされています。ここでM・ルターも修道者として暮らしていたのです。)

加藤　信朗（かとう・しんろう）
1926年東京都に生まれる．1950年東京大学文学部哲学科卒業．上智大学文学部教授，東京都立大学人文学部教授，ケンブリッジ大学客員研究員，聖心女子大学文学部教授，ペンシルベニア大学客員教授を経て，現在，東京都立大学名誉教授．
〔著訳書〕『哲学の道』（創文社），『初期プラトン哲学』（東京大学出版会），『ギリシア哲学史』（東京大学出版会），アリストテレス『分析論後書』（アリストテレス全集 第1巻，岩波書店），アリストテレス『ニコマコス倫理学』（アリストテレス全集 第13巻，岩波書店）

〔アウグスティヌス『告白録』講義〕　ISBN4-901654-86-1

2006年11月20日　第1刷印刷
2006年11月23日　第1刷発行

著　者　加　藤　信　朗
発行者　小　山　光　夫
印刷者　藤　原　愛　子

発行所　〒113-0033 東京都文京区本郷1-13-2
電話03(3814)6161　振替 00120-6-117170
http://www.chisen.co.jp
株式会社　知泉書館

Printed in Japan　印刷・製本／藤原印刷

人名・地名索引

（＊が付された頁数は注頁。注については本文から採られた事項に関連するものに限った）

事項索引

（著者の用語および『告白録』を読む際に参考となるキーワードを収録。ラテン語表記では，動詞の活用語尾を統一しなかった。アウグスティヌスの著作は著者名を省略）

あ　行

か　行

さ　行

著者関連文献一覧

（著者の著書・論文・翻訳を以下３つの種類に分類し，それぞれ刊行年順に収録した）

1　本書（注を含む）で言及されたもの

（１）「Cor, praecordia, viscera ――聖アウグスティーヌスの『告白録』における psychologia は anthoropologia に関する若干の考察――」『中世思想研究』第９号，1967年，54-80頁〔(１)のドイツ語版〕“Cor, Praecordia, Viscera ― Bemerkungen zu einigen psychosomatischen Ausdrücken in Augustins *Confessions*”, *Studia Ephemeridis* 《*Augustinianum*》 25, Congresso Internationale su S. Agostino nel XVI Centenario della Conversione, Roma 15-20 settembre 1986, Atti II Sezioni di studio II-IV, Institutum Patristicum “Augustinianum”, 1987, pp. 131-154〔(１)のフランス語版〕“Cor, praecordia, viscera, Remarques sur quelques expressions psychosomatiques des Confessions d' Augustin”, in *Saint Augustin: Dossier conçue et dirigê par Patrique Ranson*, Giromagny, L'Age d'Homme, 1988, pp. 313-326

（２）“Der metaphysische Sinn topologischer Ausdrücke bei Augustin”, *Miscellanea Mediaevalia, Veröffentlichungen des Thomas-Institutes der Universität Köln, pp. 701-706, Berlin, 1981*

（３）「かた・かたち・すがた――日本語における存在把握の基本構造についての思索」講座美学２『美学の主題』東京大学出版会，1984年，257-265頁〔(３)のドイツ語版〕“Kata, katachi, sugata. Besinnung auf die Grundstruktur der Seinserfassung in der japanischen Sprache”, *Theologie zwischen Zeiten und Kontinenten, für Elizabeth Gössmann*, Freiburg, 1993, pp. 358-363

（４）「神はどこに住むのか，人間はどこに住んでいるのか」大森荘蔵ほか編著『科学と宗教』放送大学教育振興会，1988年，45-56頁

（５）「アウグスティヌスの三位一体論」『中世思想研究』第33号，1991年，1-25頁

（６）「大いなるもの――アウグスティヌス『告白録』冒頭箇所（1.1.1）逐語解釈の試み」聖心女子大学キリスト教文化研究所編『宗教と文

化』第15号，1993年，1-24頁〔(6)の改訂英語版〕'Great Art Thou': An Interpretation of the Opening Chapter of the *Confessions* of St. Augustine, *Studia Patristica* Vol. XXXIII, Papers presented at the Twelfth International Conference on Patristic Studies held in Oxford 1995: Augustine and His Opponents, Jerome. other Latin Fathers after Nicaea, Orientalia. Ed. by Elizabeth A. Livingstone. Leuven 1997, pp. 114-118

(7)「アウグスティヌス『告白録』における場所論的表現の存在論上の意味について」『聖心女子大学論叢』第81号，1993年，5-21頁

(8)『ギリシャ哲学史』東京大学出版会，1996年

(9)「価値語の構造――倫理学の基礎」上智大学哲学会『哲学論集』第26号，1997年，17-35頁

(10)「「鏡を通して (per speculum)」,「謎のうちに (in aenigmate)」――アウグスティヌス『三位一体論』第十五巻における三一論思考の方法をめぐって」聖心女子大学キリスト教文化研究所編『宗教と文化』第19号，1999年，39-59頁

(11)〔翻訳・解説〕アウグスティヌス『三位一体論』(上智大学中世思想研究所監修・編訳『中世思想原典集成』第4巻「初期ラテン教父」平凡社，979-1083頁)，1999年

(12)「二つの閑暇――トゥスクルムとカッシキアクムと」『キケロー選集12』月報14，岩波書店，2002年

(13)「アウグスティヌス『神の国』における二つの国の理念」『中世思想研究』第45号，2003年，1-22頁

(14)「忘れ去られているものの記憶」教父研究会編『パトリスティカ――教父研究』第10号 (巻頭言)，2006年，2-5頁

2　本書においては言及されていないアウグスティヌスに関する論考

「ヘラス・フマニタス・自我――ギリシアのヒューマニズムをめぐる考察」『理想』第376号，34-44頁，1964年9月

「CONSULERE VERITATEM (Augustinus, De Magistro XI, 38～XII, 40) ――アウグスティヌスの初期照明説をめぐる若干の考察」『中世思想研究』第18号，1976年，21-44頁

"Christianity in the Global Age and St. Augustine" 聖心女子大学キリスト教文化研究所編『宗教と文化』第16号，1995年，1-19頁

「アウグスティヌスの神探究――島国的閉鎖空間にある日本を全地表の

「共（＝友)」なるひととの公共性（コイノーニアー）へと開く「神論」への途を求めて」『一神教とは何か――公共哲学からの問い』東京大学出版会，2006年，219-245頁

3　必ずしもアウグスティヌスを主題とはしていないが，本書の内容と関連するもの

「肉体――自己認識の問題点」『人間学の諸問題』(ソフィア叢書13) 上智大学出版部，1968年，32-90頁〔『哲学の道――初期哲学論集』創文社，1997年に再録〕
「身体論素描」『哲学』第25号，1975年，20-35頁〔『哲学の道』に再録〕
「外・内・外と内を越えるもの」東京都立大学『人文学報』第122号，1977年，103-117頁〔『哲学の道』に再録〕
「ギリシャ哲学と身体――哲学と宗教の臨界面」聖心女子大学キリスト教文化研究所編『宗教と文化』第14号，1992年，1-27頁